세계를 움직인 999인의 명언

한마디
말이
우리의
인생을
바꿀 수
있다

유태전 엮음

999 Wise Sayings Moved the World

세계를 움직인 999人의 명언

자유문고

머리말

현대인들은 말의 홍수, 언어의 홍수 속에 살고 있다. 비속한 언어, 무의미하고 천박한 말들이 주변에 횡행하고 있다. 그리고 인터넷, SNS의 발달로 이런 경향은 더욱 가속화되고 있다.

하지만 예로부터 입(말)은 모든 화의 뿌리로 인식되어 왔으니, "고기는 낚시로 잡히고 사람은 말로 잡힌다"(영국 속담), "뼈가 없는 혀는 작고 약하지만 모든 것을 죽이고 부술 수 있다"(그리스 속담), "입과 혀는 화와 근심의 문이요 몸을 망치는 도끼다"(목민심서) 등에서 볼 수 있는 것처럼, 한마디 말에 조심에 또 조심할 것을 당부하고 있다.

그러나 어떤 말은 누군가의 인생을 바꾸는, 혹은 세상을 바꾸는 계기가 되기도 한다. "말 한마디가 천냥 빚을 갚는다"(우리 속담), "말 한마디가 세계를 지배한다"(에드워드 쿠크), "언어, 이것은 죽은 자를 무덤에서 불러내기도 하고 산 자를 땅 속에 매장하기도 한다"(하이네) 등은 그런 중요성을 일깨워주는 말들이다.

현대인은 치열한 경쟁과 불평등이 만연한 신자유주의의 물결에 휩쓸려 살아가고 있다. 인간 본연의 순수하고 선한 마음을 상실한 채 불확실성의 시대를 사는 우리 현대인은 매일매일 반복되는 삶의 긴장 속에서 불안과 공포에 시달리고 있다. 물질적 풍요와 정신적 빈곤이 공존하는 속에서 날로 심각해져 가는 스트레스와 노이로제에서 해방될 길은 없는가.

개인적으로, 국가적으로, 세계적으로도 어느 한 곳 성한 곳이 없는 이 불안과 공포 속에서 마음의 안정을 찾고 희망(미래)을 찾는 일이야말로 무엇보다도 중요한 일이 아닐 수 없다. 여기에 담긴 글들이 현대인들의 마음에 위안을 주고, 삶에 힘을 북돋아주며, 미래에 대한 희망을 갖게 해 줄 것이라고 기대해본다.

이 책은 인류역사상 당대 혹은 후세에 큰 영향을 끼친 인물들의 어록 중, 우리가 지금도 새겨볼 만한 명언과 명문을 모아 엮은 것이다.

이 속에는 개인들이 인생의 좌우명으로 삼을 만한 글, 삶의 희망이 되고 의지가 되는 말, 세상을 살아가는 안목과 지혜와 철학을 담은 글들을 담았다. 또한 사람과 사람, 인간과 사회, 인간과 자연(우주)의 관계에 대한 통찰을 담은 말, 시대를 통찰하고 사물의 핵심을 꿰뚫는 촌철살인의 말들을 수록했다. 이러한 말들이 조금이나마 우리의 마음을 바로잡아 주고 시대정신을 일깨워 줌으로써 우리 사회가 좀 더 나은 세계로 나아간다면 더 이상 바랄 것이 없겠다.

한편 999라는 명사의 숫자는, 인류 역사로 보면 위대한 인물들 중 극히 일부를 언급한 것에 불과하다. 또한 여기에 수록된 인물들도 단지 필자의 짧은 지식과 견해에 의한 것이니 얽매일 필요는 없다.

여기에 실린 주옥같은 명언들이 독자들로부터 사랑을 받아 이 혼탁하고 어지러운 세상이 좀 더 밝아지고 평안해지기를 바라는 마음 간절하다. 또한 이 책과 인연 맺는 많은 분들이 자신의 가슴을 울리는 좋은 글귀를 만나 마음이 넓고 풍요로워지기를 바란다.

| *Contents* |

가

가가린 19
가이벨 19
간디 19
갈릴레오 21
갈홍 21
강태공 21
개러드 22
개리슨 22
개릭 22
갤브레이드 22
게레르트 22
게오르규 23
겔레루프 23
겔리우스 23
고갱 23
고골리 23
고르바초프 24
고리키 24
고스 25
고프만 25
고흐 25
골드스미스 26
골드워터 26
골즈워디 26
공자 27
관자 31
괴테 32
구르몽 35
구마라습 35
구츠코 36
그라베 36
그라시안 36
그랜빌 36
그레빌 36
그레셤 37
그로티우스 37
글래드스턴 37
글린카 37
기대승 37
기번 38
기번스 38
기싱 38
기정진 38
기화 39
길더 39
길재 39
김굉필 39
김구 39
김대중 40
김수환 40
김인후 40
김집 41

나

나가르주나 42
나보코프 42
나폴레옹 42
난센 44
네루 44
네이던 44
네포스 44
넬슨 45
노무현 45
노박 45
노발리스 45
노신 46
노자 46
뇌봉 47
뉴먼 48
뉴턴 48
니체 48
닐 51

다

다나카 가쿠에이 52
다니엘 52
다니엘 벨 52
다렌도르프 53
다윈 53
단테 53
달라이 라마 54
당태종 54
당통 55
대로우 55
대커리 55
댈버그 56
데리다 56
데모낙스 56
데모스테네스 56
데모크리토스 56
데이 57
데카르트 57
데팡 57
도스토예프스키 57
도쿠가와 이에야스 58
돕슨 59
뒤 바르타스 59
뒤마 59
뒤아멜 59
듀란트 59
드골 59
드라이든 60
드라크르와 61
드러커 61
들뢰즈 61
등소평 61
디 보토 62
디드로 62
디오게네스 62
디오게네스 라에르티우스 62
디오니시우스 63
디즈레일리 63
디킨스 64
디포 65
딜타이 65

라

라 로시푸코 66
라 브뤼에르 68
라 쇼세 70
라 퐁텐 71
라마르틴 68
라므네 68
라블레 69
라신 70
라이스 70
라이프니츠 70
라캉 70
라트브루흐 71
람페두사 71
랑케 71
랑클로 71
래스키 72
랜더 72
램 72
러보크 73
러셀 73
러스킨 73
레니에 74
레닌 75
레스턴 75
레싱 75
레오나르도 다 빈치 76
레오파르디 76
레우키포스 76
레이 77
레이튼 77
레크 78
로가우 78
로댕 78
로렌스(D.H) 79
로렌스(T.E) 79
로맹 롤랑 80
로버츠 80
로버트슨 81
로베스피에르 81
로슈포르 81
로알드 호프만 81
로우 81

로웰 81
로이드 조지 82
로저스 82
로즈 82
로크 82
록펠러 2세 83
롤리 83
롤링 83
롱펠로 84
루소 84
루스벨트(F.D) 86
루스벨트(T.) 86
루이 14세 87

루이스 87
루카누스 87
루크레티우스 87
루터 88
뤼케르트 88
르나르 89
르누아르 89
르브룅 89
르사주 89
리(G.S) 90
리(R.E.) 90
리드(C.) 90
리드(T.B) 90

리비우스 90
리스 91
리스트 91
리처드 91
리튼 91
리프만 91
리히텐베르크 92
린나에우스(린네) 92
린드세이 92
린트너 92
릴리 92
릴케 93
링컨 93

마

마가렛 미첼 95
마닐리우스 95
마다리아가 이 로호 95
마로리 96
마루쿠스 아우렐리우스 96
마르코 폴로 96
마르크스 97
마르티알리스 97
마리 퀴리 98
마리탱 98
마미언 98
마원 98
마치니 98
마컴 99
마크 트웨인 99
마키아벨리 100

마테를링크 101
마티아스 크라우디우스 101
마틴 루터 킹 101
마호메트 101
막스 베버 102
만델라 103
만졸리 103
말로(A.G) 103
말로(C.) 103
말콤 엑스 103
매든 104
매스트르 104
매신저 104
매켄지 104
매튜 아놀드 104
맥도널드 105

맥아더 105
맨리 105
맨스필드 105
맬더스 106
맬로크 106
맹모 106
맹자 107
머로우 108
머콜리 108
머클리시 108
머킨토시 108
머튼 109
먼로 109
멈포드 109
메난드로스 109
메뉴인 109
메닝어 110

멘켄 110
멜방크 110
모라비아 110
모라틴 110
모루아 110
모르강 111
모리스(Sir Lewis) 111
모리스(W.) 111
모리아크 112
모택동 112
모파상 112
몬탈레 113
몬탈보 113
몰리(C.D) 113
몰리(J.) 113
몰리에르 113
몽고메리 114
몽테뉴 114
몽테를랑 115
몽테스키외 115
무니에 116
무디 116
무어 116
묵자 117
문선명 118
뮈세 118
뮤츠 118
미드 119
미켈란젤로 119
밀 119
밀란 쿤데라 120
밀러(A.D) 120
밀러(H) 120
밀레 120
밀레이 121
밀로 121
밀턴 121

바

바그너 122
바루크 122
바르나브 123
바볼드 123
바움 123
바움가르텐 123
바이런 123
바이코프 124
바인스 124
바턴 124
바톨 124
바흐 124
박영효 124
박인로 125
박정희 125
박제가 125
박지원 125
반고 125
반스 126
반초 126
발레리 126
발레리우스 막시무스 127
발로 127
발자크 127
방정환 127
백거이 127
백스터 128
백운화상 128
밴 도렌 128
버나드 쇼 128
버지니아 울프 129
버턴 129
버틀러 130
번즈 130
벌린 130
벌워 리튼 130
범수 131
범엽 131
법정 131
베게티우스 132
베넘 132
베네딕트 132
베네트(E.A) 133
베네트(J.L) 132
베더 133
베르그송 133
베르나노스 133
베르질리우스 133
베리 134
베스톤 134

베이츠 134
베이컨 134
베일리 136
베토벤 136
베티 136
벤담 137
벤자민 프랭클린 137
보가트 138
보나르 139
보들레르 139
보마르세 139
보봐르 140
보브나르그 140
보비 140
보언 140
보에티우스 141
보카치오 141
본 141

볼드윈 141
볼링브루크 142
볼스 142
볼테르 142
뵈르네 143
부르델 143
부르제 144
부르크 144
뷔퐁 144
브라우닝(E.B) 144
브라우닝(R.) 144
브라운 145
브라이스 145
브라이언트 145
브라크 146
브란트 146
브래들리 146
브레히트 146

브론티 146
브롬 147
브루너 147
브왈로 데프레오 147
블라맹크 147
블레이크 147
비네 148
비니 148
비스마르크 148
비어스 149
비온 149
비처 149
비트겐슈타인 150
빈더 150
빈델반트 150
빌 150
빌 게이츠 150
빌리어스 150

사

사강 151
사디 151
사르트르 151
사마양저 152
사마천 152
사뮈엘 베케트 153
사키 153
산타야나 153
살 154
살루스티우스 154
상드 154
새퍼스틴 154

샌드버그 154
생텍쥐페리 155
생트뵈브 155
생피에르 155
샤갈 155
샤롱 156
샤르도네 156
샤르돈 156
샹포르 156
서경덕 156
서머싯 몸 157
서재필 157

석가모니 157
설즈버거 158
성철 159
세네카 159
세르반테스 161
세잔 162
세종대왕 162
셀든 162
셔먼 162
셰리던 162
셰익스피어 163
셸리(M.W) 165

셸리(P.B) 165
셸링 166
소로우 166
소식 166
소옹 167
소크라테스 167
소태산 168
소포클레스 168
손문 169
손자 169
솔로몬 170
솔론 170
솔제니친 171
쇼펜하우어 171
순열 172
순자 172
쉴러 173
슈바이처 173
슈프랑거 173

슐레겔 174
스마일즈 174
스몰레트 175
스미스(A.E) 175
스미스(L.P) 175
스미스(S.) 175
스베덴보리 175
스윈번 176
스코트 176
스타인벡 176
스탈 부인 177
스탈린 176
스탕달 177
스테픈스 177
스토더드 177
스토우 178
스트라빈스키 178
스트린드베리 178
스티브 잡스 178

스티븐스(W.) 179
스티븐슨(A.E) 179
스티븐슨(R.L) 179
스틸 179
스팀슨 180
스퍼전 180
스펜서 180
스피노자 180
시드니(A.) 181
시드니(P.) 181
시모니데스 181
시버 182
시자 182
시티르너 182
신채호 182
실러 182
실리 183
싱 183

아

아가톤 184
아놀드 184
아누이 184
아라이 하쿠세키 185
아르키메데스 185
아른트 185
아리스토텔레스 185
아리스토파네스 186
아리스티푸스 186
아리에스 187
아미엘 187

아베로에스 187
아우구스투스 187
아우구스티누스 188
아우소니우스 188
아우어바흐 188
아이소포스 188
아이스킬로스 189
아이작 월튼 189
아이젠하워 189
아인슈타인 189
안데르센 190

안셀무스 190
안스파허 190
안연 191
안중근 191
안창호 191
안티파네스 192
알랭 192
알렉산더 193
알렉산더 대왕 193
알렉산더 스미스 193
알렉산더 체이스 193

알퐁스 도데 193
암브로시우스 194
앗다에우스 194
앙드레 지드 194
애그뉴 194
애덤스(F.P) 194
애덤스(H.B) 195
애덤 스미스 195
애스컴 195
액튼 195
앨렌 196
앨빈 토플러 196
앨퀸 196
양사언 196
양웅 196
양진 197
어빙 197
에드가 모랭 197
에드거 앨런 포 197
에드먼드 버크 197
에드워드 영 198
에드워드 쿠크 198
에디슨(M.B) 198
에디슨(T.A) 199
에라스무스 199
에릭 호퍼 200
에머슨 200
에브 퀴리 202
에센바하 202
에센바흐 202
에우리피데스 203
에이튼 203
에피쿠로스 203

에픽테토스 204
엘리스 204
엘리아데 205
엘리엇(C.W) 205
엘리엇(G.) 205
엘리엇(T.S) 205
엘베티우스 206
엠페도클레스 206
엥겔스 206
여곤 206
여본중 206
연산군 206
열자 207
예링 207
예수 207
예양 208
오르테가 이 가세트 208
오버스트리트 208
오비디우스 209
오스카 와일드 209
오스틴 210
오웬 펠덤 210
오이켄 211
오자 211
오펜하임 211
올커트 211
와이스 211
와일더 211
왕양명 212
왕촉 212
왕충 212
왕혁 212
요시다 쇼잉 212

우나무노 이 후고 212
우신스키 213
울먼 213
움베르토 에코 213
워너 213
워너메이커 213
워즈워스 214
원효 214
월터 배저트 215
월폴 215
웰링턴 215
웰즈(C.J) 215
웰즈(H.G) 215
웹스터 216
위고 216
위칠리 217
윌리엄 랭런드 217
윌리엄 샤프 217
윌리엄 존스 217
윌리엄 캠든 217
윌리엄 콘그리브 218
윌리엄 쿠퍼 218
윌리엄 펜 218
윌리엄 피트 219
윌리엄 해밀턴 219
윌리엄 헤즐리트 219
윌리엄 혼 220
윌리엄 화이트헤드 220
윌리엄스 217
윌슨 220
윌키 220
유들 220
유리피데스 221

유베날리스 221
유비 221
유성룡 221
유정 222
육기 222
이규보 222
이날치 222
이비코스 222

이솝 223
이순신 223
이승만 223
이이 223
이익 224
이제신 224
이제현 224
이준경 225

이황 225
임성주 225
임어당 225
입센 226
잉 226
잉거솔 227

자

자멘호프 228
자사 228
장 파울 230
장자 229
장조 230
쟁월 231
정도전 231
정몽주 232
정약용 232
정여창 232
정자 233
정제두 233
정철 233
정호 233
제갈공명 234
제논 234
제럴드 234
제롬 234
제임스 235
제임스 슐러 235
제임스 코던 235
제프리스 235

조광조 235
조나단 스위프트 236
조나단 에드워즈 236
조셉 글랜빌 236
조셉 루 236
조셉 스토리 237
조셉 애디슨 237
조셉 홀 237
조셉 후커 237
조안나 베일리 238
조이메 238
조지 238
조지 개스코인 238
조지 뱅크로프트 238
조지 버로 238
조지 오웰 238
조지 워싱턴 239
조지 위더 239
조지 윌킨스 239
조지 캐닝 239
조지훈 239
존 게이 239

존 노드브루크 240
존 데넘 240
존 듀이 240
존 랜돌프 240
존 러셀 240
존 리드게이트 240
존 샌드포드 241
존 스켈튼 241
존 아버스넛 243
존 위클리프 243
존 윌슨 243
존 주얼 243
존 클라크 243
존 키츠 244
존슨(B.) 241
존슨(L.B) 241
존슨(S.) 242
졸라 244
주베르 244
주시경 245
주자 245
쥐스랑 245

증자 246
지눌 246
짐멜 246

차

채닝 247
채프먼 247
채플린 247
처칠(C.) 248
처칠(Sir Winston) 248
청담 249

체 게바라 249
체스터튼 249
체스터필드 250
체호프 250
초서 251
초우트 251

최영 251
최원 251
최현배 252
충자 252
츠바이크 252

카

카네기(A.) 253
카네기(D.) 254
카로사 254
카뮈 254
카사노바 255
카스트로 255
카울리 255
카이사르 255
카테리네 2세 256
카토(D.) 256
카토(M.P) 256
카툴루스 256
카펜터 256
카프카 256
칸트 256
칼 포퍼 259
칼라일 258
캐더 259
커밍스 259
컬버트슨 259

케네 259
케네디(J.F) 261
케네디(R.F) 260
케인 261
켈로그 261
켈젠 261
코르네이유 261
코민 261
코체브 262
코튼 262
코페르니쿠스 262
코핀 262
콕스 262
콕토 263
콜럼버스 263
콜리지(D.H) 263
콜리지(S.T) 263
콜린스(J.C) 263
콜린스(W.) 264
콜튼(A.W) 264

콜튼(C.C) 264
콩도르세 264
쿠베르탱 265
쿠인투스 쿠르티우스 루프스 265
쿠인틸리아누스 265
쿠쟁 265
쿠크 265
쿠퍼 265
쿡 266
퀼즈 266
크니드 266
크랜치 266
크레비용 266
크레이크 266
크레인 267
크리스티아 267
크리시포스 267
크세노파네스 267
클라우디우스 267

차례 15

클라우제비츠 267
클라이스트 268
클레 268
클레망소 268
클리블런드 268

클린턴 268
키노 269
키신저 269
키에르케고르 269
키케로 269

키플링 271
킬론 271
킹슬리 271

타

타고르 272
타키투스 273
타펠 273
탈레스 273
터퍼 273
테니슨 274
테렌티우스 274
테미스토클레스 274
테스타 274
테오그니스 275
테오프라스토스 275
테일러 275
텐징 275
템플 275

토마스 만 276
토마스 모어 276
토마스 아 켐피스 276
토마스 아퀴나스 276
토머스 277
토머스 그레이 277
토머스 데커 277
토머스 드락스 277
토머스 모페트 277
토머스 베이컨 277
토머스 스코트 277
토머스 윌슨 278
토머스 제퍼슨 278
토머스 켐벨 278

토머스 페인 279
토머스 풀러 279
토머스 홉스 280
토머스 후드 280
토인비 281
토크 빌 281
톨스토이(A.K) 281
톨스토이(L.N) 282
톰슨 284
투르게네프 284
트라이치케 284
트렌치 285
트루먼 285
틱낫한 285

파

파도 286
파머 286
파브르 286
파스칼 286
파스퇴르 287
파에드루스 288
파운드(E.) 288
파운드(R.) 288

파울 하이제 288
파이어트 288
파즈 288
파커 288
파크허스트 289
팔라다스 289
패니 펀 289
패트릭 헨리 289

퍼클 289
펄 벅 290
페기 290
페늘롱 290
페르디난트 1세 290
페르시우스 290
페리안드로스 290
페스탈로치 291

페이지 291
페인 291
페트라르카 291
포드 292
포르치아 292
포스 292
포스디크 292
포스터 293
포시 293
포우프 293
포이에르바흐 293
포프 293
폰타네 294
폴 굿먼 294
폴 케네디 294
폴 틸리히 295
폴로크 294
퐁트넬 295
푸블릴리우스 시루스 295
푸셰 295
푸시킨 295

푸트 296
풀러 296
프라이 296
프라이어 296
프라이타크 296
프란시스 톰슨 296
프란치스코 297
프랑수아 미테랑 297
프랑수아즈 비용 297
프랑스 297
프로스트 298
프로이트 298
프로타고라스 299
프로페르티우스 299
프롬 299
프뢰벨 299
프루동 299
프루드 300
프루스트 300
프리덴버그 300
프리드리히 2세 300
플라우투스 300

플라톤 301
플레처 302
플렉스너 302
플로리오 302
플로베르 302
플루타르코스 303
플리니우스 303
피셔 303
피아제 303
피에르 퀴리 303
피츠제럴드(E.) 304
피츠제럴드(F.S) 304
피카소 304
피코크 304
피타고라스 304
피히테 305
핀다로스 305
필 305
필드 306
필립 리프 306
필립스 306

하

하디 307
하만 307
하비(G.) 307
하비(M.) 307
하우프트만 308
하웰 308
하이네 308
하이데거 309

하이든 309
하인라인 309
한니발 310
한비자 310
한용운 310
한유 311
함마슐트 311
함석헌 311

해든 312
해리스 312
해링턴 312
해밀턴 312
해어 형제 312
핸더슨 313
핼리버튼 313
핼리팩스 313

차례 17

허버드 313
허버트 314
허버트 리드 314
허버트 스펜서 315
허비 315
허처슨 315
헉슬리(A.L) 315
헉슬리(T.H) 316
헌트 316
헌팅턴 316
헝거포드 316
헤겔 316
헤라클레이토스 317
헤라클리우스 1세 317
헤로도투스 317
헤르더 318
헤르바르트 318
헤리크 318
헤먼스 318
헤밍웨이 318

헤벨 319
헤세 319
헤시오도스 320
헤이 320
헤이우드 320
헤이즈먼 321
헬렌 켈러 321
헨리 321
헨리 브래드쇼 322
헨리 오스틴 322
헨리 조지 322
헨리 필딩 322
혜초 322
호라티우스 323
호레이스만 323
호메로스 323
호손 324
호일 324
호적 324
호퍼 324

호후트 325
홀랜드 325
홈스 325
홍대용 326
홍자성 326
화이트(H.K) 326
화이트(W.A) 326
화이트헤드 326
후루시초프 327
후버 327
훔볼트 327
휘트먼 327
흄 328
히치콕 328
히틀러 328
히포낙스 328
히포크라테스 328
힐라드 329
힐티 329

◆**분야별 색인 331**

1. **가가린**(Y.A. Gagarin, 1934~1968): 1961년 인류 최초로 우주를 비행한 소련의 우주 비행사.
* 우주의 그 어느 곳을 찾아보아도 신은 없었다.

2. **가이벨**(E. Geibel, 1815~1884): 독일의 시인. 작품으로 『유랑민』이 있다.
* 사랑의 본질이란, 짧게 웃고 길게 우는 것이다.
* 살아 있다고 할 수 있는 것은, 오직 너의 오늘에 내일이 따라오고 있을 때만 그렇다.
* 운명보다 강한 것이 있다면, 그것은 동요하지 않고 운명을 짊어질 수 있는 용기이다.

3. **간디**(Gandhi, Mohandas Karamchand, 1869~1948): 인도의 정치가, 비폭력 민족운동 지도자. 마하트마(Magatma: 성웅)로 불렸다.
* 나는 살기 위해, 봉사하기 위해, 또 가끔 즐기기 위해 먹은 적은 있어도 향락을 위해서는 먹지 않았다.

* 나는 인도의 한 시민으로서, 또한 양심을 존중하는 한 사람으로서 이 나라를 위해 정의를 행하고자 한다. 이 신념 때문에 처벌된다면 나는 서슴지 않고 중죄인이 될 명예를 얻고자 할 뿐이다.
* 민주주의에 대한 나의 개념은, 그 체제하에서는 가장 약한 자가 가장 강한 자와 똑같은 기회를 가질 수 있다는 것이다.
* 부당한 법률은 그 자체가 일종의 폭력이다. 그 법률 위반에 대한 체포는 더한 폭력이다.
* 비폭력은 내 신앙의 제1조이며, 내 강령의 마지막 조항이다.
* 삶은 죽음에서 생겨난다. 보리가 싹을 틔우기 위해서는 씨앗은 죽어야 한다.
* 여성의 직관은 때때로 남성의 오만한 지식에서 오는 자부심을 능가한다.
* 외국 지배의 여러 가지 죄악 가운데 역사상 가장 악랄한 범죄는 피지배 지역에서 모국어를 빼앗는 일이다.
* 전쟁은 절대악이다. 그러나 그것은 확실히 한 가지 좋은 일을 한다. 그것은 공포를 몰아내고 표면상 용기를 가져다준다.
* 지구상의 어떤 나라도 자국의 나쁜 정부보다 다른 나라의 좋은 정부를 원하지 않는다.
* 추위를 피하거나 더위를 피하는 사람들은 차츰 춥고 더운 것에 대한 저항을 잃게 되고, 그만큼 약한 사람이 된다.
* 폭력이 짐승의 법칙인 것 같이 비폭력은 인간의 법칙이다.
* 훌륭하게 이행된 의무로부터 나오지 않은 권리는 가질 가치가 없다.

4. **갈릴레오**(Galileo Galilei, 1564~1642): 이탈리아의 천문학자, 물리학자, 철학자. 코페르니쿠스의 지동설을 입증했으며 근대 자연과학의 시조.
   * 그래도 지구는 돈다.

5. **갈홍**(葛洪, 3~4세기): 중국 진대晉代의 학자. 자는 치천稚川. 저서로 『포박자抱朴子』가 있다.
   * 서적은 그것을 이해하는 사람에 의해서만 전해지고, 사물은 그것을 분별하는 사람에 의해서만 귀하게 여겨진다.

6. **강태공**(姜太公: 12세기경): 본명은 여상呂尙으로 속칭 태공, 여망이라 한다. 12세기경 중국 주나라 초기의 정치가. 제齊나라의 시조. 『육도六韜』의 저자.
   * 관리로서 공평하고 결백하며 백성을 사랑하지 않는 자는 참된 관리가 아니다.
   * 남의 참외밭 가장자리에서는 신을 고쳐 신지 않아야 하고, 오얏나무 아래에서는 갓을 고쳐 쓰지 않아야 한다.
   * 부지런한 것은 값을 매길 수 없는 보배이다.
   * 자신을 귀하게 생각하여 남을 천하게 생각하지 말고 스스로 크다 하여 남의 작음을 비웃지 말며 용맹만을 믿고 적을 가볍게 여기지 말라.
   * 즐거움은 저절로 즐거운 것이 아니고 재앙을 염려했기 때문에 즐길 수 있는 것이다.
   * 착한 것을 보거든 목마를 때 물 보듯이 하고, 악한 것을 듣거든 귀머거리같이 하라. 착한 일은 모름지기 탐내고 악한 일은 모름지기 즐겨하지 말라.
   * 해와 달이 아무리 밝더라도 엎어놓은 항아리의 밑은 비추지 못하고, 칼날이 아무리 날카롭다 해도 죄 없는 사람은 베지 못하며, 뜻밖의 재

앙도 조심하는 집 문안에는 들어오지 못한다.

7. **개러드**(H.W. Garrod, 1878~1960): 영국의 수필가, 교육가.
* 우리를 흔들고 동요시키는 것이 인생이며, 우리를 안정시키고 확립해 주는 것이 문학이다.

8. **개리슨**(W.L. Garrison, 1805~1879): 미국의 언론인. 노예제도 폐지론자.
* 우리의 조국은 세계요, 우리의 동포는 전인류이다.

9. **개릭**(D. Garrick, 1717~1779): 영국의 배우, 극작가.
* 타락한 자유인은 최악의 노예이다.

10. **갤브레이드**(J.K. Galbraith, 1908~2008): 캐나다 태생의 미국 경제학자. 저서로 『대몰락』, 『경제발전론』 등.
* 권력은 과소평가 될 때보다 과대평가 될 때에 오류가 더 많을 수 있다.
* 역사의 진로는 무엇보다 인간의 우둔함에 의해 결정된다.
* 정치는 가능성의 예술이 아니다. 그것은 비참한 사람들과 불쾌한 사람들 사이의 선택에 존재한다.

11. **게레르트**(C.F. Gellert, 1715~1769): 독일의 작가, 시인.
* 지혜의 첫걸음은 자신의 어리석음을 깨닫는 것이다.
* 친구로서 아무 쓸모가 없는 사람은 언제 적이 되어 당신을 해칠지 모른다.

12. 게오르규(C.V. Gheorghiu, 1916~1992): 루마니아의 작가. 『설산의 낙서』, 『25시』, 『제2의 찬스』 등의 작품이 있다.

* 고독은 이 세상에서 가장 무섭고 괴로운 고통이다. 제 아무리 무섭다 해도 모두가 함께라면 견뎌낼 수 있으련만. 아아, 고독은 죽음과 같은 것이다.
* 여자의 조국은 젊음이다. 젊을 때만 여자는 행복하다.

13. 겔레루프(K.A. Gjellerup, 1857~1919): 덴마크의 작가.
* 하나의 악덕을 즐기는 자는 모든 악덕을 즐기는 자이다.

14. 겔리우스(A. Gellius, 117?~180?): 로마의 작가, 문법학자. 저서로 『아테네의 밤』 20권이 있다.
* 바보도 때로는 좋은 충고를 한다.

15. 고갱(P. Gauguin, 1848~1903): 프랑스 화가. 후기인상파의 한 사람. 작품 「타이티의 여인들」 등.
* 예술은 표절자이거나 아니면 혁명가이다.

16. 고골리(N.V. Gogoli, 1809~1852): 러시아의 작가, 극작가. 러시아 사실주의의 시조. 작품으로 『네프스키 거리』, 『죽은 혼』 등.
* 도박은 위대한 평등주의자이다. 카드놀이에서는 모든 사람이 평등하다.
* 신은 인간의 지혜를 심화시킨다. 신은 무엇으로 인간의 지혜를 심화시키는가? 슬픔에 의해서이다. 인간이 도망치고 숨으려 애쓰는 슬픔에 의해서이다. 고뇌나 슬픔은 책에서는 얻지 못하는 지혜의 편린을

얻도록 주어진 것이다.
* 청년은 미래가 있다는 것만으로도 행복하다.

17. **고르바초프**(M. S. Gorbachev, 1931~): 구 소련의 대통령. 소비에트연방 최고회의 의장.
    * 과거는 현재의 문제에 아무런 해답을 주지 않는다. 과거는 다만 우리에게 교훈을 줄 뿐이다.
    * 나는 신을 믿지는 않지만 신을 믿는 사람들의 종교적인 감정을 매우 존경한다.
    * 역사는 역사에 뒤쳐지는 자에게 벌을 내린다.
    * 예수 그리스도가 인류의 보다 나은 삶을 추구한 최초의 사회주의자였다.
    * 인류가 전쟁과 영원히 결별하는 것이야말로 보다 나은 미래의 길을 열 수 있는 새로운 사고의 토대이다.
    * 정치란 가능성의 기술이다. 가능성의 한계를 넘으면 모험주의가 시작된다.
    * 정치란 목적이 아니라 인간 해방의 수단이다.
    * 평화 없이 번영은 없다.

18. **고리키**(M. Gorki, 1868~1936): 러시아의 작가. 『체르카시』로 문명을 얻었다. 사회주의 리얼리즘 문학을 창조.
    * 내일 무엇을 해야 할지 모르는 사람은 불행하다.
    * 논쟁에 귀를 기울여라. 그러나 논쟁에 끼어들지 않도록 해야 한다. 아무리 작은 말이라 할지라도 노여움이나 격정이 일어난다는 것을 명심하라.

* 대지와 인간에게 필요한 것은 기도가 아니라 노동이다.
* 세상에 젊음처럼 귀중한 것은 없다. 젊음은 돈과 같다. 돈과 젊음은 모든 것을 가능하게 한다.
* 쉽게 말해, 부부란 쇠사슬로 묶인 죄수이다. 따라서 부부는 발을 맞추고 걷지 않으면 안 된다.
* 인간! 이 얼마나 고상한 말인가? 인간은 동정해야 할 대상이 아니라 존경해야 할 대상이다.
* 일이 즐거우면 인생은 낙원이다. 일이 의무에 불과하면 인생은 지옥이다.
* 재능이란 자기 자신과 자기의 힘을 믿는 것이다.

19. 고스(E.W. Gosse, 1849~1928): 영국의 문학가, 시인, 도서관학자.
* 과거는 지나간 장례식과 같고 미래는 불청객처럼 온다.

20. 고프만(E. Goffman, 1922~1982): 미국의 사회학자, 교육자.
* 눈은 당신이 알다시피 위대한 침입자이다.
* 신들은 사라졌지만 개인은 살아남았다.

21. 고흐(V.V. Gogh, 1853~1890): 네덜란드의 화가. 후기인상파의 한 사람. 작품으로 「자화상」, 「해바라기」, 「아를르의 여인」 등이 있다.
* 부부란 두 개의 절반이 되는 것이 아니라 하나의 전체가 되는 것이다.
* 신을 알게 되는 최선의 방법은 많은 것을 사랑하는 일이다.
* 인간은 의연하게 현실의 운명을 견뎌나가야 한다. 그곳에 모든 진리가 숨어 있다.
* 인생은 순례자의 여행이다. 인간의 일생은 얼마나 고난이 많은가. 우

리는 이 인생에서 신의 사자나 사랑의 천사에 의해서 위로를 받는 것이다. 그리고 신은 인생의 평범한 사물을 통해서 보다 높은 것을 가르치고 있다는 것을 우리는 잊어서는 안 된다.

22. **골드스미스**(O. Goldsmith, 1728~1774): 영국의 시인, 극작가, 작가. 소설 『웨이크필드의 목사』로 문명을 얻음.
   * 과거를 후회하지 말고, 미래에 대해서 걱정하지 말며, 오직 현재를 즐겨라.
   * 나의 최대의 영광은 한 번도 실패하지 않는 것이 아니라 쓰러질 때마다 일어나는 데 있다.
   * 지적 쾌락의 추구에는 모든 미덕이 존재하며 육체적 쾌락의 추구에는 모든 악덕이 존재한다.
   * 행운 사냥꾼만큼 천박한 인물은 없다.

23. **골드워터**(B.M. Goldwater, 1909~1998): 미국의 정치가.
   * 당신들이 바라는 모든 것을 줄 수 있을 만큼 큰 정부는 모든 것을 빼앗아 갈 만큼 크기도 한 것이다.
   * 자유를 옹호할 때의 과격주의는 악덕이 아니며 정의를 추구할 때의 중용은 미덕이 아니다.

24. **골즈워디**(J. Galsworthy, 1867~1933): 영국의 소설가, 극작가, 시인. 소설 『물욕의 사람』으로 등단, 『현대 희극』 등을 발표. 노벨문학상 수상.
   * 미래를 생각하지 않는다면 아무것도 가질 수 없다.
   * 사람의 눈은 그가 현재 어떻다 하는 인품을 말하고, 사람의 입은 그가 무엇이 될 것인가 하는 가능성을 말한다.

* 여론이 항상 법률을 앞선다.

25. 공자(孔子, B.C.552~479): 중국 춘추시대 노魯나라의 철학자. 이름은 구丘, 자는 중니仲尼로 유학의 개조.

* 가장 현명한 사람과 가장 어리석은 사람만이 자기가 하는 일을 고치지 않는다.
* 군자는 도道를 근심하고 가난을 근심하지 않는다.
* 군자는 행위로써 말하고 소인은 혀로써 말한다.
* 금실 좋은 부부는 서로 즐기되 음란하지 않다.
* 나는 15세에 학문에 뜻을 둔 후, 30세에 뜻을 세웠고, 40세에 마음이 흔들리지 않았고, 50세에는 천명天命을 알았으며, 60세에는 듣는 대로 이해하였으며, 70세에는 하고 싶은 대로 하여도 법도에 넘지 않았다.
* 나라를 다스리려면 식량을 충분하게 마련하고 무기를 충분히 마련하여 국민들이 위정자를 믿게 해야 한다. 무엇보다도 국민들이 위정자를 믿지 않으면 정치를 해나갈 수 없다.
* 나라의 질서가 바로잡혀 있을 때에는 돈이나 지위가 없다는 것이 부끄러운 일이 된다. 그러나 나라가 어지러울 때는 돈이 있고 지위가 높다는 것이 수치이다.
* 나무는 먹줄을 좇음으로써 곧게 되고 사람은 간諫함을 받아들임으로써 거룩해진다.
* 남을 자기 자신처럼 존경할 수 있고, 자기가 바라는 것을 남에게 해줄 수 있다면, 그는 진정한 사랑을 지닌 사람이다. 세상에 그 이상의 가치 있는 일은 없다.
* 남의 충고는 달갑게 받아들여라. 그러나 윗사람이나 친구 간에 너무 자주 충고나 간언을 해서는 안 된다.

* 내가 원하지 않는 바를 남에게 행하지 말라.
* 단지 공손하기만 하고 예를 모르면 수고롭고, 삼가하기만 하고 예를 모르면 근심이 많고, 용감하기만 하고 예를 모르면 난폭하고, 곧기만 하고 예를 모르면 가혹해진다.
* 대중의 소리를 막는 것은 강을 막는 것보다 어렵다.
* 덕을 이루지 못하고, 배움을 다하지 못하며, 의로움을 듣고도 행하지 못하고, 착하지 못함을 고치지 못하니, 이것이 우리들의 근심거리이다.
* 덕이 있으면 외롭지 않고 반드시 이웃이 있다.
* 말하고자 하는 바를 먼저 실행하라. 그런 다음 말하라.
* 먹는 것 입는 것이 부족하다고 부끄러워할 필요가 없다. 어떤 희망을 갖고 있느냐가 중요하다.
* 모든 것이 참되면 그것이 밖으로 나타나기 마련이다.
* 믿음을 얻은 다음에 간하라. 믿음을 얻지 못하면 비방한다고 생각한다.
* 배우고 생각하지 않으면 곧 어둡고, 생각하고 배우지 않으면 곧 혼돈스럽다.
* 법률로써 이끌고 형벌로써 다스리면 백성들은 이 그물만 벗어나려 하여 부끄러움을 모른다. 그러나 덕으로써 인도하고 예의로써 다스리면 그들은 부끄러움을 알고 나아가 올바른 사람이 되려 한다.
* 부모에게 잘못이 있을 때는 공손히 간하라. 설사 간하는 말을 받아들이지 않으시더라도 공경해야 한다. 속으로는 애태우더라도 부모를 원망해서는 안 된다.
* 사람들이 알아주지 않는 것을 근심하지 말고 자기의 능력이 모자란 것을 걱정하라.
* 사람은 서로의 입장과 처지를 바꿔 생각해야 한다.
* 사람은 어질더라도 배우지 않으면 현명해지지 못한다.

* 생각 없는 학문은 소용없고 학문 없는 생각은 위태롭다.
* 선善이란 어떤 것인가를 모르는 경우에도 사람들은 이것을 자신의 내부에 간직하고 있다.
* 성실과 신의를 중히 여기며 정의를 따르는 것이 덕을 높이는 일이다.
* 세 사람이 함께 가면 그중에 반드시 내 스승이 있다. 착한 사람을 가려서 그의 행동에 따르고 악한 자를 가려내서 그의 행동을 바로잡을 수 있기 때문이다.
* 시를 읽음으로써 바른 마음이 일어나고, 예의를 지킴으로써 몸을 세우며, 음악을 들음으로써 인격을 완성하게 된다.
* 신용을 잃어버리면 설 땅이 없게 된다.
* 아는 것을 안다 하고 모르는 것을 모른다고 하는 것이 지식이다.
* 아들을 알지 못할 때는 먼저 그 아버지를 보라.
* 아직 삶도 모르는데 하물며 죽음을 알 수 있겠는가.
* 여인은 남자에게 따르기 마련이다. 삼종지도三從之道가 있으니, 집에 있을 때에는 아버지를 따르고, 시집가면 남편을 따르며, 남편이 죽으면 아들을 따르는 것이 그것이다.
* 예가 아니면 보지 말고, 예가 아니면 듣지 말고, 예가 아니면 말하지 말고, 예가 아니면 행하지 말라.
* 예의의 실천은 자기를 낮추는 것이다.
* 오직 여자와 소인은 거느리기 힘들다. 가까이 대하면 불손하게 굴고, 멀리하면 원망한다.
* 용기는 있으나 예절이 없다면 결국 혼란이 온다.
* 유익한 벗이 셋 있고 해로운 벗이 셋 있다. 곧은 사람을 벗으로 사귀고, 신용 있는 사람을 벗으로 사귀며, 견문이 많은 사람을 벗으로 사귀면 유익하며, 편벽된 사람을 벗으로 사귀고 아첨하는 사람을 벗으로

사귀며 말이 간사한 사람을 벗으로 사귀면 해롭다.
* 이익을 놓고 의리를 생각하고, 위급한 시기에 목숨을 내놓고, 오랜 약속을 평생토록 잊지 않고 지킨다면 완성된 사람이라 할 수 있다.
* 인자仁者는 근심하지 않고, 지자智者는 흔들리지 않으며, 용자勇者는 두려워하지 않는다.
* 일평생을 두고 아름다운 말을 귀담아 들어보라. 모든 행위의 근본은 참는 것 외에 으뜸가는 것이 없다.
* 자신에 대하여는 깊이 책망하고, 남에 대하여는 가볍게 책망하면 원망을 멀리할 수 있다.
* 잘못을 저지르고도 이를 고치지 않는 것, 이것을 잘못이라 부른다.
* 정政이란 정正이다. 그대가 바르게 다스리면 누가 감히 부정을 저지르겠는가.
* 정치의 으뜸가는 요체는 국민의 신망을 얻는 것이다.
* 좋은 새는 나무를 가려서 둥지를 튼다.
* 줄기만 자라고 꽃은 피지 않는 경우가 있다. 또한 꽃은 피지만 열매가 맺지 않는 때가 있다. 진실이라는 것을 알고 있는 사람은 진실을 사랑하고 있다고 말해도 좋다. 그러나 진실을 사랑한다고 해서 진실을 행하고 있다고 말할 수는 없다.
* 지혜있는 사람은 물을 좋아하고, 어진 사람은 산을 좋아한다. 지혜있는 사람은 움직이고, 어진 사람은 고요하다. 지혜있는 사람은 즐겁게 살고, 어진 사람은 오래 산다.
* 진실은 모든 존재의 근원이며 종말이다.
* 착한 일을 보면 이에 미치지 못하는 것 같이 하고, 악한 일을 보면 끓는 물 만지는 것 같이 하라.
* 천도天道에는 음과 양이 있고, 지도地道에는 강剛과 유柔가 있으며, 인

도人道에는 인仁과 의義가 있다.
* 평소에 공손하고, 일을 하는 데 신중하고, 사람을 대하는 데 진실하라. 그러면 비록 오랑캐 땅에 간다 할지라도 버림받지 않을 것이다.
* 학문을 아는 자는 이를 좋아하는 사람만 못하고, 학문을 좋아하는 자는 이를 즐기는 사람만 못하다.
* 항상 겸손하라. 겸양과 친절은 곧 예의 기본이다.
* 효행과 우애는 정치의 출발점이다.

26. 관자(管子, ?~B.C.645): 중국 춘추시대 제齊나라의 정치가. 법가의 조祖. 이름은 이오夷吾, 자는 중仲.
* 광에 먹을 것이 차야 예절을 알고, 의식이 족해야 영욕을 안다.
* 나라를 다스리려면 먼저 백성을 부유하게 만들어야 한다. 백성이 부유해지면 다스리기 쉽고 백성이 가난해지면 다스리기 어려워진다.
* 모든 일은 계획으로 시작되고, 노력으로 성취되며, 오만으로 망쳐진다.
* 사랑은 미움의 시초이고, 덕은 원한의 근본이다.
* 사색은 지혜를 낳는다.
* 잘 다스려진 국가는 언제나 부유하고 어지러운 국가는 언제나 가난하다.
* 천하는 국가의 근본이고, 국가는 고을의 근본이고, 고을은 집의 근본이고, 집은 사람의 근본이고, 사람은 몸의 근본이고, 몸은 다스림의 근본이다.
* 행하고 끝을 맺지 못하는 것은 수치이다.

27. 괴테(J.W. Goethe, 1749~1832): 독일의 시인, 작가, 과학자, 정치가. 소설『젊은 베르테르의 슬픔』, 희곡『철수의 괴츠』, 극시『파우스트』등.

* 가장 유능한 자는 가장 많이 배우는 자이다.
* 고통이 남기고 간 뒷맛을 맛보라! 고난이 지나가면 반드시 단맛이 깃들게 되는 것이다.
* 과거를 잊는 자는 결국 과거 속에 살게 된다.
* 꽃을 주는 것은 자연이고 그 꽃을 엮어 화환을 만드는 것은 예술이다.
* 나는 시를 만든 것이 아니다. 시가 나를 만든 것이다.
* 나는 인간이었다. 그것은 싸우는 사람이라는 것을 뜻한다.
* 나는 죄와 더불어 실책을 미워한다. 특히 정치적 실책을 한층 더 미워한다. 그것은 수백만의 인민을 불행의 구렁텅이에 몰아넣기 때문이다.
* 내가 존재한다는 사실이야말로 최대의 기적이다.
* 누가 가장 행복한 사람인가? 남의 장점을 존중해주고 남의 기쁨을 자기의 것인 양 기뻐하는 자이다.
* 눈물과 더불어 빵을 먹어보지 않은 사람은 인생의 참다운 맛을 모른다.
* 두 가지 평화로운 폭력이 있다. 즉, 법률과 예의범절이다.
* 미는 감춰진 자연법칙의 표현이다. 자연의 법칙이 미에 의해서 표현되지 않았다면 영원히 감춰져 있는 대로일 것이다.
* 미는 예술의 궁극의 원리이며 최고의 목적이다.
* 법률의 힘은 위대하다. 그러나 필봉의 힘은 더욱 위대하다.
* 부정한 것이 부정한 방법으로 없어지는 것보다는 부정이 행해져 있는 편이 오히려 낫다.
* 불에 피운 향이 인간의 생명을 상쾌하게 하는 것처럼 기도는 인간의 마음에 희망을 북돋워 준다.
* 사람은 자신이 하는 일에 대하여 신념을 가져야 한다. 그리고 자신이

옳다고 확신하는 일을 실행할 만한 힘을 모두가 다 가지고 있는 법이다. 자신에게 그같은 힘이 있을까 주저하지 말고 앞으로 나아가라.
* 사람의 욕망은 내버려 두면 한이 없다. 끝없는 욕망은 차라리 욕망이 없느니만 못하다. 자기 욕망에 한계를 갖는다는 것은 목표를 분명히 가진 것이 된다.
* 사랑이여, 너야말로 진정한 생명의 꽃이며 휴식 없는 행복이다.
* 생명은 자연의 가장 아름다운 발명이며 죽음은 더 많은 생명을 얻기 위한 자연의 기교이다.
* 선을 행하는 데는 고려가 필요없다.
* 시인은 진실을 사랑한다. 시인은 반드시 그것을 느끼는 마음을 가지고 있다.
* 신문을 읽지 않으면 나는 마음이 태평하고 자못 기분이 좋습니다. 사람들은 너무 남의 일에만 신경을 쓰고 자기 눈앞의 의무를 잊어버리기 쉽습니다.
* 어떤 정부가 가장 훌륭한 정부인가? 그것은 바로 우리 자신을 스스로 통치하도록 가르쳐 주는 정부이다.
* 어리석은 사람과 현명한 사람들은 다같이 해가 없다. 가장 두려워해야 할 사람들은 반은 현명하고 반은 어리석은 사람이다.
* 언제나 순간을 놓치지 말라. 어떤 상황이든 어떤 순간이든 그 하나하나가 영원의 표시로서 무한한 가치가 있다.
* 여성을 소중히 지킬 수 없는 남자는 여성의 사랑을 받을 자격이 없다.
* 완전무결한 것은 신의 본성이다. 완전무결을 바라는 것은 인간의 본성이다.
* 왕자이거나 백성이거나 자기 가정에서 평화를 찾아내는 자가 가장 행복한 사람이다.

* 우리는 속는 것이 아니다. 자기가 자신을 속이는 것이다.
* 이 세상에는 하고 싶은 일이 산더미같이 많은데 할 수 있는 것은 불과 얼마 되지 않는다.
* 인간에게는 그 나이에 따라 일정한 철학이 대응하고 있다.
* 인간은 '현재'라는 가치의 중요성을 모른다. 막연하게 보다 나은 미래를 상상하거나 그렇지 않으면 헛된 과거에 집착하고 있기 때문이다.
* 인간은 사회에서 어떠한 사물을 배울 수 있을 것이다. 그러나 영감은 오직 고독에서만 얻을 수 있다.
* 인간은 중요한 일을 결코 충분히 생각하지 않는다.
* 인간은 타인을 칭찬함으로써 자기가 낮아지는 것이 아니라 자기를 상대방과 같은 위치에 놓는 것이 된다.
* 인간의 생활이나 일생의 운명을 결정하는 것은 어떤 한 순간의 일이다.
* 인간이 절망하는 곳에는 어떠한 신도 살 수 없다.
* 자기를 내세우지 않는 사람은 본인이 믿고 있는 것보다 훨씬 더 큰 인물이다.
* 자신의 생명이 존귀하다는 것을 자각하는 속에서의 삶은 더욱 큰 환희를 안겨준다.
* 자연은 부단히 건설하고 부단히 파괴한다. 자연의 공장에는 당하지 못한다.
* 자연이 비밀을 나타내기 시작할 때 우리는 예술에의 억누를 수 없는 갈망을 느낀다. 예술은 가장 우수한 자연의 해설자이기 때문이다.
* 즐거움을 맛보거나 자극을 얻기 위해서 독서를 하는가, 혹은 인식과 교훈을 얻기 위해서 독서를 하는가 하는 문제는 커다란 차이가 있다.
* 증오는 적극적인 불만이요, 질투는 소극적인 불만이다. 따라서 질투가 바로 증오로 바뀌어도 이상할 것은 없다.

* 지갑이 텅 비어 있으면 마음이 병든다.
* 지배하는 일을 배우는 것은 쉽고 통치하는 것을 배우는 것은 어렵다.
* 진리를 발견하는 것보다 오류를 인식하는 것이 훨씬 쉽다. 오류는 표면에 나타나므로 손쉽게 처리할 수 있다. 그러나 진리를 발견한다는 것은 누구나 할 수 있는 일이 아니다.
* 평화시의 애국심은 다만 사람들이 앞뜰을 쓸고 가업에 충실하며 세상 일을 학습하여 나라의 번영을 기하는 데 있다.
* 평화에는 두 개의 힘이 있다. 정의와 예절이다.
* 하늘은 어디를 가나 푸르다는 사실을 이해하기 위해서 세계 일주 여행을 할 필요는 없다.
* 하늘은 필요할 때마다 은혜를 베푼다. 신속히 이것을 포착하는 사람은 운명을 개척한다.
* 햇빛이 비치는 한 먼지도 반짝인다.
* 훌륭한 인간이 되기 위해서는 나이를 먹는 것이 필요하다. 나는 실수를 범하려 할 때마다 그것은 전에 범했던 실수란 것을 깨닫게 된다.
* 희망만 있으면 행복의 싹은 그곳에서 튼다.

28. **구르몽**(R. Gourmont, 1858~1915): 프랑스의 소설가, 비평가.
    * 악덕은 또 사랑과 같다. 사람은 그것 때문이라면 무엇이라도 희생한다.

29. **구마라습**(鳩摩羅什, 344~413): 인도의 학승. 불전佛典의 번역자.
    * 더러운 진흙 속에 연꽃이 피어 있는 것과 같이, 중요한 것은 연꽃만 취하면 되는 것이요, 더러운 진흙은 취하지 않는 것이다.

30. 구츠코(K.F. Gutzkow, 1811~1878): 독일의 극작가.
* 사랑이란 상실이며 단념이다. 사랑은 모든 것을 사람에게 주어버렸을 때 가장 큰 것이다.

31. 그라베(C.D. Grabbe, 1801~1836): 독일의 극작가. 근대 리얼리즘의 선구자 중 한 사람.
* 결혼이란 꾀꼬리를 집에 가두는 일이다.

32. 그라시안(B. Gracian, 1601~1658): 스페인의 작가. 프랑스 모랄리즘의 선구자. 소설 『El criticon』과 평론 『El heroe』 등을 집필.
* 권력의 유일한 이점은 많은 선행을 할 수 있다는 것이다.
* 명성은 정신의 생명이다. 호흡이 육체의 생명인 것과 같이.
* 어떤 일에도 웃고 울고 하는 자는 큰 바보다.
* 정열은 영혼의 문이다.

33. 그랜빌(J, 1677~1735): 영국의 시인, 극작가.
* 상호간의 사랑과 같은 천국은 없다.
* 여성의 길잡이는 이성이 아니라 변덕이다.
* 인내는 무거운 짐을 지고 빨리 걸으면서도 말이 없는 나귀의 미덕이다.

34. 그레빌(F. Greville, 1554~1628): 영국의 시인, 정치가.
* 인간은 웃는 힘을 부여받은 유일한 동물이다.

35. **그레셤**(T. Gresham, 1519~1579): 영국의 경제학자. 경제학상의 그레셤 법칙을 창시.

   * 악화는 양화를 구축驅逐한다.

36. **그로티우스**(H. Grotius, 1583~1645): 네덜란드의 법학자, 정치가. 국제법에 최초로 이론적 체계를 수립.

   * 국가란 공동의 권리와 이익을 누리기 위해서 결합된, 자유로운 인간들로 이루어진 완전한 단체이다.

37. **글래드스턴**(W.E. Gladstone, 1809~1898): 19세기 영국을 대표하는 의회정치가. 문필가. 저서로 『국가와 교회와의 관계』, 『호메로스와 그의 시대』 등.

   * 만일 그대의 얼굴이 뒤틀려 있다면 거울을 탓해도 소용없다.
   * 이기주의는 인류 최대의 화근이다.
   * 전쟁, 흉년, 전염병, 이 세 가지를 합쳐도 술의 손해와 비교될 수는 없다.
   * 정치의 목적은 선을 행하기 쉽고 악을 행하기 어려운 사회를 건설하는 데 있다.

38. **글린카**(M.I. Glinka, 1804~1857): 러시아의 작곡가. 「황제에게 드린 목숨」, 「루슬란과 류드밀라」 등 발표.

   * 국민이 음악을 만든다. 작곡가는 다만 그것을 배열할 뿐이다.

39. **기대승**(奇大升, 1527~1572): 조선 선조 때 성리학자. 호는 고봉高峰. 저서로 『논사록論思錄』, 『고봉집』 등.

   * 정치란 현명한 자를 골라 맡기고 책임을 다하도록 해야 한다.

40. **기번**(E. Gibbon, 1737~1794): 영국의 사학자. 『로마제국 쇠망사』, 『입증立證』 등 저술.
- 풍파는 항상 우수한 항해사 편에 선다.
- 역사는 인류의 범죄와 어리석음과 재난의 기록일 뿐이다.
- 인간적인 것은 모두 진보하지 않으면 퇴보해야 한다.

41. **기번스**(H.A. Gibbons, 1880~1934): 미국의 역사가, 저널리스트.
- 개혁은 내부에서 와야 하며 외부에서 와서는 안 된다. 미덕을 위해서 입법할 수는 없다.

42. **기싱**(G.R. Gissing, 1857~1903): 영국의 작가. 비참한 현실묘사가 특징으로, 주로 하층사회를 다루었다. 저서로 『새벽의 노동자』, 『신 그럽 거리』 등.
- 몸과 마음이 건강한 사람에게는 나쁜 일기日氣란 없다. 하늘이 맑건 흐리건 모두 그 나름의 아름다움을 갖고 있다.
- 새들의 합창에 귀를 기울이고 있으면 그 찬란한 황홀함 속에 자신을 잃어버리게 되고, 나의 존재는 감격에 찬 기쁨의 부드러움 속에 녹아 들어간다.

43. **기정진**(奇正鎭, 1798~1876): 조선시대의 학자. 자는 대중大中, 호는 노사蘆沙.
- 천하의 큰 변괴는 세 가지이다. 아내가 남편의 자리를 빼앗는 것과, 신하가 임금의 자리를 빼앗는 것과, 기氣가 이理의 위치를 빼앗는 것을 가리킨다.

44. **기화**(己和, 1376~1433): 조선 세종 때의 승려. 호는 함허涵虛, 법명은 득통得通. 저서는 『원각소』, 『금강경오가해설의金剛經五家解說誼』 등.
   * 생生이란 한 조각의 뜬구름이 일어나는 것이요, 죽음이란 그 한 조각 뜬구름이 사라지는 것이다.

45. **길더**(R.W. Gilder, 1844~1909): 미국의 시인.
   * 장미꽃이 시든다고 해서 장미꽃을 좋아하지 말아야 하는가.

46. **길재**(吉再, 1353~1419): 고려조의 충신. 자는 재보再父, 호는 야은冶隱, 시호는 충절忠節.
   * 사람이 낮에 언행의 실수를 했다면 밤에도 마음을 바로잡을 수 없다.

47. **김굉필**(金宏弼, 1454~1503): 조선조의 문신, 학자. 자는 대유大猷, 호는 사옹蓑翁, 시호는 문경文敬.
   * 글공부는 아직 천기를 알지 못하지만 소학책 속에서 어제의 잘못을 깨달았다. 이제부터 마음 다하여 자식 노릇 하려니 어찌 구구하게 부귀 따위를 부러워하랴.

48. **김구**(金九, 1875~1949): 한국의 독립운동가, 정치가. 어릴 때 이름은 김창수金昌洙, 호는 백범白凡. 저서로 『백범일지』, 『나의 소원』 등.
   * 네 소원이 무엇이냐 하고 하느님께서 물으신다면, 나는 서슴지 않고 "내 소원은 오직 대한독립이오." 하고 대답할 것이다. 그 다음 소원은 무엇이냐 하고 물으시면 나는 또 "우리나라의 독립이오." 할 것이요, 또 그 다음 소원이 무엇이냐 하고 세 번째 물으셔도 나는 더욱 소리를 높여 "내 소원은 우리나라 대한의 완전한 자주 독립이오." 하고 대답

할 것이다.
* 자유와 자유 아님이 갈리는 것은 개인의 자유를 속박하는 법이 어디에서 오느냐 하는 데 달렸다. 자유 있는 나라의 법은 국민의 자유로운 의사에서 오고 자유 없는 나라의 법은 국민 중의 한 개인 또는 한 계급에서 나온다.

49. 김대중(金大中, 1925~2009): 대한민국의 제15대 대통령.
* 논리의 검증을 거치지 않은 경험은 잡담이며 경험의 검증을 거치지 않은 논리는 공론이다.
* 민주주의는 절대 공짜로 얻어지는 것이 아니며, 어느 역사를 보나 민주화를 위해서는 희생과 땀이 필요하다.
* 우리 모두가 행동하는 양심이 되자. 우리 모두가 행동하는 양심이 될 때 민주주의는 우리의 것이 될 것이다.
* 행동하지 않는 양심은 악의 편이다.

50. 김수환(金壽煥, 1922~2009): 종교인. 69년 한국 최초의 추기경이 됨.
* 촛불이 빛을 내려면 스스로 불타야 한다.
* 언론이 진실을 보도하면 국민들은 빛 속에서 살 것이고, 언론이 권력의 시녀로 전락하면 국민들은 어둠 속에서 살 것이다.

51. 김인후(金麟厚, 1510~1560): 조선조의 문신. 자는 후지厚之, 호는 하서河西 또는 담재湛齋, 시호는 문정文正.
* 학문을 함에 있어, 덕성을 함양하고 그런 다음 때때로 야외로 출입하면서 심신을 단련한다면 더욱 진보함이 있을 것이다.

52. 김집(金集, 1574~1656): 조선시대의 문신. 자는 사강士剛, 호는 신독재愼獨齋, 시호는 문경文敬. 저서로는 『신독재유고愼獨齋遺稿』가 있다.

* 예라는 것은 인간의 욕심을 억제하고 천리天理를 따르는 법칙이다.

53. **나가르주나**(Nāgārjuna, 龍樹, 150?~250?): 인도의 승려, 논사. 저서로 『중론』, 『대지도론』, 『회쟁론』 등.

* 어떤 존재도 인연으로 생겨나지 않는 것은 없다. 그러므로 어떠한 존재도 공하지 않은 것이 없다.
* 여러 인연으로 발생한 존재를 나는 공空이라고 말한다. 이렇게 발생한 존재는 또한 관습적인 이름에 불과할 뿐이며, 이것이 또한 중도의 의미이기도 한다.

54. **나보코프**(V. Navokov, 1899~1977): 러시아 출신의 미국 소설가, 시인.
* 고독은 악마의 놀이터이다.

55. **나폴레옹**(Napoleon Bonaparte, 1769~1821): 프랑스의 황제.
* '그것은 불가능하다'고 너는 나에게 써 보냈지? 그 말은 프랑스어가 아니다.(이 말은 '나의 사전에는 불가능이란 단어가 없다'라고 흔히 인용되고 있다.)

* 가장 커다란 위험은 승리의 순간에 도사린다.
* 내 인생의 실패와 몰락에 대해서 책망할 사람은 자신 이외에는 아무도 없다. 나는 깨닫게 되었다. 내가 자신의 최대의 적이며, 나 자신의 비참한 운명의 원인이었다는 것을.
* 모든 것을 말할 수 있는 국민은 모든 것을 할 수 있게 된다.
* 민첩하고 기운차게 행동하라. '그렇지만'이라든지 '만약'이라든지 '왜 그러냐 하면'이라는 말들을 앞세우지 말라. 이런 말을 앞세우지 않는 것이 승리의 제1조건이다.
* 불가능이란 소심한 자의 환상이요, 비겁한 자의 도피처이다.
* 사람은 그가 입은 제복대로의 인간이 된다.
* 사람은 덕보다는 악으로 더 쉽게 지배된다.
* 사람의 처세법에 있어서 가장 중요한 것은 정에 쏠리지 않아야 하며, 동시에 이치에도 쏠리지 않고, 두 가지를 다 억제할 줄 알아야 한다는 것이다.
* 사치한 생활 속에서 행복을 구하는 것은 마치 그림 속의 태양이 빛을 발하기를 기다리는 것과 같다.
* 사회는 재산의 불평등 없이는 성립되지 않는다. 재산의 불평등은 종교 없이는 성립되지 않는다.
* 살아 있는 졸병이 죽은 황제보다 훨씬 가치가 있다.
* 세계를 움직이는 비결은 하나밖에 없다. 그것은 강력해지는 일이다. 그 이유는 힘 속에는 오류도 착각도 없기 때문이다.
* 약속을 지키는 최선의 방법은 약속을 하지 않는 것이다.
* 여론의 흐름에 따르면 모든 것이 쉬워진다. 여론은 세상의 지배자이다.
* 인간이 궁극적으로 바라는 것은 존경과 사랑이다.
* 인간 최고의 도덕이란 무엇이냐? 그것은 애국심이다.

* 자식들의 운명은 그 어머니가 만든다.
* 지도자란 희망을 파는 상인이다.
* 지식과 역사는 종교의 적이다.
* 훌륭한 사람과 어리석은 사람의 사이는 불과 한 걸음 차이다.

56. **난센**(F. Nan'sen, 1861~1930): 노르웨이의 북극탐험가. 1922년 노벨평화상 수상.
    * 인류가 한층 더 나은 미래로 나아갈 수 있게 되기를 진심으로 바란다면 그 첫째 조건은 우리가 용기를 가지고, 공포에 지배되지 말아야 한다는 것이다.

57. **네루**(J. Nehru, 1889~1964): 인도의 정치가. 인도 법조계의 중진으로 민족운동의 지도자. 인도 독립 후 수상 역임.
    * 민주주의는 좋다. 다른 제도가 더 나쁘기 때문에 나는 이렇게 말하는 것이다.
    * 역사를 읽는 것은 즐거운 일이다. 그러나 그보다 더 마음이 끌리고 흥미있는 것은 역사를 만드는 데 참여하는 일이다.
    * 정치란 백성의 눈물을 닦아 주는 것이다.

58. **네이던**(G.J. Nathan, 1882~1958): 미국의 극작가, 연극평론가.
    * 위대한 예술은 위대한 음악처럼 비이성적이다. 그것은 자체의 아름다움으로 미친다.

59. **네포스**(C. Nepos, ?~B.C.75): 로마의 역사가, 전기작가. 저서로 『카토전』, 『아티쿠스전』 등.
    * 모든 사람의 운명은 자기 성격에 의해 만들어진다.

* 운명이라는 것은 결코 하늘이나 신이 지배하는 것이 아니다. 각자가 스스로 자기의 손으로 자기의 운명을 만드는 것이다.

60. **넬슨**(H. Nelson, 1758~1805): 영국의 해군제독.
* 곤란한 일이나 위험에 대해 더 한층 결의와 용기를 내야 한다.
* 시도하지 않는 곳에 성공이 있었던 예는 결코 없다.

61. **노무현**(盧武鉉, 1946~2009): 대한민국 제16대 대통령
* 민주주의의 최후의 보루는 깨어 있는 시민의 조직된 힘이다.
* 사람은 자기가 설 자리에 서야 되고 남자는 죽을 자리도 가야 할 땐 가야 한다.
* 나의 삶 속에서는 성공과 실패가 언제나 하나였다. 패배는 승리의 이면에 도사리고 있고, 새로운 도약은 잿더미 속에서 모습을 드러냈다. 기쁨이나 성취는 홀로 찾아오는 법이 없었다. 언제나 기쁨보다 더한 아픔이 그 뒤를 이었다.

62. **노박**(M. Novak, 1933~): 미국의 저술가, 철학자, 언론인. 템플턴상 수상.
* 민주주의는 좋은 제도는 아니지만 그에 대신할 더 좋은 제도가 없다는 데 문제가 있다.
* 자유 문명 사회는 논쟁에서 이루어진다.

63. **노발리스**(Novalis, 1772~1801): 독일 낭만파 최고 시인.
* 부분적인 역사란 결코 있을 수 없다. 어떤 역사도 세계사여야 한다. 그 한 토막을 역사적으로 다루는 것도 다만 역사 전체에 관련시킬 때 가능해진다.

* 사랑은 세계사의 궁극의 목적이며, 우주의 시인是認이다.
* 예술가는 그 작품에 종속한다. 작품이 작가에 종속하는 것이 아니다.
* 종교의 과제는 신성과 공감하는 데 있다.

64. **노신**(魯迅, 1881~1936): 중국의 작가, 문학가. 자는 예재豫才. 저서로 『신청년』, 『아Q정전』 등.

    * 나는 하나의 종착점을 확실히 알고 있다. 그것은 무덤이다. 이것은 누구나 다 알고 있으며 길잡이가 필요하지 않다. 문제는 그곳까지 가는 길에 있다. 물론 길은 한 가닥이 아니다.
    * 발전이 고개를 넘으면 퇴폐가 시작된다.
    * 옛날 위세가 당당했던 사람은 복고를 주장하고, 지금 위세가 당당한 사람은 현상 유지를 주장하고, 아직 행세하지 못하고 있는 사람은 혁신을 주장한다.
    * 원래 지상에는 길이 없다. 걷는 사람이 많아지면 그것이 길이 된다.
    * 잉크로 쓴 거짓이 피로 쓴 진실을 덮을 수 없다.
    * 혁명이란 아무도 죽이지 않고 살리는 일이다.
    * 희망이란 원래부터 있는 것이라고 보기도 어렵고, 없는 것이라고 보기도 어렵다. 그것은 지상의 길과 같다.

65. **노자**(老子, B.C. 6세기경): 중국 주周대의 사상가. 성은 이李, 이름은 이耳. 자는 백양伯陽, 시호는 담聃. 도교의 시조.

    * 가볍게 승낙하는 것은 반드시 신용이 적고, 쉽다는 것이 많으면 반드시 어려움이 많다.
    * 가장 으뜸가는 처세술은 물의 모양을 본받는 것이다.
    * 끝을 맺기를 처음같이 한다면 실패할 일이 없다.

* 맡은 바 일을 다 하고 공명을 누리고 나면 그 자리에서 물러나는 것이 하늘의 순리이다.
* 명예는 공기公器이다. 너무 많이 취하지 말라.
* 물만큼 부드럽고 약한 것은 없다. 그런데도 물은 굳고 강한 것과 싸워 이긴다. 물보다 센 것은 없다. 이는 물이 약하기 때문이다.
* 믿음이 있는 말은 아름답지 않고 아름다운 말은 믿음이 없다.
* 사람의 덕과 지혜가 완전히 성숙하게 되면 그는 또다시 어린아이와 같이 된다.
* 잘 싸우는 자는 노하지 않고, 잘 이기는 자는 잘 싸우지 않는다.
* 진실한 말에는 꾸밈이 없고, 꾸미는 말에는 진실이 없다.
* 천하를 사랑한다면 천하를 맡을 수 있을 것이다.
* 최고의 선은 물과 같다. 물은 만물에 혜택을 주지만 스스로를 내세워 만물과 다투려 하지 않으며 모두가 싫어하는 낮은 곳으로만 흐른다. 그러므로 도道에 가깝다 할 수 있다. 사는 데는 땅이 좋고, 마음은 깊은 것이 좋고, 사귀는 데는 인仁이 좋고, 말은 신의가 있는 것이 좋고, 정치는 다스려져야 좋고, 일 처리는 능숙한 것이 좋고, 행동은 시기에 맞는 것이 좋지만 물처럼 겸허해서 다투지 않을 때 비로소 허물이 없을 수 있다.
* 한 아름의 굵은 나무도 티끌만한 싹에서 생기고, 9층의 높은 탑도 흙을 쌓아서 올렸고, 천리 길도 발 밑에서 시작된다.

66. **뇌봉**(雷鋒, 1940~1962): 중국 인민해방군 병사兵士.
* 녹슬지 않는 나사가 되어야 한다. 나사 하나는 주목받지 못하지만 나사 없이는 기계를 움직이지 못한다.

67. 뉴먼(J.H. Newman, 1801~1890): 영국의 성직자. 『기독교 교리의 발달』, 『승인의 원리』 등 저술.

* 성장은 유일한 생명의 증거이다.

68. 뉴턴(Newton, Sir Isaac, 1643~1727): 영국의 수학자, 물리학자, 천문학자. 만유인력의 법칙 발견, 미적분법 등 근대 과학 성립의 최대 공로자.

* 굳은 인내와 노력을 하지 않는 천재는 이 세상에서 있었던 적이 없다.
* 나는 가설을 만들지 않는다.
* 발명의 비결은 부단한 노력에 있다.
* 오늘 할 수 있는 일에 전력을 다하라. 그러면 내일에는 한 걸음 더 진보한다.

69. 니체(F.W. Nietzsche, 1844~1900): 독일의 철학자. 저서로 『비극의 탄생』, 『인간적인 너무나 인간적인』, 『차라투스트라는 이렇게 말했다』 등.

* 강한 신앙을 동경하는 것은 강한 신앙의 증거가 아니라 그 반대이다. 사람이 강한 신앙을 지닌다면 그 사람은 회의론의 사치에 빠질 수 있다.
* 결혼 ─ 그것은 하나를 만들려고 하는 두 사람의 의지다. 단지 그 하나를 이루는 것은 두 개 이상의 것이다. 이와 같은 의지를 의지하는 자로서, 서로의 곤경을 같이 치러주는 것을 나는 결혼이라고 부른다.
* 고난 속에 인생의 기쁨이 있다. 풍파 없는 항해란 얼마나 단조로운 것인가? 역경에 부딪칠수록 내 가슴은 뛴다.
* 근시의 남녀가 사랑을 하는 것이다. 사랑하는 남녀를 치료하기 위해서는 약간 도수 높은 안경을 주면 낫는 경우가 있다.
* 너는 안이하게 살고자 하느냐? 그렇다면 항상 군중 속에 머물러 있으라. 그리고 군중에 섞여 너 자신을 잃어버려라.

* 대지는 여인의 유방이다. 도움을 줄 뿐만 아니라 즐겁게 해준다.
* 도덕에 대한 복종은 노예적이며 허영이며 이기적이며 체념이며 음울한 광기이며 사상을 버리는 것이며 절망적인 행위이다.
* 만일 성욕이라는 것이 이토록 맹목적이고 조심성 없고 경솔하여 사려가 없는 성질을 갖지 않았더라면 인류는 사멸하고 말았을 것이다. 원래 성욕의 만족은 전혀 종족의 번식과는 결부되어 있지 않다. 성교시에 번식의 의도가 수반된다는 것은 터무니없는 말이고 극히 드문 일이다.
* 만일 음악이라는 여신이 소리 대신에 말로 하였다면 사람들은 귀를 막았을 것이다.
* 모든 신념은 거짓말보다 더 큰 진리의 위험한 적이다.
* 문화국가라는 것은 근대적 관념에 불과하다. 이편은 저편을 먹고 살며, 저편은 이편을 희생시켜서 번영한다. 문화상의 모든 위대한 시대는 정치적으로는 몰락의 시기이다.
* 복수와 사랑에서 여자는 남자보다 야만적이다.
* 부부 생활은 끊임없는 대화이다. 그러므로 인내가 필요하다.
* 산다는 것은 무엇인가. 산다는 것은 죽어가고 있는 것 같은, 끊임없이 자기로부터 떼어놓고 가는 것이다.
* 삶이 있는 곳에 의지가 있다. 그러나 그 의지는 삶에의 의지가 아니라 생존하려는 의지이다.
* 신은 죽었다. 그리스도교의 신에 대한 믿음이 믿음직스럽지 못하게 되었다는 최근의 사건이 이미 그 최초의 그림자를 유럽 위에 던지기 시작했다.
* 여자는 남자의 친구가 될 수 있다. 그러나 친구관계를 튼튼하게 지켜가기 위해서는 약간의 생리적 반감이 이를 돕지 않으면 안 된다.

* 여자는 사랑 때문에, 자기를 사랑하는 남자가 그렇다고 여기는 대로 되어 간다.
* 오늘 가장 좋게 웃는 자는 역시 최후에도 웃을 것이다.
* 운명아! 비켜라. 용기있게 내가 간다.
* 위대한 인간이란 역경을 극복할 줄 아는 동시에 그 역경을 사랑할 줄 아는 사람이다.
* 인간만이 깊이 괴로워한다. 그러므로 인간은 웃음을 발명하지 않을 수 없었다. 가장 불행하고 가장 우울한 동물이 당연히 가장 쾌활한 동물인 것이다.
* 인간은 수목과 같다. 나무는 높게 밝은 곳으로 올라가면 올라갈수록 그 뿌리는 점점 강하게 땅속 아래로, 어두운 쪽으로, 나쁜 쪽으로 향한다.
* 인간은 행동을 약속할 수는 있어도 감정을 약속할 수는 없다. 자신을 속이지 않고 영원한 사랑을 약속하는 사람은 애정의 그림자를 약속하는 것이다.
* 인간이 신의 실패작에 불과한가, 아니면 신이 인간의 실패작에 불과한가.
* 자유란 자기 책임에 대한 의지를 갖는 것이다.
* 지상에서 원한에 사무친 열정보다 사람을 더 빨리 소모시키는 것은 없다.
* 진보의 크기는 그것이 요구하는 희생의 크기에 의하여 평가되는 것이다.
* 창조는 괴로움의 구원인 동시에 삶의 위로인 것이다. 그러나 창조하기 위해서는 그 자신의 괴로움이 따르며 많은 변화가 요구되는 것이다.
* 침묵을 당하는 모든 진실은 독이 된다.
* 훌륭한 친구를 가진 사람은 반드시 훌륭한 아내를 얻을 것이다. 훌륭

한 결혼이라는 것은 우의의 재능에 달린 것이기 때문이다.

70. 닐(A.S. Neill, 1883~1974): 영국의 서머힐 스쿨 설립자.
    * 가장 좋은 교사란 아이들과 함께 웃는 교사이다. 가장 좋지 못한 교사란 아이들을 우습게 보는 교사이다.
    * 누구도 다른 사람에게 선악을 가르칠 수 있을 정도로 위대한 사람은 없다.
    * 모든 인습과 미신, 위선에서 해방되었을 때, 그때 비로소 우리는 교육되었다고 말할 수 있다.
    * 문제아동이란 절대 없다. 있는 것은 문제 있는 부모뿐이다.
    * 사랑은 사랑을 키우고, 미움은 미움을 키운다.

71. **다나카 가쿠에이**(田中角榮, 1918~1993): 일본의 정치가.
  * 여론이란 신문이나 TV가 아니고 선거 결과이다.
  * 정치가는 아이디어 맨이 아니어서는 안 된다. 동시에 책임의 소재를 명백하게 해두지 않으면 안 된다.
  * 정치력이란 인간을 움직이는 힘이다.

72. **다니엘**(S. Daniel, 1562~1619): 영국의 시인, 역사가. 소네트(14행시)에 능했으며, 소네트들을 모은 「델리아」가 유명하다.
  * 관습은 모든 법률에 앞서며 자연은 모든 예술에 앞선다.
  * 절름발이를 비난하는 자는 똑바로 걷지 않으면 안 된다.
  * 인간의 용기는 그 사람이 위험에 빠졌을 때만 알 수 있다.

73. **다니엘 벨**(Bell, Daniel, 1919~2011): 미국의 사회학자, 저널리스트, 저술가. 저서로 『이데올로기의 종언』, 『정보화 사회』 등.
  * 교육은 국가의 발전과 퇴보를 가늠하는 잣대이다.

* 앞으로의 사회는 물리학, 생물학 등의 이론적 기초 지식이나 소재 기술의 혁명에 의해서 변한다.
* 언제나 누군가는 가고, 또 누군가는 오는구나.

74. **다렌도르프**(R.G. Dahrendorf, 1929~2009): 독일 출신의 영국 사회학자. 저서로 『산업사회에서의 계급과 계급투쟁』, 『분단 독일의 정치사회학』 등.
* 사회가 있는 곳에 갈등이 있다.

75. **다윈**(C.R. Darwin, 1809~1882): 영국의 생물학자, 진화론자. '자연도태설'을 정립. 저서로 『비글호 항해기』, 『종의 기원』, 『인간의 유래』 등.
* 은행나무는 살아 있는 화석이다.

76. **단테**(A. Dante, 1265~1321): 이탈리아의 시인. 시집으로 『신생』이 있고, 종교적 서사시 『신곡』을 저술하였으며, 그밖에 『속어론』 『제정론』 등이 있다.
* 그대의 길을 가라. 남들이 뭐라 하던 그대로 내버려 두어라.
* 너의 근원을 생각하라. 너는 야수처럼 살도록 태어나지 않았고 덕과 지식을 추구하도록 태어났다.
* 보잘것없는 작은 일이 아주 훌륭한 일의 시작일 수도 있다.
* 예술은 제자가 스승을 모방하듯이 할 수 있는 한 자연을 따른다. 그러므로 너의 예술은 마치 신의 손자 같아야 한다.
* 자연은 신의 예술이다.
* 현명한 사람은 허송세월을 가장 슬퍼한다.

77. **달라이 라마**(Dalai Lama, 1935~): 본명은 텐진 가쵸, 14대 달라이 라마, 티베트의 정신적 지도자. 1989년 노벨상 수상.
   * 나는 정의와 진실을 믿으며, 이것 없이는 인간에 대한 희망도 불가능하다.
   * 나의 종교는 단순하다. 나의 종교는 '친절함'이다.
   * 내가 걱정한다고 해결될 문제라면 결국 해결될 문제이므로 근심할 필요가 없다. 걱정한다고 해서 해결될 일이 아니라면 결국 안 될 일이니 걱정으로 마음을 괴롭힐 필요가 없다.
   * 당신이 만약 존재의 회귀성, 즉 윤회를 이해하게 된다면 당신은 죽음에 대해 초연할 수 있을 것이다.
   * 당신이 원하는 것을 얻지 못하는 것은 정말 좋은 행운일 수 있다는 것을 기억해라.
   * 뿌리가 독이면 줄기도 열매도 독이고, 뿌리가 약이면 줄기도 열매도 약이다.
   * 용서하라 그러면 행복해진다.
   * 인내는 중요하다. 이 인내를 잃으면 인간은 노여움에 지배되고 선악의 판단이 파괴된다. 이 인내와 함께 용기, 희망, 결의를 갖추면 불가능도 가능으로 할 수 있다.
   * 자비는 집착도 동정도 아닙니다. 지혜를 갖춘 자비를 생각해야 합니다.
   * 폭력은 자살과 같다.

78. **당태종**(唐太宗, 598~649): 중국 당나라 2대 황제. 본명은 이세민.
   * 국민이라는 물은 황제라는 배를 뜨게도 할 수도 있고 가라앉힐 수도 있다.
   * 나라를 다스리는 지도자의 마음가짐은 환자를 치료하는 의사의 그것

과 같다. 환자의 병이 나아갈 때 의사가 방심하면 병은 오히려 악화되기 쉽다. 천하가 조용할 때 나라의 지도자는 앞으로 닥칠 위기를 생각해야 한다.

79. **당통**(G.J. Danton, 1759~1794): 프랑스의 혁명지도자, 정치가, 변호사.
* 조국이 위험에 처했을 때 모든 것은 조국에 속한다.

80. **대로우**(C.S. Darrow, 1857~1938): 미국의 변호사. 주로 사회주의자와 노동운동가의 변호에 종사.
* 우리 인생의 전반은 어버이에 의해서 후반은 자식들에 의해서 망쳐간다.

81. **대커리**(W.M. Thackeray, 1811~1863): 영국의 작가. 작품으로 『배리 린든』, 『스놉 열전』, 『허영의 도시』 등.
* 만족한 웃음은 집안의 햇빛이다.
* 부자라고 생각하는 것은 부자와 동일하다.
* 사회에서 요구하는 것은 학식이나 덕행이 아니라 예의범절이다.
* 시간은 지나간다. 시간은 위로하는 자요, 시간은 진통제다.
* 어머니란, 어린 자식의 입과 마음에서는 하느님과 같은 이름이다.
* 여자는 정복하기를 좋아할 뿐 아니라 정복당하기도 좋아한다.
* 웃음 없는 인생은 무미無味한 공백이다.
* 인생의 진정한 즐거움은 자기보다 열등한 사람들과 함께 사는 것이다.
* 쾌락은 지불해야 할 대가가 너무 비싸다는 것을 깨달아야 한다.

82. 댈버그(E. Dahlberg, 1900~1977): 미국의 소설가, 비평가.
* 강한 적은 약한 친구보다 낫다.

83. 데리다(J. Derrida, 1930~2004): 프랑스 철학자. 해체주의 주창자. 저서로『언어와 현상』,『문체와 차이』,『조종』등 다수.
* 말하기는 글쓰기다.
* 텍스트 밖에는 아무것도 없다.
* 텍스트를 벗어나서 존재하는 것이란 없다.

84. 데모낙스(Demonax, 150년경): 그리스의 냉소주의 철학자. 큐니크파의 자유사상적 경향을 대표.
* 모든 법률은 소용이 없다. 선한 사람은 법률이 필요하지 않고 악한 사람은 법률로 교정되지 않기 때문이다.

85. 데모스테네스(Demosthenes, B.C.384~322): 그리스의 웅변가, 정치가.
* 행복을 유지하는 편이 행복을 얻기보다도 더 어렵다.

86. 데모크리토스(Demokritos, B.C.460?~370?): 그리스의 철학자. '겔라시노스(웃는 철인)'로 불림.
* 고상한 사람에게는 이 세상 전부가 그의 조국이다.
* 말은 생명의 영상이다.
* 절제는 즐거움을 늘리고 쾌락을 한층 크게 한다.
* 친구처럼 보이는 사람들은 대개 친구가 아니고, 그렇게 보이지 않는 사람이 진짜 친구다.
* 행복과 불행은 함께 마음속에 있는 것.

87. 데이(J.C. Day, 1826~1908): 영국의 법관.
* 도피는 죄의 자백이다.

88. **데카르트**(R, Descartes, 1596~1650): 프랑스의 철학자, 수학자. 근대 철학의 시조. 저서로『방법서설』,『철학의 원리』,『정념론』등.
* 가장 위대한 사람은 가장 훌륭한 덕뿐만 아니라 가장 큰 악도 지닐 수 있다.
* 나는 생각한다. 그러므로 나는 존재한다.
* 법은 되도록 적으면서, 있는 법은 엄격하게 지켜질 때 정치가 잘 된다.
* 자연은 인간을 싫어한다.

89. 데팡(D. Deffand, 1697~1780): 프랑스의 후작부인. 월폴을 비롯한 여러 사람들과의「서간집」이 있다.
* 사랑보다도 허영심이 더 많이 여자를 타락시킨다.

90. **도스토예프스키**(F.M. Dostoevskii, 1821~1881): 러시아 문호.『가난한 사람들』,『죄와 벌』,『카라마조프의 형제』,『이중인격』등.
* 감정은 절대적인 것이다. 그 가운데에서도 질투는 가장 절대적인 감정이다.
* 고통과 번민은 위대한 자각과 깊은 심정을 가진 사람에게는 항상 필연적인 것이다.
* 돈은 절대적인 힘을 가진다. 그와 동시에 평등의 이치이기도 하다. 돈이 가지는 위대한 힘은 바로 그것이다. 돈은 모든 불평등을 평등하게 만든다.
* 돈이 아무리 많아도 최고의 이상을 갖지 못한 사회는 언젠가는 몰락

의 길을 걷게 된다.
* 부부생활의 첫째 비결은 결코 죽느냐 사느냐 하는 아슬아슬한 지경에까지 이르지 않도록 하는 것이다.
* 사람에게 가장 중요한 일은 실패했다고 해서 낙심하지 않는 일이며 성공했다고 하여 기뻐 날뛰지 않는 일이다.
* 신을 믿기 위해서는 신이 있어야 한다. 성공하기 위해서는 먼저 목적을 정해야 한다.
* 이 지상에 사는 모든 것은 무엇보다도 그 생을 사랑하지 않으면 안 된다.
* 인간이 신을 발명한 것은 다만 자살하지 않도록 하기 위한 것이었다.
* 인생은 고통이고 공포다. 그래서 인간은 불행하다. 그러나 인간은 지금도 인생을 사랑하고 있다. 그것은 고통과 공포를 사랑하기 때문이다.
* 자기 자신을 희생하는 것처럼 행복한 일은 없다.
* 참된 진리는 항상 진리 같지 않다.

91. **도쿠가와 이에야스**(德川家康, 1542~1629): 일본의 덕천막부의 제1대 장군.
* 사람의 일생은 무거운 짐을 지고 먼 길을 가는 것과 같다. 서둘지 마라. 부자유가 보통이라 생각하면 부족이 없고, 마음에 욕심이 생기면 곤궁했을 때를 생각하라. 참는 것은 무사장구無事長久의 기본이다. 노여움은 적으로 여겨라. 이기는 것만 알고 지는 것을 모르면 해로움이 그 몸에 미친다. 나를 책하고 남을 책하지 마라. 미치지 못한 것은 지나친 것보다 낫다.

92. 돕슨(H.A. Dobson, 1840~1921): 영국의 시인, 문학가. 18세기 영문학에 정통하여 스틸, 골드스미스, 월폴 등의 전기를 씀.
   * 명성은 죽은 자가 먹는 음식이다. 나는 그런 고기를 먹을 위장은 없다.

93. 뒤마(A. Dumas, 1802~1870): 프랑스의 소설가, 극작가. 저서로 『삼총사』, 『몬테크리스토 백작』, 『20년 후』 등.
   * 극도의 불행을 겪은 사람만이 최고의 행복을 느낄 수 있다.
   * 전체는 개인을 위해, 개인은 전체를 위해 존재한다.
   * 질투는 남보다는 자기를 해치는 기술이다.

94. 뒤 바르타스(Du Bartas, 1544~1590): 프랑스의 시인, 군인. 작품으로 『주週』가 있다.
   * 인간에게 대지는 어느 모로 보거나 이미 친모가 아니고 계모로 보인다.

95. 뒤아멜(G. Duhamel, 1884~1966): 프랑스의 작가, 의사.
   * 오류가 정칙定則이요, 진실은 오류의 변칙이라는 것을 의심하지 말라.

96. 듀란트(W.J. Durant, 1885~1981): 미국의 교육자, 철학자. 저서로 『철학이야기』.
   * 국민의 건강은 국민의 부보다 더욱 중요하다.
   * 변화를 거부하는 보수주의자는 변화를 요구하는 급진주의자와 마찬가지로 가치있는 사람들이다.

97. 드골(1890~1971): 프랑스의 정치가, 군인. 제5공화국 대통령.
   * 국가라는 명칭을 가질 수 있을 만한 국가는 우방이 없으며, 오직 이익만 있을 뿐이다.

* 권위 위에는 위신이 필요하며 위신을 유지하기 위해서는 신비의 베일을 쓰고 있어야 한다.
* 위대함에는 신비성이 필요하다. 너무 알면 사람들은 존경하지 않는다.
* 이데올로기라는 기치는 야망의 숨김터에 불과하다.
* 정치가는 자기가 하는 말을 자기 자신이 믿지 않는다. 그런 말을 남들이 믿을 때 놀라는 것은 정치가 자신이다.
* 프랑스에는 4백종이 넘는 치즈가 있다. 그런 나라 국민 전부를 만족시킬 수 있는 정치는 아무도 못한다.

98. 드라이든(J. Dryden, 1631~1700): 영국의 시인, 극작가, 비평가. 시집으로 『경이로운 해』, 『속인의 종교』 등이 있고 계관시인.

* 사랑의 괴로움은 다른 어떤 기쁨보다도 훨씬 즐겁다.
* 가장 많이 칭찬받는 자가 가장 많이 미움 받는다.
* 가장 향기로운 향수는 언제나 가장 작은 병에 담겨져 있다.
* 사랑은 치료약이 없는 질병이다.
* 살인자는 잠깐의 처벌을 피할 수 있지만 늦게 온 정의가 범죄를 뒤따라 잡을 것이다.
* 세계에 국가의 복잡성이 존재하는 한 전쟁은 세계 역사가 끝날 때까지 계속한다.
* 예술에는 실수가 있으나 자연에는 실수가 없다.
* 용감한 사람은 대중의 칭송을 구하지 않으며 무력으로 압도당하더라도 그의 대의를 버리지 않는다. 비록 실패하더라도 부끄러워하지 않으며 그는 최선을 다한다. 힘은 야수의 것이지만 명예는 인간의 것이다.
* 인간에 대한 모든 학대 가운데서 가장 나쁜 것은 마음을 헐뜯는 것이다.

* 진주를 얻으려면 물속에 들어가야만 한다.
* 평화시의 애국자들은 고결한 불굴의 정신으로 권력에 저항함으로써 민중의 권리를 옹호한다.

99. **드라크르와**(E. Delacroix, 1799~1863): 19세기 프랑스 최고의 화가. 낭만파 지도자. 작품으로 「시호의 학살」, 「시르다니팔의 죽음」 등.
    * 회화는 그것을 보는 사람의 마음과 그리는 사람의 마음을 연결하는 유일한 다리이다.
    * 회화의 으뜸가는 장점은 사람의 눈을 즐겁게 하는 것이다.

100. **드러커**(P.F. Drucker, 1909~2005): 오스트리아 출신의 미국의 경제학자. 저서로 『새로운 사회』 등.
    * 인간은 자신있는 일을 하고 싶어하는 법이다. 그런 뜻에서 능력은 근로의욕의 기초가 된다.
    * 효율적으로 행동하는 것은 천성이 아니라 노력으로 몸에 배어야 할 습관이다. 그것은 습득할 수 있는 기법인 것이다.

101. **들뢰즈**(G. Deleuze, 1925~1995): 프랑스 사상가, 철학자. 저서로 『경험주의와 주관주의자』, 『니체와 철학』, 『칸트의 비판철학』 등.
    * 철학이라 이름 붙여진 사색의 이미지는 역사적으로 아주 조금씩 구축되어 왔지만, 우리 인간이 사색하는 것을 완벽하게 방해해 왔다.

102. **등소평**(鄧小平, 1902~1995): 중국의 정치가, 군사위 주석.
    * 개혁 없이는 죽음에 이르는 길밖에 없다.
    * 검은 고양이든 흰 고양이든 쥐만 잘 잡으면 된다.

* 창문을 열면 시원한 바람도 들어오지만 파리, 모기도 들어오는 법이다.

103. 디드로(Diderot, 1713~1784): 18세기 프랑스의 대표적 계몽주의 사상가, 문학가.
* 결코 후회하지 말고 남을 비난하지 말라. 이것이 지혜의 첫걸음이다.
* 마음을 위대한 일로 이끄는 것은 오직 열정, 위대한 열정뿐이다.
* 여자를 강하게 움직이는 것이 셋이 있다. 이해와 쾌락과 허영심이다.

104. 디 보토(B.A. Devoto, 1897~1955): 미국의 작가, 비평가.
* 역사는 결정론을 싫어하지만 그렇다고 요행을 허용할 수도 없다.

105. 디오게네스(Diogenes, B.C.412~323): 그리스의 (금욕파)철학자.
* 나는 세계의 시민이다.
* 돈을 좋아하는 것은 모든 악의 근원이다.
* 모든 국가의 기초는 그 나라 젊은이들의 교육이다.
* 선동 정치인은 폭도의 하인들이다.
* 용기! 그것은 미덕의 빛깔이다.
* 인간은 동물 중에서 가장 영리하며, 가장 미련하다.
* 항상 죽을 각오를 하고 있는 사람만이 참으로 자유로운 사람이다.

106. 디오게네스 라에르티우스(D. Laertios, 230년경): 그리스의 전기작가. 저서로 『철인전』(10권).
* 이 세상에서 가장 아름다운 것은 언론의 자유이다.
* 친구에게 손을 내밀되, 주먹을 쥐고 내밀어선 안 된다.

107. **디오니시우스**(Dionysios, B.C.25년경): 그리스의 역사가, 수사학자, 문예비평가. 『고대 로마사』의 저자.

* 역사는 실례로써 가르치는 철학이다.

108. **디즈레일리**(B. Disraeli, 1804~1881): 영국의 정치가, 문인.

* 경험은 사상의 자식이요, 사상은 행동의 자식이다. 우리는 책에서는 인간을 배울 수가 없다.
* 나이 16세에 진보주의자가 아닌 사람은 심장이 없는 사람이고, 나이 60세에 보수주의자가 아닌 사람은 두뇌가 없는 사람이다.
* 모든 권력은 위탁이다. 즉 우리들이 그 집행에 책임이 있으며 모든 것은 국민으로부터 국민을 위해서 발생하고 또 모든 것은 그와 같이 존재해야 한다.
* 모진 고생보다 나은 교육은 없다.
* 무지를 자각하는 것은 지식 향상의 커다란 단계다.
* 문학은 명예와 치부를 박탈당한 수재들을 위하여 활짝 열려 있는 영광으로 통하는 큰길이다.
* 사람은 죽음을 생각해서는 안 된다. 오로지 삶을 생각하라. 이것이 진정한 신앙이다.
* 성공의 비결은 목적의 일정불변一定不變에 있다. 하나의 목표를 가지고 꾸준히 나아간다면 반드시 성공한다. 그러나 사람들이 성공하지 못하는 것은 처음부터 끝까지 한 길로 나아가지 않았기 때문이다. 최선을 다해서 나간다면 쇠라도 뚫고 만물을 굴복시킬 수 있다.
* 성실보다 나은 지혜는 없다.
* 슬픔은 한 순간의 고통이다. 슬픔에 잠겨서 벗어나지 못하는 것은 인생의 큰 낭비이다.

* 시간은 소중하다. 그러나 진리는 시간보다 더 소중하다.
* 어떠한 정부도 유력한 야당 없이 오래 안전을 유지할 수 없다.
* 어리석은 자가 현명한 자에게서 배우는 것보다 현명한 자가 어리석은 자에게서 배우는 것이 더 많다.
* 여행은 관용을 가르친다.
* 우리가 예측한 일이 일어나는 일은 별로 없고, 우리가 별로 생각지도 않은 사태가 흔히 벌어진다.
* 위대한 나라란 위대한 인물을 낳는 나라이다.
* 이 나라 국민의 교육에 이 나라의 운명이 달렸다.
* 인간은 정열적으로 행동할 때만 진정 위대하다.
* 인간은 환경의 창조물이 아니다. 환경이 인간의 창조물이다.
* 정당은 조직화된 여론이다.
* 정치에 있어서 실험은 혁명을 뜻한다.
* 진보적인 나라에서 변화는 불가피하며 변화는 계속적이다.
* 청년기는 실수요, 장년기는 투쟁이요, 노년기는 후회이다.
* 행동이 반드시 행복을 가져다주지는 않지만 행동 없이 행복은 없다.

109. **디킨스**(C.J.H. Dickens, 1812~1870): 영국의 소설가. 희극소설『픽위크 클럽』으로 유명해짐.

* 근면은 사업의 정수이며 번영의 열쇠이다.
* 모든 것을 조금씩 다 안다는 것은 하나도 알지 못한다는 것이다.
* 사고는 가장 질서 잡힌 가정에서 일어나는 법이다.
* 슬픔이 부러진 뼈를 이어준 적은 없다.
* 자기의 집을 사랑하는 데에서 자기 나라를 사랑하는 마음이 나온다.

110. 디포(D. Defoe, 1660~1731): 영국의 작가, 저널리스트. 영국 리얼리즘의 시조. 작품으로 『로빈슨 크루소 표류기』, 『세계 신항해』 등.

* 술주정은 지옥이 사랑하는 총아이다.
* 정의가 정부의 목표이다.

111. 딜타이(W. Dilthey, 1833~1991): 독일의 철학자.
* 우리는 역사의 관찰자이기 전에 우선 역사적 존재이다.

112. **라 로시푸코**(La Rochefoucauld, 1613~1680): 프랑스의 모랄리스트, 작가. 『잠언록』, 『회고록』 등 저술.

* 남에게 친절한 것은 그 자신의 인품을 높이는 것이 된다.
* 남으로부터 칭찬을 받고 쑥스러워하는 생각을 가지는 것도 어려운 일이지만, 남으로부터 악평을 받고 그것을 약으로 삼으려는 생각을 가질 정도의 현명한 사람은 극히 드물다.
* 대개의 사람들은 작은 은혜를 저버린다. 많은 사람들은 중간 정도의 은혜에 대해서 감사의 뜻을 갖는다. 그러나 큰 은혜에 대해서 배은망덕한 짓을 하는 사람은 거의 없다.
* 사람에게는 그토록 결점이 많은 것은 아니다. 결점의 대부분은 거만한 태도에서 나온다. 먼저 거만한 태도를 버려라. 그러면 많은 결점이 스스로 고쳐질 것이다.
* 사람은 몸의 게으름보다 마음의 게으름이 더 많다.
* 사람은 아무리 미덕을 갖추었다 하더라도 한번 허영심의 구렁텅이로 빠져들면 모든 것이 걷잡을 수 없이 무너진다.

* 사랑하는 사람에게는 사랑이 돌아오고 덕을 베푸는 사람에게는 덕이 돌아온다.
* 선의 끝은 악이요, 악의 끝은 선이다.
* 시냇물이 바다에서 보이지 않듯이 덕성도 사리사욕에서는 보이지 않는다.
* 여자에게 있어서의 지옥은 늙음이다.
* 욕망은 어떤 사람을 장님으로 만들기도 하고, 또 어떤 사람의 눈을 뜨게도 한다.
* 우정에 있어서의 최대 노력이란 상대방이 자기 단점을 우리에게 보여 주게끔 만드는 일이다.
* 육체의 활동은 정신적 고뇌를 해방시킨다. 또 가난한 사람을 행복하게 만들어준다.
* 인간의 가치는 그 사람의 장점만을 통하여 판단하기보다는 그 사람이 그 큰 장점을 어떻게 운용하고 있는가를 보고 판단하여야 한다.
* 인간 일반을 아는 것은 한 사람의 인간을 아는 것보다 쉽다.
* 자기는 세상 사람의 도움 없이도 잘 해나갈 자신이 있다고 믿는 사람은 큰 잘못이다. 그보다도 세상은 자기 없이는 잘 해나갈 수 없다고 생각하는 사람은 더욱 큰 잘못이다.
* 작은 일에 신경을 쓰는 사람은 일반적으로 큰 일을 이루지 못한다.
* 잘난 척하는 멋이 없다면 인생은 조금도 즐겁지 않을 것이다.
* 재능을 지닌 바보는 더러 있지만 판단력을 갖춘 바보는 결코 없다.
* 진실한 사랑이 아무리 드물다 해도 진실한 우정만큼 드물지는 않다.
* 진정한 용기란 여러 사람들이 보는 앞에서 할 수 있는 일을 아무도 보지 않는 곳에서 하는 것이다.
* 진정한 웅변은 필요한 것을 전부 말해 버리지 않고, 필요하지 않은 것

을 일절 말하지 않는 데 있다.
* 착한 여자는 숨겨진 보물이다. 그런 여자를 발견한 사람은 자랑하지 않는 것이 좋다.
* 참된 용기는 제3의 목격자가 없는 곳에서 발휘된다.
* 책을 배우기보다는 사람을 배우는 것이 중요하다.
* 큰 결점을 가진다는 것은 위대한 사람만이 가지는 특권이다.
* 행복에 대한 큰 장애는 지나친 행복을 바라는 것이다.
* 행복은 좋아한다는 사실에 있는 것이지 사물 안에는 없다.

113. 라마르틴(A.d. Lamartine, 1790~1869): 프랑스의 시인, 정치가. 서정시 『제1명상시집』으로 유명.
* 경험은 현명한 사람의 유일한 예언이다.
* 무릇 위대한 일의 기원에는 언제나 한 여자가 있다.
* 사랑을 받기 위해서 사랑하는 것은 인간이지만 사랑하기 위해서 사랑하는 것은 천사이다.
* 신이란 세상을 설명하기 위해서 인간이 발명해낸 말에 지나지 않는다.
* 역사는 모든 것을 미래까지도 가르쳐준다.
* 인간이란 천국을 기억하고 있는, 땅에 떨어진 신이다.

114. 라므네(F. Lamennais, 1782~1854): 프랑스의 종교철학자.
* 양심은 신만이 재판관이 되어 들어갈 수 있는 신성한 신전이다.

115. 라 브뤼에르(J.d. La Bruyere, 1645~1696): 프랑스의 모랄리스트, 작가.
* 남자는 자기의 비밀보다 남의 비밀을 더 잘 지킬 수 있다. 그러나 여자는 반대로 남의 비밀은 입싸게 잘 말하지만 자기의 비밀은 지킨다.

* 노예에게는 주인이 하나밖에 없지만 야심가에게는 자기의 출세에 필요한 수만큼의 주인이 있다.
* 대부분의 사람들은 인생의 처음 부분을 그르쳐서 마지막 부분을 비참하게 만든다.
* 빈곤이 범죄를 낳는 어머니라면 지성의 결핍은 그 아버지이다.
* 사랑하지 않으려 해도 뜻대로 되지 않는 것 같이, 영원히 사랑하려 해도 뜻대로 되지 않는 것, 그것이 사랑의 본질이다.
* 세월은 우정을 강화시키고 사랑은 약화시킨다.
* 여성은 연애에 관한 한 남성보다 더 철저하다. 그러나 우정에 있어서는 남성이 보다 더 철저하다.
* 여성이 서로 사랑하지 않는 원인은 남성에게 있다.
* 우리의 주위가 귀찮게 생각되는 것은 우리가 고독하게 태어나지 않았기 때문이다.
* 이 세상에서 추녀는 없다. 다만 어떻게 하면 아름답게 보일 수 있는가를 모르는 여자는 있다.
* 인생은 그것을 느끼는 사람에게는 비극이요, 생각하는 사람에게는 희극이다.
* 젊을 때는 늙을 때를 위해서 저축하고, 늙으면 죽음을 위해서 저축한다.
* 지각있는 사람들을 비웃는 것은 바보들의 특권이다.
* 책을 만드는 것은 시계를 만드는 것과 같은 일이다. 작가가 되는 데는 지성 이상의 그 무엇이 필요하다.

116. **라블레**(F. Rabelais, 1483~1553): 프랑스의 의학자, 인문학자, 설화작가.
* 가장 학식있는 사람이 반드시 가장 현명한 사람은 아니다.

* 기다릴 수 있는 자에게 모든 것은 돌아온다.
* 나는 결코 시간에 얽매이지 않는다. 시간이 사람을 위한 것이지 사람이 시간을 위한 것은 아니기 때문이다.
* 두 의자 사이에 앉으려 하다가는 땅바닥에 떨어진다.
* 때가 오면 모든 것이 분명해진다. 시간은 진리의 아버지이다.
* 배는 귀를 가지고 있지 않으며 좋은 말로 충족될 수도 없다.
* 인간이 웃는 것은 그것이 본성이기 때문이다.
* 탐욕은 먹을수록 자란다.

117. 라 쇼세(La Chaussee, 1692~1754): 프랑스의 극작가, 눈물의 희극의 창시자.
* 모두가 잘못일 때는 모두가 옳다.

118. 라신(J.B. Racine, 1639~1669): 프랑스의 시인, 극작가. 고전주의 비극의 대가.
* 돈 없는 명예는 질병에 불과하다.

119. 라이스(W. Rice, 1859~1939): 미국의 시인.
* 희망은 질병, 재앙, 죄악을 고치는 특효약이다.

120. 라이프니츠(G.W. Leibniz, 1646~1716): 독일의 철학자, 수학자.
* 위대한 의사가 위대한 장군보다 많은 사람을 죽인다.

121. 라캉(J. Lacan, 1901~1981): 프랑스의 정신분석학자. 저서로 『에크리』 등.
* 우리는 타자가 욕망하는 것을 욕망한다. 이것은 인간적인 것이다.

122. 라트브루흐(G. Radbruch, 1878~1949): 독일의 법학자. 신칸트학파.
* 법은 문화 개념이고 도덕은 가치 개념이다.

123. 라 퐁텐(La Fontaine, 1621~1695): 프랑스의 우화시인. 고전주의 대표적 시인.
* 가장 강한 자의 의견은 항상 최선이다.
* 꽃길이 영광으로 인도하지 않는다.
* 모든 길은 로마로 통한다.
* 무지한 친구처럼 위험한 것은 없다. 현명한 적이 훨씬 낫다.
* 불행한 사람을 비웃지 말라. 누가 자기의 행복이 영원할 것이라고 장담할 수 있겠는가.
* 인간은 진실에는 얼음이요, 거짓에는 불이다.
* 인내는 모든 문을 연다.
* 죽은 제왕보다는 살아 있는 거지가 더 낫다.
* 질서는 시간을 배로 만든다.

124. 람페두사(G.T. Lampedusa, 1896~1957): 이탈리아의 작가.
* 현상을 그대로 유지하기 위해서는 모든 것이 바뀌어야 한다.

125. 랑케(L.v. Ranke, 1795~1886): 독일의 역사가. 저서로 『강국론』, 『정치문답』 등.
* 역사는 인간 자신이 그 대상이다. 역사에 내재하는 조건의 하나는 역사가 인간을 파악하고 이해하고 알리도록 노력하는 일이다.

126. 랑클로(N.d. Lenclos, 1620~1705): 프랑스 사교계의 여인.
* 군대를 지휘하는 것보다 사랑을 할 때 훨씬 더 많은 재능이 필요하다.

* 눈이 부실 정도로 아름다운 것이 언제나 선한 것이라고 할 수 없다. 그러나 선한 것은 언제나 아름답다.

127. 래스키(H.J. Laski, 1893~1950): 영국의 정치학자.
* 나쁜 명령이라는 것을 알면서 감수하는 사람은, 나쁜 명령을 감수할 것을 남에게 권하게 된다. 부정을 보고 침묵하는 사람은 그 부정의 공범자임에 틀림없다.

128. 랜더(W.S. Landor, 1775~1864): 영국의 시인, 수필가.
* 어린이 주위에서는 믿음, 희망, 박애의 세 가지 미덕이 모두 굽힌다.
* 정의의 지체는 불의이다.
* 허영심은 명예가 무엇인가를 알려주고 양심은 정의가 무엇인지 알려준다.

129. 램(C. Lamb, 1777~1834): 영국의 시인, 수필가. 『엘리어 수필』로 유명.
* 내가 알고 있는 가장 큰 기쁨은, 착한 일을 몰래하고 그것이 우연히 드러나는 일이다.
* 도박은 언제나 누구에게나 최고의 카드를 잡을 수 있다는 가능성이 있기 때문에 되풀이된다.
* 신문은 언제나 호기심을 자극한다. 실망을 느끼지 않고 신문을 내려놓는 사람은 아무도 없다.
* 인간은 도박하는 동물이다.

130. **러보크**(J. Lubbock, 1834~1913): 영국의 은행가, 과학자, 저술가. 저서로『인생의 선용』등.

* 태양이 꽃을 물들이듯 예술은 인생을 물들인다.
* 희망과 기력과 용기를 준다는 것은 돈을 주는 것보다 큰 은혜이다.

131. **러셀**(B. Russell, 1872~1970): 영국의 철학자, 수학자. 저서로『수학의 원리』등.

* 선한 인생이란 행복한 인생이다. 당신이 선하다면 행복할 것이라는 뜻이 아니다. 당신이 행복하다면 선하다는 뜻이다.
* 술을 마시는 것은 일시적인 자살이다. 술이 가져다주는 행복은 단순히 소극적인 것으로 불행의 일시적인 중단에 불과하다.
* 역할이 영웅을 찾고 있다.
* 자존심은 우리가 적의 지배하에 있을 때 비참해지는 것을 막을 것이며, 또 세상이 우리에게 반대할 때 우리가 올바른 것이라는 것을 느끼게 해 줄 것이다.
* 행복해지려면 자기를 버리고 남의 행복을 바라면 된다.

132. **러스킨**(J. Ruskin, 1819~1900): 영국의 사상가, 미술평론가. 저서로『근대 화가론』이 있다.

* 경쟁 속에서 아름답게 이루어지는 것은 없고, 자만 속에서 고상하게 이루어지는 것은 없다.
* 근로 없는 부는 죄악이다.
* 근로 없는 예술은 죄이며 예술 없는 근로는 야수적이다.
* 모든 사람은 다 같이 일하고, 또 생계를 세울 권리를 갖는다. 법률가도 이발사도 일의 가치에 있어서는 아무 차이가 없다.
* 사람이 땀 흘리며 일할 때가 가장 사람답다. 노동처럼 거룩한 것은

없다.
* 순진성과 완전한 것에 이를 수 있는 일체의 가능성을 가지고 아이들이 계속 태어나지 않는다면 이 세상은 그야말로 무서운 곳이 되리라.
* 예술의 가치와 과학의 가치는 만인의 이익에 대한 사욕이 없는 봉사이다.
* 우리는 사생활에서 이런 이상을 추구해 나가야 하지 않을까. 즉 사회가 진보하면 할수록 더욱더 사람들을 위축시키지도 않고 또한 예속시키지도 않는 상태를 이상으로 삼아, 그것을 추구해 나가야 하지 않을까.
* 인간의 참된 신앙이란 휴식을 취하기 위한 것이 아니다. 그것은 오로지 삶에 대한 힘을 얻기 위해서이다.
* 자녀를 정직할 수 있게 하는 것이 교육의 시작이다.
* 죽어야 할 때를 모르는 사람은 살아야 할 때도 모른다.
* 지식과 지혜는 각각 독립되어 있다. 글을 몰라도 지혜로운 사람이 있고 아는 것이 많아도 지혜롭지 못한 사람이 있다.
* 진리는 서로 떠들며 토론하는 데서 얻어지는 것이 아니다. 오직 성찰과 명상에 의해서만 얻어질 수 있는 것이다.
* 진리에 대한 탐구가 시작되는 곳에 비로소 인생이 시작된다. 진리에 대한 탐구가 멎는다면 인생도 멎는다.
* 침묵은 최후의 승자를 낳는다.

133. 레니에(H.d. Regnier, 1864~1936): 프랑스의 시인, 작가. 신고전주의자.
* 사랑의 불은 이따금 우정의 재를 남긴다.
* 시간은 잠시도 쉬지를 않는다. 그러므로 혹시나 늦었다고 해서 주춤하면서 시간을 흘려보내지 말라. 그럴수록 시간은 자꾸만 흘러만 가는 것이다.

* 여자란 자신의 정조보다도 그것에 대한 세평에 신경을 쓴다.

134. 레닌(V. Lenin, 1870~1924): 소비에트연방 및 볼세비키당의 창설자.
* 개혁의 시기에는 언제나 관료와 맞서 싸워야 한다.
* 국가가 있는 한 자유는 없다. 자유가 있을 때 국가는 있지 않을 것이다.
* 역사의 흐름에 따라 변신하지 못하는 정당은 역사의 쓰레기통 속에 들어가게 된다.
* 자유가 귀중하다는 것은 사실이다. 너무 귀중하기에 그것은 배급되어야 한다.
* 전쟁의 근본은 정치이다.
* 정치적 제도는 경제적 기초에 기대고 있는 상부구조이다.

135. 레스턴(J.B. Reston, 1909~1995): 스코틀랜드 출생. 미국의 저널리스트.
* 나는 박식한 탁상 공론가이기보다 보도자이길 바란다.
* 모든 정치는 다수의 무관심에 기초하고 있다.
* 정치에 있어서도 사랑의 경우처럼 애인에게 키스를 꼭 해주어야 할 때가 있다.

136. 레싱(G.E. Lessing, 1729~1781): 독일의 사상가, 극작가, 평론가. 저서로 『미스 사라 삼프손』, 『에밀리아 갈로티』 등.
* 문학은 보다 많이 일반적인 것을, 역사는 특수한 것을 목표로 삼는다.
* 사람은 언제나 보이는 그대로는 아니다.
* 여성은 아름다울수록 더 정직해야 한다. 그것은 정직해야만 자기의 아름다움이 파생시키는 해독에 면역을 기를 수 있기 때문이다.
* 예술가는 사람이 그 작품을 보고 그 작가를 잊을 때만 진실로 칭찬을

받는다.
* 즐거움을 기대하는 것도 일종의 즐거움이다.

137. 레오나르도 다 빈치(Leonardo da Vinci, 1452~1519): 이탈리아의 화가, 예술가, 조각가, 건축가, 과학자.
* 유감없이 지낸 하루는 즐거운 잠을 가져온다. 잘 보낸 일생은 평안한 죽음을 가져온다.
* 장해나 고뇌는 나를 굴복시킬 수 없다. 이 모든 것은 분투와 노력에 의해 타파된다.
* 정신적 정열은 육욕을 추방한다.
* 지식은 경험의 딸이다. 그의 이론이 경험에 의해서 밑받침되어 있지 않은 사색가의 교훈은 듣지 말라.
* 회화는 과학이고 화가의 관찰은 한 가지 현상에만 국한돼서는 안 되며 모든 존재를 관찰하여 그것을 구명하고 재현시켜야 한다.

138. 레오파르디(G. Leopardi, 1798~1837): 이탈리아의 시인, 수필가. 중기 고전파의 대표적 시인.
* 자기 지식의 한계를 다른 사람에게 숨기는 가장 확실한 방법은 그 지식의 한도를 벗어나지 않는 일이다.

139. 레우키포스(B.C. 400년경): 그리스 철학자. 고대 문자론 창설자.
* 어떠한 과정도 이유없는 것이 없다. 모든 생성은 반드시 그 원인을 지니며, 그런 까닭에 필연이다.

140. **레이**(J. Ray, 1628~1705): 영국의 박물학자. '종(種: Species)'의 개념을 정립.
   * 가득 채워진 작은 집, 잘 가꾸어진 작은 땅, 뜻대로 해주는 작은 아내, 그것이 큰 재산이다.
   * 가시 없는 장미는 없다.
   * 관습은 슬기로운 자들의 말썽거리요, 어리석은 자들의 우상이다.
   * 급히 오르는 자는 갑자기 떨어진다.
   * 나무는 열매로 알려지는 것이지 잎으로 알려지지 않는다.
   * 넘어지지 않는 말이 훌륭한 말이요, 불평하지 않는 아내가 훌륭한 아내이다.
   * 말하는 사람은 씨를 뿌리고 침묵을 지키는 사람은 거두어들인다.
   * 상처는 낫지만 그 흔적은 남는다.
   * 술과 여자는 남자의 돈주머니를 비게 한다.
   * 슬픔은 나누면 반으로 줄지만 기쁨은 나누면 배로 는다.
   * 신앙심이 거의 없는 사람이 많은 기도를 한다.
   * 아내는 남자에게 최상의 행운도 되고 최악의 불행도 된다.
   * 이기주의는 모든 사람의 눈 속에 있는 티끌이다.
   * 자신의 비밀은 자신의 포로이다. 그러나 비밀을 내보내면 자기가 비밀의 포로가 된다.
   * 처음 웃음보다 마지막 미소가 더 좋다.
   * 황금은 하느님의 대문 외에는 어느 대문에도 들어간다.
   * 후회 없는 쾌락은 없다.

141. **레이튼**(R. Leighton, 1611~1684): 영국의 성직자. 저서로『베드로 주해』가 있다.
   * 중상(모략)을 받아들이지 않으면 중상(모략)은 굶어서 스스로 죽는다.

142. 레크(S.J. Lec, 1909~1966): 폴란드의 시인.
* 도덕은 사회적 계약이거나 아니면 헌금을 지불해야 하는 것이다.
* 세상을 보는 창은 신문 한 장으로 커버될 수 있다.
* 신문은 세계로 통하는 창이다.
* 신에게 천국으로 가는 길을 묻지 말라. 신은 가장 어려운 길을 가르쳐 줄 것이다.

143. 로가우(F. Logau, 1604~1655): 독일의 시인.
* 사랑이 집에 들어오면 지혜는 나간다.
* 참다운 친구이며 진실한 친구라고 부를 수 있는 사람은 누구인가. 그것은 당신이 보이지 않는 곳에서 당신의 친구라는 것을 과시하는 사람이다.

144. 로댕(A. Rodin, 1840~1917): 프랑스의 조각가. 근대 제1의 조각가.
* 깊고 무서운 진실을 말하라. 자기가 느낀 바를 표현하는 데 있어 결코 주저하지 말라.
* 나쁜 예술가들은 항상 남의 안경을 쓴다.
* 미는 도달점이지 출발점은 아니다. 그리고 사물이 아름다울 수 있는 것은 오직 그것이 진실할 때뿐이며 진실 이외에 미는 없다. 또한 진실이란 '완전한 조화'를 말한다.
* 미는 도처에 있다. 그것이 우리 눈앞에 없는 것이 아니라 우리들의 눈이 그것을 인정하지 않고 있을 뿐이다.
* 세계는 아름다운 것으로 꽉 차 있다. 그것이 보이는 사람, 눈 뿐만 아니라 지혜로 그것이 보이는 사람은 실로 많지 않다.
* 자연은 결코 실수가 없다. 자연은 언제나 걸작을 만든다. 이것이야말

로 우리들의 모든 것에 대한 크고 유일한 학교이다.
* 자연은 언제나 완전하다. 결코 잘못을 저지르지 않는다. 우리의 입장, 우리의 눈에 잘못이 있는 것이다.
* 조각에는 독창이 필요치 않다. 생명이 필요한 것이다.
* 천재? 그런 것은 절대로 없다. 다만 연구와 방법이 있을 뿐이다.

145. 로렌스(D.H. Lawrence, 1885~1930): 영국의 소설가, 시인. 『챠타리 부인의 사랑』 등 다수.
* 성과 미는 마치 생명과 의식처럼 불가분한 것이다. 그리고 성과 미가 조화되고 성과 미에서 솟아나오는 지성이 직관이다.
* 성은 거짓된 수치를 태워버리고 우리 몸의 가장 무거운 광물을 순수하게 제련하기 위하여 필요하다.

146. 로렌스(T.E. Lawrence, 1888~1935): 영국의 군인, 모험가, 고고학자. 저서로 『지혜의 일곱 기둥』, 『사막의 반란』, 『조폐소』 등.
* 질투심이 강한 사람은 최소한 행복의 조건에서 멀어진 사람이다. 질투라는 것은 자기가 소유한 것에서 행복을 찾지 않고 남의 소유물에 대해 불만을 가지는 것이다.
* 크게 성공한 사람은 그 성공에 비례할 만큼의 큰 노력이 숨어 있다. 결국 사람은 자기가 노력한 만큼, 자기가 근면한 만큼의 결실을 거두어들인다는 공식이 나온다.
* 행복은 자신이 지배할 수 있고 나 자신의 소유물을 사랑할 줄 아는 사람만의 것이다. 남의 손 안에 있는 물건을 탐내지 않는 것이 행복의 기본조건이다.

147. **로맹 롤랑**(Romain Rolland, 1866~1944): 프랑스의 작가, 극작가, 사상가.
- 가장 혁명적인 사람들도, 알지 못하는 사이에 아마도 가장 묵은 전통의 인간이 되고야 만다.
- 남성은 작품을 만든다. 그러나 여성은 남성을 만든다.
- 너무 많다는 것은 부족하다는 것을 의미한다. 너무 건강한 사람처럼 심한 병자는 없다.
- 사랑은 신뢰의 행위이다. 신이 존재하느냐 않느냐는 아무래도 좋다. 믿으니까 믿는 것이다. 사랑하니까 사랑하는 것이다. 대단한 이유는 없다.
- 생명만이 신성하다. 생명에 대한 사랑이 제일의 미덕이다.
- 세계에는 두 가지 예술밖에 없다. 그것은 생명에서 근본이 출발하는 것과 인습에 만족하는 그것이다.
- 언제까지나 계속되는 불행은 없다. 불행을 방치해 두거나 아니면 용기를 내서 쫓아내느냐의 둘 중 하나이기 때문이다.
- 위인이란 자기가 할 수 있는 일을 하는 사람이다. 그러나 범인은 할 수 있는 일을 하는 것이 아니라 할 수 없는 일만을 바라고 있다.
- 인생은 영원한 전장이다. 거기에서는 끊임없이 과거와 미래가 싸우고 있다. 그리고 이 전장에서는 낡은 법칙은 끊임없이 분쇄되고 새로운 법칙이 그것을 대신하며 그 법칙도 또한 그러는 동안에 파괴되고 만다.
- 자기보다 진리를 사랑하라. 진리보다 이웃을 사랑하라.
- 지식인은 정치가를 경멸하고 정치가는 지식인을 경멸한다.
- 행복이란 자기의 분수를 알고 그것에 만족하는 일이다.

148. **로버츠**(H. Roberts, 1871~1946): 영국의 작가.
- 육체는 성신聖神의 성당이요, 외로운 영혼의 우주와 관계를 이룩할 수

있는 수단이다.

149. 로버트슨(T.W. Robertson, 1829~1871): 영국의 극작가, 배우, 연출가.
* 말은 마음의 지표요, 거울이다.

150. 로베스피에르(Robespierre, 1758~1794): 프랑스의 혁명지도자. 공포정치를 실현함.
* 평등은 모든 선의 근원이며 극도의 불평등은 모든 악의 근원이다.

151. 로슈포르(C. Rochefort, 1917~1998): 프랑스의 여류소설가, 비평가.
* 교육이란 권력의 입장에서 보면 아이를 규격에 맞춰 잘라 줄이는 것이다.

152. 로알드 호프만(Roald Hoffmann, 1937~): 미국의 화학자, 시인.
* 화학자를 많이 길러내는 것보다 국민들이 정확한 정보를 가지고 판단을 내릴 수 있도록 대중을 교육하는 것이 더 중요하다.

153. 로우(N. Rowe, 1674~1718): 영국의 시인, 극작가, 비평가, 외교관.
* 나 자신이 내 명예의 수호자이다.
* 전쟁은 가난한 파산자의 마지막 수단이다.

154. 로웰(J.R. Lowell, 1819~1891): 미국의 시인, 비평가, 외교관.
* 결국에 가서 정의는 동정심보다 더욱 자비롭다. 정의는 선량한 시민이 되는 적극적인 품성을 함양시키기 때문이다.
* 권리를 용감하게 주장하는 자가 권리를 갖는다.

* 부는 훌륭한 것인지도 모른다. 그것은 힘을 의미하고, 한가를 의미하며, 자유를 의미하기 때문이다.
* 여론의 압박은 대기의 압력과 같다.
* 역사는 정화된 경험이다.
* 예술은 인간이 자기를 표현하려는 욕망이며, 그가 살고 있는 세상에 대한 그의 개성의 반응을 기록하려는 욕망이다.
* 재능은 인간의 능력 속에 있는 것이요, 천재는 자기의 능력 속에 인간이 있는 것이다.

155. 로이드 조지(D. Lloyd George, 1863~1945): 영국의 정치가, 군수상.
* 희망은 애국심의 근원이다.

156. 로저스(S. Rorers, 1763~1855): 영국의 시인.
* 할 일이 남아 있는 동안에는 이미 해놓은 일은 아무것도 생각하지 말라.

157. 로즈(C. Rhodes, 1853~1902): 영국의 식민지 정치가.
* 당신의 가슴을 좀먹는 한 가지 악을 우선 없애라. 그러면 열 가지 악도 그에 따라 없어지고 말 것이다.

158. 로크(J. Locke, 1632~1704): 영국의 철학자, 정치학자.
* 독서는 다만 지식의 재료를 공급할 뿐이며, 그것을 자기 것이 되게 하는 것은 사색의 힘이다.
* 우리의 지식은 모두 경험에 기초하고 있으며 지식은 결국 경험에서 나온 것이다.

* 자기 자식에게 존경을 받고, 자기의 말을 존중받고 싶은 사람은 자기도 자식을 존중하지 않으면 안 된다.

159. **록펠러 2세**(J.D. Rockefeller, 1874~1960): 미국의 사업가. 아버지와 함께 '록펠러 센터' 창설.
   * 나는 믿고 있다. 모든 권리에는 책임이, 모든 기회에는 책무가, 모든 소유에는 의무가 따른다는 것을.

160. **롤리**(W.A. Raleigh, 1861~1922): 영국의 비평가, 문학가.
   * 부자와 빈자와의 차이는 이렇다. 전자는 먹고 싶을 때 먹지만, 후자는 먹을 수 있을 때 먹는다는 것이다.
   * 정열은 강이나 바다와 같다. 얕은 것은 말이 많고 깊은 것은 말이 없다.

161. **롤링**(J.K. Rowling, 1965~): 영국의 소설가. 『해리 포터』 시리즈의 작가.
   * 바닥을 치면 두려울 것도 꺼릴 것도 없다. 다시 일어나서 나아갈 일만 있기 때문이다.
   * 세상을 바꾸는 데 마법은 필요하지 않습니다. 우리 내면에 이미 그 힘은 존재합니다. 우리에게는 더 나은 세상을 상상할 수 있는 힘이 있습니다.
   * 실패가 두려워 아무 시도도 하지 않는다면 실패한 것이 없어도 삶 자체가 실패이다.
   * 어떤 사람의 진실한 가치를 알기 원한다면; 그와 동등한 사람들이 아니라 아랫사람들을 어떻게 대하는지를 살펴보라.

162. 롱펠로(H.W. Longfellow, 1807~1882): 미국의 시인. 저서로 『인생찬가』, 『마을의 대장간』 등.

* 너의 가장 큰 적은 너 자신 이외에 아무도 없다.
* 마음은 부드러워야 하고 의지는 굽히지 않아야 한다.
* 모든 범죄 행위는 그 속에 천벌과 사라지지 않는 고통의 씨를 지닌다.
* 슬픈 마음이여, 침착하고 탄식을 멈추어라. 구름 뒤엔 아직도 햇빛이 빛나고 있다.
* 시작하는 재주는 위대하지만 마무리짓는 재주는 더욱 위대하다.
* 우리는 때때로 인간의 미덕에서보다는 잘못에서 더 많은 것을 배운다.
* 세계의 절반은, 나머지 절반이 꿈꿀 수 있도록 땀 흘리고 신음해야 한다.
* 시골은 서정적이요, 도시는 극적이다. 이것이 조화 있게 어울리면 가장 완전한 음악극을 이룬다.
* 음악은 인류 공통의 언어이며 시는 인류 공통의 환희와 즐거움이다.
* 인생은 진실하다! 인생은 엄숙하다! 그리고 무덤은 인생의 목표가 아니다.
* 자연은 신의 묵시默示이며, 예술은 인간의 묵시이다.

163. 루소(J.J. Rousseau, 1712~1778): 스위스 출신의 프랑스 사상가, 작가, 철학자. 『에밀』의 저자.

* 교육의 목적은 기계를 만드는 것이 아니라 인간을 만드는 데 있다.
* 국민의 자유는 국력에 비례한다.
* 나는 희망을 가꾸었는데 나날이 시들어간다. 아아! 뿌리가 잘린 나무의 잎사귀에 물을 준들, 무슨 소용이 있으랴.
* 남자는 자기가 아는 것을 말하고 여자는 즐길 수 있는 것을 말한다.

* 농부같이 일하면서 철학자같이 생각하지 않으면 안 된다.
* 사람이 살아갈 궁리만 할 때는 고귀한 생각을 하기 어렵다.
* 스스로 배울 생각이 있는 한 천지만물 중 하나도 스승 아닌 것이 없다. 사람에게는 세 가지 스승이 있다. 하나는 대자연이고 둘째는 인간이며 셋째는 모든 사물이다.
* 식물은 재배함으로써 자라고 인간은 교육을 함으로써 사람이 된다.
* 어떠한 것일지라도 자연이라는 조물주의 손에서 나올 때에는 선하다. 그런데 인간의 손으로 넘어가면 모든 것이 악이 된다.
* 오늘 사랑한다고 내일도 사랑하리라고는 아무도 단언할 수 없다.
* 인간의 지식 가운데 가장 유용하면서도 가장 진보하지 않은 것은 인간에 관한 지식이라고 생각한다.
* 인내는 쓰다. 그러나 열매는 달다.
* 자식이 아버지를 존경하지 않는 것은 혹 경우에 따라 용서될 수 있지만, 어머니에게도 그렇다면 그 자식은 세상에 살아있을 가치가 없는 못된 괴물이라고 말하지 않을 수 없다.
* 자연으로 돌아가라. 자연은 선善이다. 인간은 자연에게 더 보탤 것이 없다. 인간의 손은 자연을 더럽힐 뿐이다.
* 자연은 결코 우리를 속이지 않는다. 우리 자신을 속이는 것은 언제나 우리들이다.
* 자연은 한 권의 책이요, 그 저자는 하느님이다.
* 자유를 포기하는 것은 인간으로서의 자격을 포기하는 것이며, 그것은 인간의 권리와 의무마저 포기하는 것이다. 누구나 모든 것을 포기하는 사람에게는 어떤 보상도 주어지지 않는다.
* 적게 아는 사람은 보통 말을 많이 하고 많이 아는 사람은 말을 적게 한다.

* 책은 다음 네 가지 목적 가운데 하나를 달성하여야 한다. 그것은 지식이고 신앙이며 쾌락이고 편익이다.
* 청년기는 지혜를 연마하는 시기요, 노년기는 지혜를 실천하는 시기이다.
* 함께 우는 것만큼 사랑의 마음을 결합시키는 것은 없다.

164. **루스벨트**(T. Roosevelt, 1858~1919): 미국의 제26대 대통령. 러일전쟁의 조정과 모로코문제의 해결을 알선하여 노벨평화상을 수상.

* 교육이 국가를 만들 수는 없으나 교육이 없는 국가는 결국 멸망을 면치 못한다.
* 법 위에 사람 없고 법 아래 사람 없다. 어떤 사람에게 법에 복종하기를 요구할 때 우리는 그의 동의를 구하지 않는다. 법에 대한 복종은 권리로서 요구되는 것이지 특혜로서 부탁되는 것은 아니다.
* 사람은 기회를 이용할 줄 알아야 한다. 그러나 기회란 찾아와야만 한다. 전쟁이 없다면 위대한 장군을 가질 수 없고 거대한 사건이 없다면 위대한 정치가는 나오지 않는다.
* 실패하면 고통스럽다. 그러나 성공하려고 노력하지 않는 것은 더 고통스럽다. 인생에서 노력하지 않고는 아무것도 얻을 수 없다.

165. **루스벨트**(F. D. Roosevelt, 1882~1945): 미국의 제32대 대통령. '뉴딜정책' 실행. 제2차 세계대전을 승리로 이끌었으며, 저서로『기대』,『우리 길』등.

* 민주주의는 결코 죽지 않는다.
* 민주주의는 일반 국민의 헌신적인 뒷받침을 얻지 못하면 발전하지 못한다.
* 민주주의는 정지된 것이 아니다. 그것은 영원히 계속되는 행진이다.

* 보수주의란 멀쩡한 두 다리를 갖고 있으면서도 앞으로 걸어나가는 법을 배우지 않는 사람이다.
* 자유의 정신을 제대로 이해하기 위해서는, 물질적인 여러 부자유를 경험해 볼 필요가 있다. 왜냐하면 자유의 정신이라는 것은 자기 마음대로 가질 수 있는 것이 아니기 때문이다.
* 진정한 의미의 자유는 물려받을 수 없으며 성취되어야 한다.

166. **루이 14세**(Louis XIV, 1638~1715): 프랑스 왕(재위: 1643~1715).
* 두 여자를 화합시키는 것보다도 오히려 전 유럽 대륙을 화합시키는 편이 쉬울 것이다.

167. **루이스**(G.H. Lewes, 1817~1878): 영국의 철학자, 문예비평가.
* 슬픔의 유일한 치료법은 행동이다.

168. **루카누스**(M.A. Lucanus, 39~65): 로마의 서사시인, 철학자. 저서로 『자연에 관하여』 6권.
* 가난한 사람의 생활과 그의 초라한 집은 참으로 안전하며 평안하다.
* 나태는 언제나 우유부단의 근원이다.
* 정직한 명성은 진정한 선善을 기다린다.

169. **루크레티우스**(Lucretius, B.C.96?~B.C.55): 로마의 시인, 철학자.
* 인간이 가지고 있는 죽음의 공포는 모두 자연에 대한 인식의 결여에서 생긴다.

170. 루터(M. Luther, 1483~1546): 영국의 종교개혁가. 프로테스탄티즘 수립자.
- *노동으로 인해 인간이 죽는 일은 없다. 그러나 빈둥거리며 놀고 지내면 신체와 생명을 망친다. 왜냐하면 새가 날도록 태어난 것처럼 인간은 노동을 하도록 태어났기 때문이다.
- *술과 여자와 노래를 사랑하지 않는 사람은 생애를 바보로 마치는 자이다.
- *술은 강하다. 국왕은 더욱 강하다. 여자는 한층 더 강하다. 그러나 진리는 가장 강하다.
- *우리들은 머릿속에 나타나는 나쁜 사상을 멈추게 할 수는 없다. 그러나 그 사상이 머릿속에 정착되어 나쁜 행동을 생각하거나 실천하는 것을 금지시킬 수는 있다.
- *음악은 예언자의 기술이요, 영혼의 동요를 가라앉히는 유일한 기술이며, 신이 우리에게 주신 것들 중에 가장 웅장하고 가장 유쾌한 것의 하나이다.
- *죽음은 인생의 종말이 아니라 인생의 완성이다.
- *평화는 모든 정의보다 더욱 중요하다. 평화는 정의를 위해 만들어지지 않으며 정의가 평화를 위해 만들어진다.
- *희망은 강한 용기이며 새로운 의지이다.

171. 뤼케르트(F. Rückert, 1788~1866): 독일의 시인. 동양학자.
- *'고독하게 살라!' 이 말은 말로는 쉬운 것이지만 실행하기란 매우 어렵다―어쩌면 가장 어려운 일일 것이다.
- *너는 두 개의 손과 한 개의 입을 가지고 있다. 그 뜻을 잘 생각해 보라. 두 개의 손은 노동을 위하여, 한 개의 입은 식사를 위하여 있는 것이다.
- *술과 미인, 이 두 가지는 악마의 그물이다. 경험이 많은 새도 여기에는

꼼짝없이 걸리고 만다.
* 운명이 내일 무엇을 결정하게 될 것인가를 묻지 말라.
* 진실은 술 속에 들어 있다. 오늘날 진실을 이야기할 기분이 되기 위해서는 취해야 한다.

172. **르나르**(J. Renard, 1864~1910): 프랑스의 작가, 극작가.
* 여자의 정조는 빵집 도마와 달라서 흠이 생기면 생길수록 값이 떨어진다.
* 좋은 말 한마디는 나쁜 책 한 권보다 낫다.
* 행복이란 찾아내는 일이다.
* 희망이란 찬란한 태양의 빛을 받으며 출발했다가 비를 맞고 돌아오는 것이다.

173. **르누아르**(P.A. Renoir, 1841~1919): 프랑스의 화가. 인상파의 대표적 화가.
* 그림은 보는 것이 아니라 함께 사는 것이다.
* 시간을 헛되게 하지 않는 것은 시간뿐이다.

174. **르브룅**(C.F. Lebrun, 1739~1824): 프랑스의 문학가, 정치가.
* 여자를 좋게 말하는 사람은 여자를 충분히 알지 못하는 사람이고, 여자를 나쁘게 말하는 사람은 여자를 전혀 모르는 사람이다.

175. **르사주**(J. Lesage, 1668~1747): 프랑스의 극작가, 작가. 풍속소설의 위치를 높였다.
* 긍지와 자만은 원래 인간의 죄악이었다.

176. 리(G.S. Lee, 1862~1944): 미국의 성직자, 작가.
* 악은 욕망의 부족이다.

177. 리(R.E. Lee, 1807~1870): 미국 남북전쟁 때 남군사령관.
* 우리의 언어 중에서 의무는 가장 신성한 낱말이다. 모든 일에 너의 의무를 다하라. 그 이상 더할 수도 없거니와 그보다 덜하기를 원해서도 안 된다.

178. 리드(C. Reade, 1814~1884): 영국의 소설가, 극작가.
* 독자를 웃겨라, 울려라, 기다리게 하라.
* 모반의 유일한 정당성은 성공이다.

179. 리드(T.B. Reed, 1839~1902): 미국의 정치가.
* 하나의 좋은 정당은 이제까지 살았던 가장 훌륭한 인간보다 더 낫다.

180. 리비우스(T. Livius, B.C.59~A.D.17): 로마의 역사가. 『로마건국사』 142권을 40여년 간 집필.
* 경험은 바보의 스승이다.
* 군중들의 판단만큼 불확실하거나 무가치한 것은 없다.
* 모든 사람의 편의를 충족시킬 수 있는 법은 없다. 그것이 일반적으로 다수에게 이익이 된다면 우리들은 만족해야 한다.
* 부끄러움 중에서 가장 나쁜 것은 검약과 빈곤을 부끄러워하는 것이다.
* 이성에 바탕을 둔 범죄는 없다.
* 진리는 흔히 빛을 빼앗기기는 해도 결코 꺼지지는 않는다.

181. 리스(E. Rhys, 1859~1946): 영국의 시인.
* 말도 아름다운 꽃과 같이 그 빛깔을 지니고 있다.

182. 리스트(F. List, 1789~1846): 독일 역사파 경제학의 선구자.
* 정신적 생산력이 물질적 생산력을 낳는다.

183. 리처드(P. Richard, 1874~?): 미국의 종교작가.
* 방랑자에게 돈이 있을 때 관광객이라고 불린다.

184. 리튼(E.B. Lytton, 1803~1873): 영국의 작가, 정치가.
* 과학에 대해서는 새로운 저서를 읽도록 힘쓰고 문학에 대해서는 오래된 작품을 읽도록 힘쓰라. 고전문학은 항상 근대적인 것이다.

185. 리프만(W. Lippmann, 1889~1974): 미국의 저널리스트, 정치평론가.
* 뉴스는 땅 속에서 어떻게 씨앗이 발아되는지를 알려주지 않는다. 싹이 터서 땅 위로 솟을 때 이를 알려준다.
* 가장 적게 통치하는 정부가 가장 훌륭하다는 것은 옳다. 가장 많이 마련해 주는 정부가 가장 훌륭하다는 것도 똑같이 옳다.
* 문명국가의 제1원리는, 권력은 계약하에 있을 때만 합법적이라는 것이다.
* 문명인들을 그토록 비극적으로 분열시켜 놓은 현대의 도덕적 판단은 인문과학의 붕괴에 그 뿌리를 두고 있다.
* 인간의 이성적 활동은 제대로 된 정보를 제때에 공급받았을 때 힘을 발휘하게 된다.
* 자유민주주의는 인간의 이성적인 활동이 확충되었을 때 가능하다.

* 지혜를 이해하는 데는 지혜가 필요하다. 음악은 청중이 귀머거리이면 아무것도 아니다.

186. 리히텐베르크 (G.C. Lichtenberg, 1742~1799): 독일의 물리학자, 저술가.
* 기회는 도둑을 만들 뿐 아니라 위대한 인간도 만든다.
* 신에 대한 신앙은 본능이다. 그것은 두 발로 걷는 것과 마찬가지로 인간에게 선천적으로 감추어져 있는 것이다.
* 펜, 소총, 그리고 남자의 생식기라는 세 가지 좁은 관을 통해서 오늘의 인류 역사가 창조 발전되어 왔다.
* 읽는 것은 빌리는 것을 의미한다. 독서하고 창작하는 것은 자기가 진 빚을 갚는 것이다.

187. 린나에우스(린네) (C. Linneaus, 1707~1778): 스웨덴의 식물학자.
* 자연은 도약하지 않는다.

188. 린드세이 (D. Lindsay, 1490~1555): 스코틀랜드의 시인.
* 덕행은 장례식이 끝난 후에도 살 것이다.

189. 린트너 (G.A. Lindner, 1828~1887): 오스트리아의 교육학자.
* 의지의 힘을 수반하지 않은 단순한 지식은, 뺄 수가 없어서 소용이 없는 칼집 속의 날카로운 칼과 같다.

190. 릴리 (J. Lyly, 1554~1606): 영국의 작가.
* 결혼이란 하늘에서 맺어지고 땅에서 완성된다.
* 돈이 가득 든 돈주머니보다 책이 가득 쌓인 서재를 갖는 것이 훨씬

낫다.
* 물고기와 귀한 손은 사흘이 지나면 냄새가 난다.
* 물은 가장 깊은 곳에서 가장 잔잔하게 흐른다.
* 부드러운 빗방울이 딱딱한 대리석을 뚫는다.
* 어린아이들과 바보는 진실을 말한다.

191. **릴케**(R.M. Rilke, 1875~1926): 독일의 시인. 대표작에 『말테의 수기』가 있다.
* 명성이란 결국 새로운 이름 주위에 모여든 오해의 총합에 불과한 것이다.
* 사용하는 것은 모든 것의 종말이다.
* 성공이라는 것은 바람에 흔들리는 이삭의 물결과 같이 그것에 대해서 사람이 몸을 굽혔다가, 그 뒤 다시 몸을 일으키는 그러한 성공이 있을 뿐이다.
* 죽음은 우리에게서 달아나는 생명의 다른 측면이다.
* 훌륭한 결혼이란 서로가 각각 상대방을 자기의 고독에 대한 보호자로 임명하는 그런 결혼이다.
* 희망은 일상생활의 시간이, 영원한 것과 속삭이는 대화이다.

192. **링컨**(A. Lincoln, 1809~1865): 미국의 제16대 대통령. 노예해방을 주장. 남북전쟁을 승리로 이끌었다.
* 40세가 넘은 사람은 자기의 얼굴에 책임을 져야 한다.
* 낡은 주의나 낡은 법률을 인정하지 않고 이 두 가지를 부수고 새로운 것을 만드는 것이 혁명의 특성이다.
* 다른 사람을 그들의 동의 없이 다스려도 될 만큼 선한 사람은 아무도 없다.

* 뛰어난 재능은 이미 트인 길을 경멸한다. 그것은 아직까지 탐험되지 않은 지역을 추구한다.
* 보수주의란 무엇인가? 그것은 새롭고 아직 시험해 보지 않은 것에 반대하여 낡고 이미 알려진 것에만 집착하는 것이 아닌가.
* 국민의, 국민에 의한, 국민을 위한 정부는 영원히 지상에서 사라지지 않으리라.
* 투표는 총알보다 강하다.
* 힘은 모든 것을 정복하지만 그 승리는 짧다.

193. **마가렛 미첼**(M.Mitchell, 1900~1949): 미국의 작가. 장편소설 『바람과 함께 사라지다』를 발표, 퓰리처상을 받았다.
    * 나라가 잘 되고 있을 때는 돈 벌기가 쉽다. 나라가 망하고 있을 때는 돈 벌기가 더 쉽다.
    * 내일은 내일의 태양이 떠오른다.

194. **마닐리우스**(M, B.C. 1세기 후반): 로마의 시인. 작품은 『성신의 노래』 5권이 있다.
    * 모든 사물은 고정된 법칙을 따른다.
    * 사람은 누구나 조금씩 하느님을 닮았다.
    * 알맞은 바람에 돛대 펴기는 쉽다.
    * 우리는 태어나자마자 죽기 시작하고 그 끝은 시작과 연결되어 있다.

195. **마다리아가 이 로호**(1886~1978): 스페인 작가, 외교관.
    * 예술은 물질을 이용한 영혼의 전달이다.

196. 마로리(?~1471): 영국의 기사.
- *강한 힘은 사랑에 위배된다. 약한 힘은 다툼에 연결된다. 사랑으로 맺어짐으로써 비로소 우리들은 서 있다. 다툼으로 산산이 흩어지면 쓰러지고 만다.

197. 마루쿠스 아우렐리우스(A. 121~180): 로마의 황제(재위 161~180). 후기 스토아학파에 속하는 철학자. 저서로 『자성록』.
- *당신 자신 속에는 선의 원천이 있다. 그것은 아무리 퍼내도 고갈되지 않는 샘과 같다.
- *매우 화가 날 때는 인생이 얼마나 덧없는가를 생각해보라.
- *명성 뒤에는 망각이 있을 뿐이다.
- *명예를 사랑하는 사람은 타인의 견해를 자기의 행복처럼 생각한다. 또한 쾌락을 생각하는 사람은 자기 감각에 행복을 느낀다. 그러나 분별력 있는 사람은 자기 자신의 행위를 자기의 행복이라고 생각한다.
- *악은 물질적인 자연에 의해서 존재하는 것이 아니라 모든 사람들에 의해서 존재하는 것이다.
- *유명한 자들뿐 아니라 명성도 모두 하루살이 목숨이다.
- *자연이 예술을 아쉬워하는 일은 결코 없다. 예술은 자연의 모습에 대한 복사물이기 때문이다.
- *최선의 복수 방법은 악행을 범한 사람과 같은 사람이 되지 않는 것이다.
- *행복은 그 사람이 참된 일을 하고 있는 곳에 있다.

198. 마르코 폴로((Marco Polo, 1254~1324): 이탈리아의 탐험가. 『동방견문록』을 지음.
- *나는 내가 본 것의 반도 다 말하지 못했다

* 정말로 그(붓다)가 기독교도였다면 우리 주 예수 그리스도와 함께하는 위대한 성자가 되었을 것이다.

199. **마르크스**(K. Marx, 1818~1883): 독일의 경제학자. 사회주의자. 과학적 사회주의(마르크스주의) 창시자.
* 각 시대를 지배하는 사상은 언제나 그 시대를 지배하는 계급의 사상이었다.
* 그대들이 잃을 것은 쇠사슬뿐이고 얻을 것은 세상이다. 만국의 노동자여 단결하라.
* 사치는 가난이나 마찬가지로 악덕이다. 우리들의 목표는 풍부하게 소유하는 데 있는 것이 아니고 풍성하게 존재하는 것이어야 한다.
* 사회가 법에 기반하지 않는다. 법이 사회에 기반해야 하며, 법은 특정 시대를 지배하는 물질적 생산양식에서 발생하는 사회의 공동 이익과 요구를 표현해야만 한다. 법전이 사회적 상황에 맞지 않으면 법전은 종이 뭉치일 뿐이다.
* 종교는 피압박 인간의 증거요, 무정한 세계의 감상이며, 기백없는 상태의 정신이다. 그것은 국민의 아편이다.
* 지금까지 존재하는 모든 사회의 역사는 계급투쟁의 역사다.
* 철학자들은 오직 세상을 해석하기만 했다. 하지만 정말 중요한 것은 이 세상을 변화시키는 것이다.

200. **마르티알리스**(M.V, 40~104): 스페인 출신의 로마 풍자시인. 경구 작가.
* 가진 것이 없다고 해서 빈곤은 아니다.
* 어느 곳에서나 사는 자는 어느 곳에도 살지 않는다.
* 어리석은 사람은 말한다. 나는 내일에 살리라고. 현재도 너무 늦은 것

이다. 현명한 사람은 과거에 산다.
* 진실로 있는 그대로의 너를 보이는 것에 만족하라.

201. **마리 퀴리**(1867~1934): 프랑스의 물리학자, 화학자. 폴란드 출생.
* 부를 좇는 것은 학자의 정신에 위배된다.
* 실험실에서의 위대한 과학자의 생애는, 많은 사람들이 상상하는 것과 같은 손쉬운 목가적인 것이 아니다. 그것은 물체와 주위와 특히 자신과의 집요한 싸움인 것이다.

202. **마리탱**(J, 1882~1973): 프랑스의 철학자, 문학가. 『예술과 스콜라철학』 등.
* 사람이 양심에 의해 시인한 진리를 자유롭게 믿는 권리는 모든 인권 중 가장 기본적이고 불가양적不可讓的인 권리다.

203. **마미언**(S, 1603~1639): 영국의 극작가.
* 큰 기쁨은 슬픔처럼 말이 없는 법이다.

204. **마원**(馬援, B.C.14~A.D.49): 중국 한나라의 장군, 정치가. 자는 문연文燕.
* 술은 미치는 약이요, 아름다운 맛이 아니다.
* 자식이 어버이의 성명을 귀로 들을 수는 있어도 입으로 말하지는 못하는 것과 같이 남의 허물을 들을지언정 입에 담지 말아야 한다.

205. **마치니**(1805~1872): 이탈리아의 정치가.
* 가정은 마음의 조국이다. 시대와 함께 그 기풍이나 이상은 진보하겠지만 누구도 이것을 말살할 수는 없다. 가정과 조국은 동일한 선線의 양 끝이다.

* 부하의 잘못을 자기의 책임으로 돌리는 사람은 훌륭한 지도자이다. 어리석은 지도자는 자기 잘못까지도 부하의 책임으로 돌린다.

206. **마컴**(C.E. 1852~1940): 미국의 시인. 작품으로 『제초기를 가진 남자』, 『천국의 문』 등 다수.

* 바다는 여성이요, 바다는 경이다. 그리고 바다의 또 하나의 이름, 그것은 운명이다.
* 의무가 너의 문을 두드릴 때 그를 반겨 맞으라. 만일 그를 기다리게 한다면 그는 물러갔다 한 번은 다시 오지만 그때는 일곱 가지 다른 의무를 데려와 너의 문을 두드릴 것이다.

207. **마크 트웨인**(1835~1910): 미국의 소설가. 『톰 소여의 모험』, 『왕자와 거지』 등의 명작을 남겼다.

* 고전이란 우리 모두가 읽기를 바라면서 그 어느 누구도 읽지 않으려는 책이다.
* 모든 사람들은 달과 같아서 누구에게도 결코 보여주지 않는 어두운 일면을 가지고 있다.
* 사람에겐 투기에 손대지 말아야 할 경우가 일생에 두 번 있다. 한 번은 돈을 잃게 되면 자기가 감당을 못하게 될 경우이고, 또 한 번은 잃어도 감당할 수 있는 경우이다.
* 슬픔은 혼자서 간직할 수 있다. 그러나 기쁨의 충분한 가치를 얻으려면 누군가와 기쁨을 나누어 가져야 한다.
* 용기는 공포에 대한 저항이며 공포의 극복이지만 공포심을 없애는 것은 아니다.
* 이브는 사과가 탐이 나서 먹은 것은 아니었다. 금지되어 있었기 때문

에 먹은 것이다.
* 일은 몸이 꼭 해야 하는 것들로 이루어졌고 놀이는 몸이 꼭 하지 않아도 되는 것들로 이루어졌다.
* 정치적 수완에는 명분을 옳게 하라. 도덕은 결코 마음 쓰지 말라.
* 친구의 본래 임무는 당신의 형편이 나쁠 때 당신을 편들어주는 것이다. 당신이 옳은 곳에 있을 때는 누구나 당신 편을 들어줄 것이다.

208. **마키아벨리**(N. Machiavelli, 1469~1527): 이탈리아 르네상스기의 역사가, 정치학자. 『군주론』 등 다수.

* 남을 해쳐야 할 경우에는 그의 보복을 두려워할 필요가 없을 만큼 통렬한 타격을 가해야 한다.
* 민중이란 무지하기는 하지만 언제나 진실을 꿰뚫는 능력을 가지고 있다.
* 싸우는 데는 두 가지 방법이 있다. 첫째는 법이요, 둘째는 힘이다.
* 오래된 국가는 물론 신생국가 혹은 복합국가까지 모든 국가의 가장 중요한 기초는 좋은 법률과 충분한 무력이다. 그리고 충분히 무력을 갖추지 않은 곳에 좋은 법률이 있을 수 없듯이 충분한 무력이 갖추어진 곳에는 좋은 법률을 갖게 되기 마련이다.
* 운명은 우리 행위의 절반을 지배하고 나머지 절반을 우리 자신에게 맡긴다.
* 인간이란 자기가 필요하다고 여길 때만 성실한 인간이 되는 것이며, 그럴 필요가 없을 때는 당장 악惡쪽으로 기울어지기 쉽다.
* 통치자의 최대 악덕은 증오와 경멸의 대상이 되는 것이다. 증오는 국민의 소유물에 손을 댈 때 생기고 경멸은 통치자가 변덕스럽고 경박하고 결단력이 부족할 때 생긴다. 민중이 가장 소중히 여기고 있는 것

을 빼앗을 때 민중의 미움을 산다.
* 현명한 자들을 뽑아 그들에게만 직언의 자유를 주라.

209. **마테를링크**(M, 1862~1949): 벨기에의 극작가, 시인. 1911년 노벨문학상 수상.
* 신이라고 만사를 아는 것은 아니며 만사를 안 적도 결코 없다.
* 오늘을 경멸하는 것은 어제를 잘못 이해했다는 것을 증명하는 것이다.
* 타인의 마음속에 있는 악에 가장 너그럽지 못한 것은 우리에게 있는 악이다.
* 행복을 밖에서 구하는 것은 지혜를 다른 사람의 머릿속에서 구하는 것보다 더 헛된 일이다. 참다운 행복은 자기 마음속에 있다.

210. **마티아스 크라우디우스**(1740~1815): 독일의 시인.
* 사랑을 방해할 수 있는 것은 아무것도 없다. 사랑은 제아무리 이를 막아도 모든 것의 속으로 뚫고 들어간다. 사랑은 영원히 그 날개를 퍼덕이고 있는 것이다.

211. **마틴 루터 킹**(1929~1968): 미국의 흑인목사. 인종차별 반대운동가. 노벨평화상 수상.
* 백인이 당신의 집을 부순다 해도 그들을 사랑합시다.
* 사람은 품성으로 판단되어야지 피부색으로 판단되어서는 안 된다.
* 어느 곳의 불의는 모든 곳의 정의에 대한 위협이다.

212. **마호메트**(M, 570~632): 이슬람교의 창시자.
* 가장 완성된 인간이란 이웃을 두루 사랑하는 사람이다. 그 이웃이 좋고 나쁜 것을 가리지 않고 모든 사람에게 착한 일을 하는 사람이다.

* 내가 혐오하는 두 가지가 있다. 하나는 신앙심이 없는 박식가요, 또 하나는 헌신하는 바보다.
* 사람의 진정한 재산은 세상을 위해서 행한 선행이다.
* 여자란 남자에게 있어서 경작지이다. 그러므로 원하는 대로 일구어라.
* 인내는 만족의 열쇠이다.
* 학자의 잉크는 순교자의 피보다 더 신성하다.

213. **막스 베버**(1864~1920): 독일의 사회학자, 경제학자. 저서로 『프로테스탄티즘의 윤리와 자본주의 정신』, 『경제와 사회』 등.

* 선거는 공복을 선출함과 동시에 유권자들의 의사와는 관계없이 독자적으로 행동하는 권위자를 선출하며, 그렇게 함으로써 다수의 이름으로 선출했다는 이유로 그 대표자에게 지배의 정당성을 승인하는 행위가 된다.
* 정치가는 스스로 정치적 포부나 신념에 입각해서 국민의 지지를 획득하고 그 신념의 구현을 위해 투쟁하며 그 결과에 대해서 국민에게 책임을 져야 한다.
* 정치란 정열과 통찰력으로 강판에 구멍을 뚫는 끈질기고 완만한 작업이다. 만약 인간이 이 세상에서 불가능한 일을 줄기차게 시도하지 않았다면 가능한 일도 이루지 못했을 것이다. 어떤 일에나 맞서서 '그럼에도 불구하고'라고 말할 수 있는 사람만이 정치에 소명될 자격이 있다.
* 정치에 관계하고 있는 사람은 악마와 계약을 맺고 자라난다.
* 책임과 권위는 동전의 양면과 같다. 권위가 없는 책임이란 있을 수 없으며 책임이 따르지 않는 권위도 있을 수 없다.
* 현대 대중국가에서는 선동가가 아닌 정치인은 더 이상 살아남을 수 없다.

214. **만델라**(Mandela, Nalson, 1918~2013): 남아공의 정치가, 대통령. 1993년 노벨 평화상 수상. 저서로 『자유를 향한 먼 길』이 있다.
- 가장 위대한 무기는 평화입니다.(적이 절대로 격퇴할 수 없는 우리의 가장 강력한 무기는 바로 평화라네.)
- 나는 대단한 인간이 아니다. 노력하는 노인일 뿐이다.
- 지도자는 자기의 텃밭을 가꿔야 한다. 씨 뿌리고 살피고 일궈야만 하며 그 결과를 거둬들여야 한다. 지도자는 정원사와 마찬가지로 자기가 경작하는 것에 대해 책임을 져야 한다.

215. **만졸리**(P.A, 1540년 전후): 로마의 시인.
- 로마는 하루에 이루어지지 않았다.

216. **말로**(A.G. Malraux, 1901~1976): 프랑스의 작가, 비평가, 정치가.
- 여성의 미모는 교만의 원인이 되기는 해도 결코 애정이 담긴 쾌락을 약속하는 것은 아니다.
- 예술의 새로운 개념은 인간들이 자각하고 있지 않은 위대성을 그들에게 자각시키는 데 있다.
- 죽음은 없다. 다만 나만이 죽어간다.

217. **말로**(C. Marlowe, 1564~1593): 영국의 극작가, 시인.
- 덕은 명예가 솟아나오는 샘이다.
- 모든 여인들은 천성적으로 야망을 품고 있다.

218. **말콤 엑스**(1925~1965): 미국의 흑인인권운동 지도자.
- 권력은 결코 뒷걸음질 하지 않는다. 오직 더 큰 권력으로 향할 뿐이다.

* 아무도 너에게 자유를 줄 수 없다. 아무도 너에게 평등이나 정의나 혹은 어떤 것도 줄 수 없다. 만일 네가 인간이라면 네 스스로 쟁취하라.

219. **매든**(S, 1686~1765): 영국의 문필가.
* 언어는 인간의 딸이지만 사물은 신의 아들이다.

220. **매스트르**(J.M, 1753~1821): 프랑스의 작가, 정치가.
* 기다릴 줄 아는 것이 성공의 제1의 비결이다.
* 모든 나라는 그 수준에 맞는 정부를 갖는다.

221. **매신저**(P, 1583~1640): 영국의 극작가. 저서로 『밀라노의 공작』, 『노예』 등.
* 미덕은 하나의 낱말에 불과하다. 부가 모든 것을 지배한다.
* 알랑거리는 잎을 가진 여름철 같은 우정이여, 번창할 때는 그늘을 주나 역경의 가을엔 한 줄기 바람에도 떨어지는구나.
* 타인을 지배하려 하는 자는 먼저 자신의 주인이 돼야 한다.
* 현명하라. 떨어질 만큼 너무 높이 오르지 말라. 그러나 일어서기 위해서는 굽혀라.

222. **매켄지**(J.S, 1860~1935): 영국의 철학자.
* 오락의 고하우열高下優劣은 그 사람의 고하우열을 가장 잘 증명한다.

223. **매튜 아놀드**(1822~1888): 영국의 시인, 비평가. 저서로 『새로운 시집』, 『문학과 독단』 등.
* 교양이란 '세상에서 이야기되고 사색되어 온 가장 훌륭한 것을 아는 것'이다.

* 신념을 갖지 않는 한 남에게 신념을 줄 수 없다.
* 종교, 그것은 가장 심오한 인간의 경험에서 오는 소리이다.
* 종교의 진정한 의미는 단순한 도덕이 아니라 감정으로 약간 미친 도덕이다.
* 진실은 죽어가는 사람의 입술 위에 앉는다.
* 출생의 끝은 사망, 사망의 끝은 출생. 이것은 정해진 것이다.

224. 맥도널드(G, 1824~1905): 영국의 시인, 소설가.

* 신념의 근본은 인내이다.
* 신뢰받는 것이 사랑받는 것보다 더 큰 찬사이다.
* 진정한 바보가 되기 위해서는 두뇌가 필요하다.

225. 맥아더(D, 1880~1961): 미국의 장군. 한국전 참전.

* 어떤 전쟁이건 이기겠다는 의지없이 뛰어드는 것은 치명적이다.
* 전쟁에는 승리의 대용물이 없다.
* 전쟁에서 지느냐 이기느냐, 사느냐 죽느냐, 그 차이는 눈 깜짝할 사이에 생긴다.

226. 맨리(1663~1724): 영국의 여류작가.

* 시간과 운명은 모든 비밀을 폭로한다.

227. 맨스필드(W.M, 1705~1793): 스코틀랜드 태생. 영국의 법률가, 정치가.

* 자유롭다는 것은 곧 법률이 지배하는 정부 밑에서 산다는 것이다.

228. **맬더스**(T.R, 1766~1834): 영국의 경제학자, 인구론자. 영국 경제학 고전파의 대표적 경제학자. 저서로 『인구론』, 『가치의 척도』 등.
* 경험은 모든 지식의 참된 원천이며 기초이다.
* 인간사회에 존재하는 빈곤과 악덕은 인간사회 자체가 갖는 필연적 소산이다. 인구는 기하급수적으로 증가하나 식량은 산술급수적으로 증가하기 때문에 인구와 식량 사이엔 불균형이 존재할 수밖에 없다.

229. **맬로크**(D, 1877~1938): 미국의 시인.
* 인생은 헤어지는 것이요, 만나는 것이 아니다. 쓸쓸한 나그네길의 우의友誼요, 지나치며 인사하는 것도 한 시간뿐이고 잠시 동안의 우정에 지나지 않는다.
* 행복하다고 믿어야 한다. 그렇지 않으면 행복은 결코 오지 않는다.

230. **맹모**(孟母, 연대 미상): 중국 전국시대 맹자孟子의 어머니.
* 군자는 학문으로써 명성을 얻고 지식을 넓히는 것이다. 이와 같이 하면 삶에 있어 일신이 편안하고 어떠한 경우를 당하더라도 피해를 멀리 할 수 있는 것이다.
* 부녀婦女의 예는 다섯 차례의 식사를 살피고, 술과 장 담그는 일을 준비하고 시부모를 봉양하고 바느질하는 것일 뿐이다. 그런 까닭에 집안일을 닦고 바깥일은 생각하지 않는다.
* 여자가 그 생업을 끊고, 남자가 그 덕 닦는 일을 게을리 하면, 도둑이 되지 않으면 다른 사람의 부림이나 받는 처지가 될 것이다.

231. 맹자(孟子, B.C.372~289경): 중국 전국시대의 유학자. 이름은 가軻, 자는 자여子輿, 또는 자거子車. 성선설性善說을 주창. 저서로 『맹자』 7편.

- 덕력은 권력보다 무겁고 금력보다 값지다.
- 마음을 수양하는 데는 욕심을 적게 하는 것보다 더 좋은 방법은 없다.
- 백성은 아무리 허약한 것 같아도 꺾을 수 없고 아무리 어리석은 것 같아도 속일 수 없다.
- 벼슬에 나서서는 도를 잃지 말고 벼슬을 그만 두고는 의를 잃지 말라.
- 불행과 행복은 자기가 구하지 않는 데도 찾아오는 일은 없다.
- 사람에게 양심이 있음은 마치 산에 나무가 있는 것과 같으며, 양심을 버리는 것은 산에 나무가 다 잘린 것과 같다.
- 사람은 부끄러워하는 마음이 없어서는 안 된다. 부끄러워하는 마음이 없음을 부끄러워할 줄 안다면 부끄러워할 일이 없다.
- 사람을 가리켜 혹은 대인이라 하고 혹은 소인이라 하는데, 그것은 마음을 어질게 가지면 대인이 되고 어질지 않게 가지면 소인이 되는 것이다.
- 새는 죽음에 이르면 그 울음이 슬프고 사람은 죽음에 이르면 그 말이 선하다.
- 시기와 질투는 언제나 남을 쏘려다가 자신을 쏜다.
- 시장한 자는 밥이 맛있고, 목마른 자는 물이 맛있다.
- 아무리 적은 것도 이것을 만들지 않으면 얻을 수 없고, 아무리 총명하더라도 배우지 않으면 깨닫지 못한다. 노력과 배움, 이것 없이는 인생을 밝힐 수 없다.
- 은혜를 베풀어 나간다면 능히 천하도 보전할 수 있지만 은혜를 베풀어 나가지 않는다면 자신의 처자도 보전하기 어렵다.
- 측은한 마음이 없으면 사람이 아니며, 부끄러워하는 마음이 없으면

사람이 아니며, 사양하는 마음이 없으면 사람이 아니며, 옳고 그름을 분별하는 마음이 없으면 사람이 아니다.
* 측은히 여기는 마음은 인仁의 시초요, 부끄러워하고 미워하는 마음은 의義의 시초요, 사양하는 마음은 예禮의 시초요, 옳고 그름을 분별하는 마음은 지智의 시초이다.
* 학문이란 잃어버린 본래의 자기 양심을 구하는 일이다.

232. 머로우(E.R, 1908~1965): 미국의 언론인, 뉴스 해설자.
* 신문기자는 언제나 내일에 관심을 갖는다. 어제 것으로서 만질 수 있는 것은 없다.
* 자유 가운데 언론을 통한 자유가 첫 번째이다. 대부분의 사람들은 신문이 없다면 자유롭지 못하다고 느낄 것이다. 그것이 바로 우리가 신문이 자유롭기를 원하는 이유이다.

233. 머콜리(T.B, 1800~1859): 영국의 역사가, 비평가, 정치가.
* 선행의 실천이 아무리 작더라도 불가능한 약속보다는 낫다.
* 웅변의 목적은 진실을 말하는 것이 아니라 설득하는 것이다.
* 정부는 오직 국민의 복리를 위해서만 존재한다.
* 지식은 한 걸음씩 발전하지, 도약하며 발전하지 않는다.

234. 머클리시(A, 1892~1982): 미국의 시인, 퓰리처상 수상.
* 시는 의미해서는 안 되며 있어야 한다.

235. 머킨토시(D.C, 1877~1948): 캐나다 태생. 미국의 신학자.
* 진리는 신의 말이요, 의무는 신의 법이다.

236. 머튼(T, 1915~1968): 프랑스의 시인, 작가.
   * 폭력은 본질적으로 말이 없다. 그리고 그것은 사색과 이성적 의사소통이 깨진 곳에서만 시작할 수 있다.

237. 먼로(J, 1758~1831): 미국의 5대 대통령(1817~1825).
   * 국가의 명예는 최고 가치의 국가 재산이다.

238. 멈포드(L, 1895~1990): 작가, 비평가. 저서로『기술과 문명』,『도시문화』,『인간의 조건』등.
   * 전쟁은 그 이전의 부패의 산물이며, 새로운 부패의 생산자다.

239. 메난드로스(B.C.342~291): 그리스의 희극작가. 800여 편의 작품을 남김.
   * 건강과 지성은 인생의 두 가지 복이다.
   * 결혼은 진실로 말한다면 악이지만 필요악이다.
   * 고통 없는 빈곤이 괴로운 부보다 낫다.
   * 부는 많은 죄악을 감추는 외투이다.
   * 사람의 인격은 먼저 말에서부터, 다음은 행실에서 드러난다.
   * 양심은 모든 인간에게 신과 같은 것이다.
   * 영웅은 생계가 어려운 땅에서 길러진다.

240. 메뉴인(Y, 1916~1999): 미국의 바이올린 연주자.
   * 수목들은 시원한 응달과 피난처를 제공하는데 신문은 쓰레기밖에 주는 것이 없다.

241. **메닝어**(K.A, 1893~1990): 미국의 정신의학자.
* 남에게 돈을 주는 것을 보면 그 사람의 정신건강을 진단할 수 있다. 후한 사람이 정신질환이 있는 경우는 드물다.
* 휴식 없는 정신 활동이 인생의 목표이다.

242. **멘켄**(H.L, 1880~1956): 미국의 저널리스트, 풍자시인.
* 인간은 자기가 가장 부러워하는 것을 가장 증오한다.
* 양심은 우리에게 누군가가 보고 있을지 모른다고 타일러 주는 내부의 소리이다.
* 이 세상에서 사람들이 소중히 여기는 것은 권리가 아니라 특권이다.

243. **멜방크**(B, 16세기): 영국의 작가.
* 모든 여인이 악이라 하더라도 아직은 필요악이다.
* 산마다 그 나름의 골짜기가 있다.

244. **모라비아**(1907~1990): 이탈리아의 작가, 극작가.
* 인생은 돌이킬 수 없는 실수의 희극이다.

245. **모라틴**(L.F, 1760~1828): 스페인의 극작가, 시인.
* 사랑하는 것과 사랑받는다는 것, 이것보다 큰 행복이란 원치도 않고 알지도 못한다.

246. **모루아**(A, 1885~1967): 프랑스의 소설가, 평론가. 『셸라전』, 『디즈레일리전』 등 다수.
* 가정은 사람이 '있는 그대로'의 자기를 표현할 수 있는 장소이다.

* 미리 생각할 수도 없는 앞날의 비극을 상상해서 자기를 불행하게 만들지 마라.
* 사회가 존속하려면 인류는 반드시 사랑할 줄을 알아야 한다. 어린이는 특히 어머니의 모성애에 의해 그것을 배운다.
* 서로 상대의 취미를 존중하지 않는 한, 행복한 결혼 생활을 기대할 수 없다.
* 인생에 대한 신뢰를 최후까지 간직한 낙천주의자들은 대개 훌륭한 모친에게서 양육된 사람들이다.
* 질병은 정신적 행복의 한 형식이다. 질병은 우리의 욕망, 우리의 불안에 뚜렷한 한계를 설정하기 때문이다.
* 책을 읽는 것은 책이 말을 걸어오고 우리들의 영혼이 그것에 대답하는 끊임없는 대화이다.

247. 모르강(1898~1966): 프랑스의 작가.
* 사람을 죽일 수는 있다. 그러나 사상을 죽일 수는 없다.

248. 모리스(Morris, Sir Lewis, 1833~1907): 영국의 시인.
* 노고는 인생의 율법이며 인생의 최선의 열매이다.
* 인생은 행동이다. 아무것도 하지 않는 것은 죽음이다.

249. 모리스(Morris, William, 1834~1896): 영국의 시인, 사회학자, 화가.
* 노동에는 생활이라는 보수가 있다. 더구나 좋은 일에는 좋은 보수가 따른다. 창조라는 보수이다. 옛날 사람들의 말을 빌리면 이것은 하느님이 주시는 보수이다.

250. **모리아크**(F, 1885~1970): 프랑스의 작가. 1952년 노벨문학상 수상.
- 남자에게는 오늘 하루만의 바람기에 지나지 않는 것에 여자는 그 일생을 바친다.
- 아이들은 태어나면서부터 여러 가지 성격과 기질을 지니고 있는 무서운 노인이다.
- 정욕은 승리자가 없는 싸움이다.
- 우리 인생은 우리들이 노력한 만큼 가치가 있다.

251. **모택동**(毛澤東, 1885~1970): 중국의 정치가, 공산당 최고지도자. 저서로『신민주주의론』,『모순론』,『어록』등.
- 권력은 총구로부터 나온다.
- 나의 영예가 내 자손들에 의해 이용되어서는 안 된다.
- 인민, 오직 인민만이 세계 역사를 만드는 원동력이다.
- 자기만족은 학문의 적이다. 우리가 자기만족을 면하기 전에는, 우리는 실제로 아무것도 배울 수 없다.
- 전쟁은 전쟁을 통해서만 종식될 수 있다. 총을 제거하기 위해서는 총을 드는 수밖에 없다.
- 정치가 유혈없는 전쟁인 반면에 전쟁은 유혈있는 정치이다.
- 한 번 실수는 실수지만, 두 번 실수는 음모다.
- 한 줄기 불꽃이 온 들판을 뒤덮는다.

252. **모파상**(1850~1893): 프랑스의 자연주의 작가.
- 애국심은 일종의 종교다. 그것은 전쟁을 부화시키는 달걀이다.
- 우리는 가령 사람을 죽이고 괴롭히고 투옥시킬 수는 있어도 남의 마음을 자유롭게 지배할 수는 절대로 없다.

* 인간은 본래 고독한 것이요, 이기적인 것이기도 하다.

253. **몬탈레**(E, 1896~1981): 이탈리아의 시인. 1975년 노벨문학상 수상.
* 휴일에는 동정同情이 없다.

254. **몬탈보**(J, 1832~1889): 스페인의 문학가.
* 노령은 죽음으로 둘러싸인 섬이다.

255. **몰리**(Morley, Christopher Darlington, 1890~1957): 미국의 작가, 시인. 『영혼이 나오는 고서전』 등의 저서.
* 시간은 흐르는 강물과 같다. 저항하지 않고 흐름에 실려 떠내려가는 사람은 행복하다. 그의 나날은 수월하게 지나간다. 의문을 품지 말고 그 순간을 살아라.
* 신문의 가장 가치있는 철학적 기사 중의 하나는 진실은 고정되지 않고 유동적이라는 사실을 실현시키는 것이다.

256. **몰리**(Morley, John, 1838~1923): 영국의 저술가, 정치가. 『문학연구』 등의 저서.
* 인생은 외국어와 같다. 대개의 사람들은 그것을 잘못 발음한다.
* 정치인에게 알맞은 기억력은 기억해야 할 것과 잊어야 할 것을 아는 것이다.

257. **몰리에르**(1622~1673): 프랑스의 극작가. 『연애하는 박사』, 『타르튀프』 등의 작품.
* 결혼은 때로 사랑의 열매이다.
* 나를 살게 하는 것은 충분한 음식이지 훌륭한 말이 아니다.

* 로마도 죽음을 막는 처방은 못했다.
* 사랑 없이 사는 것은 참된 삶이 아니다.
* 소설이나 연극에서는 대부분의 줄거리가 결혼으로 끝난다. 그러나 인생에 있어서는 결혼이 줄거리의 시작이다.
* 제 허물이 많은 자가 남의 흉을 보는 데는 앞장선다.
* 확언하노니, 인간은 간악한 동물이다.

258. **몽고메리**(J, 1771~1854): 영국의 시인, 찬송가 작가. 400여 편의 찬송가와 종교시를 지었다.

* 기도는 중얼거리고 있거나 잠자고 있거나 모두 영혼의 성실한 욕망이요, 가슴 속에서 떨고 있는 숨겨진 불꽃의 운동이다.
* 수수한 옷을 입는 여자가 가장 아름답고 가장 잘 차려 입은 여자이다.
* 종교는 친구가 없는 자의 친구이다.

259. **몽테뉴**(1533~1592): 프랑스의 사상가, 철학자.

* 가장 훌륭한 죽음은 예기치 않았던 죽음이다.
* 결혼과 새장은 비슷한 데가 있다. 새장 밖에 있는 새는 안에 들어가고 싶어하고, 안에 있는 새는 날고 싶어한다.
* 독서하는 것과 같이 값싸고 영속적인 쾌락은 또 없다.
* 마음에 없는 말보다 침묵이 오히려 사교성을 해치지 않는다.
* 모든 덕 가운데서 가장 힘세고, 고결하고, 가장 자랑스러운 것은 진정한 용기이다.
* 영혼의 가치는 높은 영예에 있는 것이 아니라 올바른 양심에 있다.
* 우리는 죽음의 걱정으로 말미암아 삶을 어지럽히고, 삶의 걱정으로 말미암아 죽음을 어지럽히고 있다.

* 우리는 타인의 지식에 의해서 박식해질 수 있지만 지혜있는 사람이 되기 위해서는 우리들 자신의 지혜에 의존해야 한다.
* 운명은 우리들을 행복하게도 불행하게도 만들지 않는다. 다만 그 재료와 씨를 우리들에게 제공할 뿐이다.
* 유혹을 당해보지 않은 여자는, 자기의 정조를 뽐낼 수 없다.
* 육체가 아름다운 여성에게는 곧 싫증을 느낀다. 그러나 마음이 착한 여성에게는 싫증 따위 느끼지 않는다.
* 인생은 꿈이다. 우리는 깨면서 자고 자면서 깬다.
* 자기가 하찮은 것밖에는 알지 못한다는 것을 알기 위해서는 많은 것을 알아야 한다.
* 재물의 부족은 채울 수 있지만 영혼의 빈곤은 회복할 수 없다.
* 쾌락도, 지혜도, 학문도, 그리고 미덕도, 건강 없이는 그 빛을 잃고 만다.
* 학식 있는 자가 반드시 현인은 아니다.
* 훌륭한 외모는 인간사에 있어서 훌륭한 추천장이다.

260. **몽테를랑**(H.M, 1896~1972): 프랑스의 작가. 작품으로 『꿈』, 『젊은 아가씨들』 등.
* 홀딱 반해 버린 여자는 남자가 이틀씩이나 수염을 깎지 않아도 신경을 쓰지 않지만, 어떤 남자도 수염을 기른 여자에게 키스하는 사람은 없다.

261. **몽테스키외**(1689~1755): 프랑스의 철학자, 정치학자.
* 국가는 사람의 결합체이지 사람들 그 자체는 아니다. 시민은 죽을지라도 인간은 잔존한다.
* 권력을 잡은 자는 누구든지 그것을 남용하여 그 극한에까지 가고야

만다는 것은 장구한 경험이 가르치는 바이다.
* 동일한 인물 또는 직위에 입법권과 행정권이 다 주어져 있을 때에 자유는 존재하지 않는다. 사법권이 입법권 및 행정권과 분리되어 있지 않은 경우에도 자유는 존재하지 않는다.
* 미덕은 공화국에서, 명예는 군주국에서 필요한 것처럼 전제국에서 필요로 하는 것은 공포이다.
* 사람은 태어날 때 슬퍼해야지 죽을 때 슬퍼해서는 안 된다.
* 인간은 생각하는 것이 적으면 적을수록 더 말이 많아진다.
* 자유란 법률이 허용하는 것은 무엇이나 할 수 있는 권리이다.
* 종교를 사랑하고 지켜가기 위해서, 그것을 지키지 않는 사람을 미워하거나 박해할 필요는 없다.

262. 무니에(E, 1905~1950): 프랑스의 철학자.
* 교양은 어떠한 영역에 있어서도 지식의 축적에 있는 것이 아니고 그 주체의 심오한 변혁에 있는 것으로서, 그 변혁이야말로 당사자로 하여금 많은 내적 요청에 부응하기 위하여 보다 많은 가능성을 향하게 하는 것이다. 즉, 교양이란 한 인간이 일체의 지식을 잃은 후에도 남는 인격 그 자체를 말하는 것이다.

263. 무디(D.L, 1837~1899): 미국의 교회사가.
* 인격이란 어둠 속의 사람 됨됨이다.

264. 무어(G. Moore, 1853~1933): 영국의 작가, 시인.
* 결혼이란 단 한 사람을 위해서 나머지 사람들을 전부 단념해야 하는 행위이다.

* 국가와 가정은 영원히 투쟁한다.
* 권력은 평등을 용납하지 않으며 아첨을 위해 우정을 버린다.
* 나보다도 상대방을 생각하는 우정, 이러한 우정은 어떠한 어려움도 뚫고 나간다.
* 여자가 옷을 몸에 걸치는 것은 그것을 벗기 위해서이다.
* 연인이 있는 사람에게 우정을 쏟으려는 것은 몹시 목이 마른 사람에게 빵을 주는 것과 같다.
* 예술이 종국에 세계적인 것이 되기 위해서는 초기에 지방적이어야 한다.
* 우리는 성취보다는 오히려 욕망에서 살고 있다.
* 인간은 자기가 갖고 싶은 것을 찾아서 세상을 방황하다가 가정에 돌아와 그것을 발견한다.
* 인생의 어려움은 선택에 있다.
* 잔인은 고대의 악덕이었고, 허영은 현대 사회의 악덕이다. 허영은 최후로 인류를 멸망시키는 질병이다.

265. **묵자**(墨子, B.C.480~370): 중국 전국시대의 사상가. 이름은 적翟. 묵가墨家의 시조이며 겸애설兼愛說을 주창.

* 가장 좋기로는 실패가 없는 것이지만, 그 다음은 실패하되 그로써 이루는 게 있는 것이다.
* 군자는 물을 거울로 삼지 않고, 사람을 거울로 삼는다.
* 모든 사람이 상대방을 사랑하면 강강은 약약을 억누르지 않고, 부富는 빈貧을 짓밟지 않으며 귀貴는 천賤을 압박하지 않고, 지智는 우愚를 속이지 않는다. 이렇듯 천하가 강탈과 원한을 일으키지 않으려면 상대방을 사랑해야 한다.

266. **문선명**(文鮮明, 1920~2012): 통일교 창시자. 목사.
- 나무가 커지면 커질수록 뿌리는 땅 속으로 깊이 박혀 들어간다. 뿌리가 나타나는 나무는 마르거나 바람이 불 때 뽑혀질 것이다. 지도자는 뿌리와 같은 것이다.
- 선은 남을 위하여 자기를 희생하는 것이요, 악은 자기를 위하여 남을 희생시키는 것이다.
- 진리와 생명과 사랑은 삼각관계에 있다. 진리가 있는 곳에는 사랑과 생명이 같이 하여야 하며 사랑이 있는 곳에는 진리와 생명이 같이 하여야 한다.
- 행복은 주고도 또 주고 싶고, 위하고도 또 위하고 싶고, 하고도 또 하고 싶은 사람을 찾는 것이다.
- 헌옷을 벗기 전에 새옷을 입을 수 없듯이 낡은 관념으로 새 세계를 바라볼 수 없다.
- 흘러가는 물에 떠내려가는 고래가 되지 말고 폭포를 타고 솟아오르는 피라미가 되라.

267. **뮈세**(1810~1857): 프랑스의 시인, 소설가, 극작가.
- 미美만이 진실이다. 미 없이는 무엇 하나 진실한 것이 없다.
- 티끌보다 가벼운 것이 무엇이냐. 바람이다. 바람보다 더 가벼운 것은 무엇이냐. 클레오파트라와 같은 여자의 마음이다.

268. **뮤츠**(AJ, 1885~1967): 미국의 성직자.
- 평화로 가는 길은 없다. 평화가 길이다.

269. **미드**(M, 1901~1978): 미국의 인류학자, 심리학자.
* 미래란 지금이다.

270. **미켈란젤로**(1475~1564): 이탈리아의 조각가, 화가, 건축가. 이탈리아 르네상스 최고의 예술가.
* 그림은 나의 아내이며, 내가 그린 그림은 나의 아들이다.
* 미는 쓸데없는 것을 정화한 것이다.
* 예술가는 계측기를 그 손에 쥐지 말고 그 눈에 쥐어야 한다.
* 한 아름다운 얼굴의 힘은 나의 사랑을 숭고하게 만든다. 그것은 나의 마음으로부터 저속한 욕망을 없애 주기 때문이다.

271. **밀**(J.S, 1806~1873): 영국의 경제학자, 철학자.
* 개혁 정신이 반드시 자유 정신은 아니다. 그것은 할 생각이 없는 민중에게 강제적 개혁을 뜻할 수도 있기 때문이다.
* 관습의 독재는 어느 곳에서나 인류의 진보를 저해하는 상설 장애물이다.
* 독창성이란 비독창적인 마음의 소유자가 그 말을 쓰고서도 느낄 수 없는 바로 그런 것이다.
* 보수주의자는 꼭 어리숙한 사람들은 아니지만 대부분 어리숙한 사람들이다.
* 살찐 돼지가 되기보다는 말라빠진 소크라테스가 되라.
* 일하지 않는 자는 먹지 말라.
* 직관으로 터득된 진리야말로 진리의 원천이다.
* 질서 혹은 안정성 있는 정당과 진보적 혹은 개혁적 정당 둘 다 정치적 생명이 있는 건강한 국가의 필수적인 요소이다.

* 행복을 얻는 오직 하나의 길은, 행복을 인생의 유일한 목적으로 하는 것이 아니라 행복 이외의 다른 목적을 인생의 목적으로 삼는 데 있다.

272. **밀란 쿤데라**(M. Kundera, 1929~): 체코 출신의 소설가. 『우스운 사랑』, 『참을 수 없는 존재의 가벼움』, 『무의미의 축제』 등.
* 내일 일을 걱정하지 마라. 내일 일은 내일 스스로가 맡을 것이니, 그날의 괴로움은 그날로 족하다.
* 우리는 눈가리개를 하고 현재를 지나간다. …… 후에 그 천이 풀리고 과거를 볼 수 있을 때, 우리는 비로소 경험한 것들을 이해하고 그 의미를 발견한다.
* 책을 읽지 않는 사람은 한 번의 인생을 살지만, 책을 읽는 사람은 여러 번의 인생을 산다.

273. **밀러**(Miller, Alice Duer, 1874~1942): 미국의 작가.
* 훌륭한 예절이란 타인의 감정을 고려해 표현하는 기술이다.

274. **밀러**(Miller, Heny, 1891~1980): 미국의 작가.
* 사랑은 시간의 위력을 부숴 버리고는 미래와 과거를 영원히 결합시킨다.
* 세계사는 소수 특권계급이다.
* 힘으로 유지되어야 할 필요가 있는 것은 무엇이나 불운하다.

275. **밀레**(1814~1875): 프랑스의 화가. 「이삭줍기」, 「만종」 등의 작품이 있다.
* 예술은 위안이 되는 놀이가 아니다. 그것은 전투이고 물건을 썹어 뭉개는 톱니바퀴의 기계이다.

* 우리가 사랑하는 작품이란 그것이 자연에서 탄생한 것에 한한다. 그 밖의 작품은 모두 꾸미거나 공허한 것이다.
* 타인을 감동시키려면 먼저 자기가 감동하지 않으면 안 된다. 그렇지 못하면 제아무리 우수한 작품일지라도 생명이 길지 못하다.

276. **밀레이**(E. Millay, 1892~1950): 미국의 여류시인. 작품으로『하프를 만드는 자』, 『재생』 등. 퓰리처상 수상.
* 평화는 전쟁이 어디선가 진행되는 것을 모르는, 일시적으로 아름다운 무지이다.

277. **밀로**(J.B, 18세기): 프랑스 혁명 당시 정치가.
* 오늘날 죽음이 없다면 죽음을 발명할 필요가 있을 것이다.

278. **밀턴**(J. Milton, 1608~1674): 영국의 시인.
* 가장 잘 견디는 사람은 가장 잘 성취할 수 있다.
* 모든 자유 중에서도 양심에 따라 자유롭게 알고, 말하고, 논할 자유를 나에게 달라.
* 비록 지옥에서라도 지배하는 것은 야망을 가질 가치가 있다. 천국에서 종이 되기보다는 지옥의 왕이 낫다.
* 양서는 인류 불멸의 정신이다.
* 웅대한 시의 창작을 원한다면 그 생활이 바로 웅대한 시여야만 한다.
* 자유가 없으면 평화도 질서도 없다.
* 지각없는 자를 섬기는 것, 그것이 노예이다.
* 진실은 햇빛과 같이 외부 접촉으로 더러워지지 않는다.

279. **바그너**(R. Wagner, 1813~1883): 독일의 음악가, 작곡가. 19세기 낭만파 음악의 거장.

* 강한 인간만이 사랑을 알고 있다. 사랑만이 미를 파악한다. 미만이 예술을 창작한다.
* 그리스의 예술작품이 아름다운 국민의 정신을 나타낸 것이라면, 미래의 예술작품은 모든 종족의 장벽을 넘어서 비약하는 자유로운 인류의 정신을 나타내지 않으면 안 된다.

280. **바루크**(B.M, 1870~1965): 미국의 정치가.

* 가장 적게 공약하는 자에게 투표하라. 그가 가장 적게 실망시킬 것이다.
* 정치 지도자는 건달기가 아직 어깨 위에 있는가를 보기 위해 항상 자기 어깨를 훑어 보아야 한다. 그곳에 건달기가 없으면 그는 더 이상 정치 지도자가 아니다.

281. **바르나브**(1761~1793): 프랑스의 혁명가.
* 권력! 그것은 너무도 하찮은 것 아닌가. 어리석은 자의 존경, 어린애의 감탄, 부자의 부러움, 현자의 모욕이나 받는.

282. **바볼드**(A.L, 1743~1825): 영국의 작가.
* 한밤의 죽음과 같은 고요는 사색의 한낮이다.

283. **바움**(V, 1888~1960): 오스트리아의 작가.
* 성공은 얼음과 같이 차고 북극과 같이 외롭다.

284. **바움가르텐**(A.G, 1714~1762): 독일의 철학자. 독일 미학의 창시자.
* 미는 감성에 의해서 인식되는 완전하고 절대적인 것이다.

285. **바이런**(1788~1824): 영국의 시인. 낭만주의자.
* 남자란 여자와 더불어 살 수도 없고 그렇다고 여자 없이 살 수도 없다.
* 남자의 연애는 인생의 일부요, 여자의 연애는 인생의 전부다.
* 모든 비극은 죽음에 의하여 종막을 고하게 되고, 모든 희극은 결혼에 의하여 종언을 고하게 된다.
* 법을 두려워하지 않는 자는 틀림없이 법 때문에 망한다.
* 슬픔은 현명한 사람의 스승이다.
* 여자는 천사지만 결혼하면 악마가 된다.
* 우리들의 청춘시대는 우리들의 영광의 시대이다.

286. 바이코프(1872~1958): 러시아의 작가.
  * 시베리아 호랑이는 짐승 이상도 이하도 아니다. 하지만 한국 호랑이는 마음도 정도 있다.

287. 바인스(R, 1600?~1656): 영국의 성직자.
  * 진실을 위해서 죽어야 할 때 편안하게 있는 것은 인간의 파멸이다.

288. 바턴(B, 1886~1967): 미국의 작가, 정치가.
  * 자부심은 소인에게 주는 신의 선물이다.

289. 바톨(C.A, 1813~1900): 미국의 성직자.
  * 개개인의 성실이 공공 안녕이다.
  * 희망은 믿음의 어버이다.

290. 바흐(J.S, 1685~1750): 독일의 작곡가. 근대 음악의 아버지.
  * 음악은 세계의 공통어이며 번역이 필요하지 않다. 거기에서는 영혼이 영혼에게 말을 한다.
  * 음악은 정신 속에서 일상생활의 먼지와 때를 청소해 준다.

291. 박영효(朴泳孝, 1861~1939): 구한말의 개화파 정객.
  * 공功은 천신만고로 수고를 꺼리지 않아야 얻는다. 그러므로 사람이 신고辛苦를 하지 않으면 공이 없는 것이다.

292. **박인로**(朴仁老, 1561~1642): 조선시대의 문학자.
* 남이 귀하게 여기는 것을 귀하게 여기지 않고, 남이 탐내는 것을 탐내지 않는다.

293. **박정희**(朴正熙, 1917~1979): 대한민국의 대통령. 5·16쿠데타로 집권.
* 100가지 중에서 하나라도 가능성이 있다면 거기에 대해서 그야말로 만전을 기하는 것, 이것이 국방이다.
* 역사는 언제나 난관을 극복하려는 의지와 용기가 있는 국민에게 발전과 영광을 안겨다 주었다.
* 한 세대의 생존은 유한하나 조국과 민족의 생명은 영원한 것. 오늘 우리 세대가 땀흘려 이룩하는 모든 것이 결코 오늘을 잘 살고자 함이 아니요, 이를 내일의 세대 앞에 물려 주어 길이 겨레의 영원한 생명을 생동케 하고자 함이다.

294. **박제가**(朴齊家, 1750~1805): 조선시대의 북학파 학자.
* 대체로 재물은 우물과 같다. 퍼내면 차고, 버려두면 말라 버린다.

295. **박지원**(朴趾源, 1737~1805): 조선시대 실학자, 소설가. 호는 연암燕岩.
* 물을 보고 이용 못하는 것은 물이 없는 것과 같다.
* 부의 편재는 불의와 부패를 부른다.

296. **반고**(班固, 32~92): 중국 후한 초기의 역사가. 자는 맹견孟堅. 『한서漢書』120권을 편찬.
* 백문百聞이 불여일견不如一見이다.
* 술은 백약의 으뜸이다.

* 의식이 족해야 영욕을 알고 겸양한 마음이 생겨 싸우지 않으리라.
* 인생은 아침이슬과 같다.

297. **반스**(D, 1892~1982): 미국의 소설가, 극작가.
* 비판 없이 사랑하면 배반당하게 될 것이다.
* 청춘은 원인이고 노년은 결과이다. 그래서 목이 굵어짐에 따라 우리는 자료를 얻는다.

298. **반초**(班超, 32~104): 중국 후한시대의 장군.
* 물이 맑으면 큰 고기가 없다.

299. **발레리**(1871~1945): 프랑스의 시인, 사상가.
* 명성이란 자기의 사상을 안고, 자기 때문에 걸리고 마는 일종의 병이다.
* 부는 인생이라는 기계의 윤활유이다.
* 영웅심이 영웅을 만들어내지는 않는다. 참다운 용기만이 영웅을 만든다.
* 위인이란 죽은 후에 다른 사람을 얼떨떨하게 하는 사람이다.
* 이상이란 불만스러운 뜻을 표시하는 방법이다.
* 정치는 대중이 마땅히 자기와 관련되는 일에 참여하지 못하도록 막는 기술이다.
* 청년은 완전한 것을 사랑하지 않는다. 왜냐하면 그가 노력해야 할 여지가 조금밖에는 남아 있지 않기 때문이다.
* 화가는 그가 보는 것을 그려서는 안 되고 보일 것을 그려야 한다.

300. 발레리우스 막시무스(1세기): 로마의 작가.
- * 부모를 공경하는 것은 으뜸가는 자연의 법칙이다.

301. 발로(H. Ballou, 1771~1852): 미국의 성직자.
- * 증오는 자책이다.

302. 발자크(1799~1850): 프랑스의 소설가.
- * 겸손은 육체의 양심이다.
- * 남자는 해부학을 연구하고, 또한 적어도 한 여자를 해부한 후가 아니면 결혼해서는 안 된다.
- * 남자의 첫사랑을 만족시키는 것은 여자의 마지막 사랑일 때뿐이다.
- * 사람의 얼굴은 하나의 풍경이요, 한 권의 책이다. 얼굴은 결코 거짓말을 하지 않는다.
- * 성공의 비결은 좌절하지 않고 극복하는 데 있다.
- * 여자란 선량한 남편을 만들어내는 천재임에 틀림없다.
- * 예술의 사명은 자연을 모방하는 것이 아니라 자연을 표현하는 일이다.
- * 인내는 일을 해나가기 위한 하나의 자본이다.

303. 방정환(方定煥, 1899~1931): 아동문학가, 사회사업가. 호는 소파小波.
- * 어린이를 내 아들놈, 내 딸년 하고 자기 물건같이 알지 말고 자기보다 한결 더 새로운 시대의 새 인물인 것을 알아야 한다.

304. 백거이(白居易, 772~846): 중국 당나라 시인. 자는 낙천樂天, 호는 향산거사香山居士.
- * 길흉화복은 유래가 있는 법이다. 다만 이를 깊이 알고 근심할 필요는

없다.
* 매어놓지 않은 배는 바람 따라 흐른다.
* 사람으로 태어나되 부인의 몸 되지 말라. 백년의 고락이 남에게 달렸구나.

305. **백스터**(1615~1691): 영국의 신학자. 저서로 『기독교의 설명』 등.
* 자존심이 강한 사람은 언제나 만족하기가 어렵다. 그는 다른 사람들로부터 너무 큰 것을 기대하기 때문이다.

306. **백운화상**(白雲和尙, 1299~1375): 고려시대 승려. 호는 백운白雲.
* 평등이란 학의 다리를 잘라 오리다리에 잇거나 산을 헐어 골짜기를 메워야만 평등이 되는 것은 아니다.

307. **밴 도렌**(M, 1894~1972): 미국의 시인, 비평가.
* 가르침의 예술은 발견하도록 도와주는 것이다.
* 재치는 우리와 암흑 사이를 막는 유일한 담벽이다.

308. **버나드 쇼**(1856~1950): 영국의 근대극을 확립한 세계적인 작가. 소설가.
* '건전한 육체에 건전한 정신이 있다'는 것은 미련한 말이다. 건전한 육체는 건전한 정신의 소산이기 때문이다.
* '로마에 가면 로마 사람들이 하는 대로 하라'는 것이 성공의 가장 확실한 길이다.
* 가능한 한 일찍 결혼하는 것은 여자의 비즈니스이고, 가능한 한 늦게까지 결혼하지 않고 지내는 것은 남자의 비즈니스이다.
* 결혼은 그것이 최대 유혹과 최대 기회의 결합이기 때문에 인기가 있다.

* 남자나 여자의 교양의 시금석은 싸울 때 어떻게 행동하는가이다.
* 뜻이 있는 곳에 길이 있다.
* 모든 행로는 무덤에서 끝난다. 무덤은 무無의 입구이다.
* 미인이란 처음으로 볼 때는 매우 좋다. 그러나 사흘만 계속 집안에서 상대해 보면 더 보고 싶지가 않게 된다.
* 비겁자가 되지 않고는 영웅이 될 수 없다.
* 살아 있는 실패작이 죽은 걸작보다 낫다.
* 애국심이란 자기의 조국이 다른 모든 나라보다 고귀하고 우월하다고 믿는 신앙을 말한다.
* 어버이라는 것은 하나의 중요한 직업이다. 그러나 여지껏 일찍이 아이들을 위해, 이 직업의 적성검사를 한 적이 없다.
* 이 세상에는 먹이를 사랑하는 것만큼 진지한 사랑은 없다. 그녀가 자네를 사랑하는 것도 바로 그것이다.
* 인류에서 애국주의자를 없앨 때까지는 평화로운 세계는 오지 않을 것이다.
* 자유는 책임을 의미한다. 이것이 대부분의 사람들이 자유를 두려워하는 이유이다.
* 침묵은 경멸을 나타내는 가장 완벽한 표현이다.

309. **버지니아 울프**(A.V. Woolf, 1882~1941): 영국의 여류소설가, 비평가.
* 일단 발행된 책은 저자의 것이 아니다.

310. **버턴**(R. Burton, 1577~1640): 영국의 성직자, 작자. 『우울의 해부』가 기서로 알려졌다.
* 나태는 모든 일을 망친다.

* 선도 없고 악도 없다. 이것들은 다 인간의지의 변덕일 뿐이다.
* 질병과 슬픔은 왔다가도 가지만 미신에 사로잡힌 영혼은 평안이 없다.
* 한 마디의 말로 하는 타격이 칼로 한 번 휘두르는 것보다 더 깊이 찌른다.
* 희망과 인내는 만병을 다스리는 두 가지 치료약이니 역경에 처하여 의지할 가장 믿음직한 자리요, 가장 부드러운 방석이다.

311. 버틀러(S, 1835~1902): 영국의 작가.
* 모든 사람의 작품은 그것이 문학이건, 음악이건, 그림이건, 건축이건, 그외 어떤 것이건 항상 자신의 초상화이다.
* 무지의 진정한 특징은 허영과 자만과 교만이다.
* 지나간 과거는 전지전능한 신도 바꿔 놓을 수가 없다. 오직 역사만이 바꿀 수 있다.
* 완전하게 죽기 위해서 사람은 잊을 뿐 아니라 잊혀져야 한다. 잊혀지지 않는 사람은 죽은 것이 아니다.

312. 번즈(R, 1759~1796): 스코틀랜드의 국민시인으로 추앙받음.
* 노동은 휴식을 즐긴다. 인생을 완전히 향락하기 위해서는 양자가 다같이 필수 불가결이다.

313. 벌린(I, 1888~1989): 러시아 태생. 미국의 작곡가, 작사가.
* 성공에 가장 곤란한 것은 당신이 성공을 계속 유지해야 한다는 것이다.

314. 벌워 리튼(E.R, 1831~1891): 영국의 외교관, 시인.
* 개혁은 악폐의 시정이요, 혁명은 권력의 이동이다.

* 운명은 개연성을 비웃는다.
* 웅변의 최대 비결은 바로 열성에 있다.
* 잘난 얼굴이 추천장이면 선한 마음은 신용장이다.
* 천재는 그가 해야 할 것을 하고, 재사는 그가 할 수 있는 것을 한다.
* 펜은 검보다 강하다.
* 하나의 착한 마음은 이 세상의 모든 머리보다 낫다.

315. **범수**(范雎, ?~?): 중국 춘추시대 진秦나라 대신. 자는 숙淑.
* 욕심을 억제할 줄 모르면 욕심을 둔 그 자리를 잃게 되고, 가진 것에 만족할 줄 모르면 가진 것까지 잃게 된다.

316. **범엽**(范曄, 398~445): 중국 남북조시대 송나라의 역사가.
* 빈천할 때의 교류를 잊지 않고, 조강지처는 당堂에서 내쫓지 않는다.

317. **법정**(法頂, 1932~2010): 승려, 수필가. 저서로 『무소유』, 『버리고 떠나기』, 『오두막 편지』 등 다수.
* 나는 누구인가. 스스로 물으라. 자신의 속얼굴이 드러나 보일 때까지 묻고 묻고 물어야 한다. 건성으로 묻지 말고 목소리 속의 목소리로 귀 속의 귀에 대고 간절하게 물어야 한다. 해답은 그 물음 속에 있다.
* 무소유란 아무것도 갖지 않는다는 것이 아니라 불필요한 것을 갖지 않는다는 뜻이다. 우리가 선택한 맑은 가난은 부 보다 훨씬 값지고 고귀한 것이다.
* 버리고 비우는 일은 결코 소극적인 삶이 아니라 지혜로운 삶의 선택이다. 버리고 비우지 않고는 새것이 들어설 수 없다. 공간이나 여백은 그저 비어 있는 것이 아니라 그 공간과 여백이 본질과 실상을 떠받쳐

주고 있다.
* 행복의 비결은 필요한 것을 얼마나 갖고 있는가가 아니라 불필요한 것에서 얼마나 자유로워져 있는가에 있다. '위에 견주면 모자라고 아래에 견주면 남는다.'는 말이 있듯 행복을 찾는 오묘한 방법은 내 안에 있다.

318. **베게티우스**(F.V.R, 4세기경): 로마의 군사학 저자, 작가.
* 평화를 갈망하는 자로 하여금 전쟁을 준비하게 하라.

319. **베닝**(W.G, 1859~1944): 영국의 저널리스트.
* 눈물 속에서는 갈 길을 못 본다.
* 사고 없이 말하는 것은 목표물 없이 총을 쏘는 것과 같다.
* 좋은 충고는 값을 초월한다.
* 죄는 범행하는 데 있는 것이 아니라 발각되는 데 있다.
* 현재 시간을 잃어버리면 모든 시간을 잃는다.

320. **베네딕트**(R, 1887~1948): 미국의 문화인류학자.
* 기독교적 서구의 문화는 '죄의 문화'이며 일본의 문화는 '수치심의 문화'이다.

321. **베네트**(E. A. Bennett, 1867~1931): 영국의 소설가. 대표작 『늙은 아내 이야기』.
* 신문·잡지 기자들은 사실이 아닌 것도 사실이라고 말해 놓고 오래 있으면 사실이 될 것이라는 희망 속에서 그들이 사실이 아님을 알고 있는 기사를 쓴다.

322. 베네트(J. L. Bennett, 1885~1931): 미국의 문필가.
* 책은 인생의 험준한 바다를 항해하는 데 도움이 되도록 남들이 마련해 준 나침반이요, 망원경이요, 육분의六分儀요, 도표이다.

323. 베더(Vedder Miriam, 20세기): 미국의 시인.
* 우주가 처음으로 생겼을 때 하느님은 인간을 창조하였다고 한다. 그 후 비웃는 몸짓으로 인간은 하느님을 멸망시켰다.

324. 베르그송(H, 1859~1941): 프랑스의 철학자. 저서로『물질과 기억』등.
* 변화는 존재하지만 변화하는 것은 존재하지 않는다.
* 사색하는 사람으로서 행동하고, 행동하는 사람으로서 사색하지 않으면 안 된다.
* 종교란 지성의 파괴력에 대한 자연의 방어적 반작용이다.

325. 베르나노스(G, 1888~1948): 프랑스의 작가.
* 희망은 무릅써야 될 위험이다.

326. 베르질리우스(B.C.70~B.C.19): 로마의 서사시인. 작품으로「아이네이스」,「농경시」,「전원시」등이 있다.
* 노동은 모든 것을 정복한다.
* 만물은 신으로 차 있다.
* 모든 불운은 인내로써 정복된다.
* 정신은 물질을 움직인다.
* 할 수 있다고 생각하기 때문에 할 수 있다.
* 행운의 여신은 대담한 자의 편을 든다.

327. **베리**(R.d, 1287~1345): 영국의 성직자.
- 책, 그대는 성당의 황금그릇이요, 언제까지나 손에 들고 있어야 할 타오르는 등불이다.
- 책의 생명은 나무요, 사방으로 뻗은 낙원의 강이다. 책에 의해서 인간의 마음은 자라고 갈증나는 지성은 물을 얻어 활기를 찾는다.

328. **베스톤**(H.S, 1888~1968): 미국의 작가.
- 바다는 지구의 심장에 솟는 피다. 해와 달에 의해 불러 일으켜지고 빚어 만들어지는 조수는 지구 혈관의 수축이요, 이완이다.

329. **베이츠**(L.J, 1832~?): 미국의 시인.
- 늦게 오는 기쁨은 늦게 떠난다.

330. **베이컨**(F, 1561~1626): 영국의 철학자, 문학가, 정치가.
- 건강한 육체는 영혼의 안식처요, 병든 육체는 영혼의 감옥이다.
- 결혼을 위한 사랑은 인간을 만들고, 우정 어린 사랑은 인간을 완성하며, 음탕한 사랑은 인간을 더럽히고 천하게 만든다.
- 교활한 사람은 학문을 경멸하고 단순한 사람은 학문을 찬양하며 슬기로운 사람은 학문을 이용한다.
- 교활한 자가 현명한 사람으로 통하는 것보다 국가에 해로운 일은 없다.
- 기회는 발견했을 때 꼭 붙잡아야 한다.
- 나는 배우기 위해서 살지, 살기 위해서 배우지 않는다.
- 남의 의견에 반대하거나 논박하기 위하여 독서하지 말라. 또는 믿거나 그대로 받아들이기 위하여, 혹은 이야기나 논의의 밑천을 삼기 위하여 독서하지 말라. 다만 사색하고 고찰하기 위하여 독서하라.

* 독서는 충실한 인간을 만들고, 담화는 재치있는 인간을 만들며, 필기는 정확한 인간을 만든다.
* 돈은 퇴비와 같다. 뿌리지 않으면 아무 소용이 없다.
* 복수할 때 인간은 그 원수와 같은 수준이 된다. 그러나 용서할 때의 그는 그 원수보다 위에 있다.
* 뽐내기 위해 부당하게 부를 모으지 말라. 정당하게 부를 모아 올바르게 쓸 수 있고, 유쾌하게 사람들에게 베풀 수 있고, 만족한 마음으로 남길 수 있을 정도의 부만 취하라.
* 신의 존재를 부정하는 자들은 인간의 존엄성을 파괴한다. 분명히 인간은 육체로 보면 짐승과 동질이기 때문이다. 만일 인간의 영혼이 신의 것과 동질이 아니라면 인간은 비천한 피조물이다.
* 아내란 청년 시절에는 연인이고, 중년 시절에는 친구이며, 노년에는 간호원이다.
* 악인은 언제나 악하지만 성자로 가장할 때가 가장 악하다.
* 어떤 책은 음미해야 하며, 어떤 책은 삼켜야 하며, 어떤 책은 잘 씹어서 소화시켜야 한다.
* 언론의 자유는 자유를 다시 부활시킬 것을 종용하고 일깨운다. 그리하여 인간의 지식을 더욱 증가시킨다.
* 인간의 본성은 대개 현명한 요소보다 어리석은 요소가 더 많다.
* 젊은이들은 판단보다는 창안하는 것에 더욱 적합하고, 권고보다는 실행에, 확정된 일보다는 새로운 계획에 더욱 적합하다.
* 질투는 언제나 다른 사람과의 비교에서 생기며 비교가 없는 곳에서는 질투가 없다.
* 참다운 친구를 가질 수 없는 것은 비참하리만큼 고독한 것이다. 친구가 없으면 세상은 황야에 지나지 않는다.

* 책이란 넓고 넓은 시간의 바다를 지나가는 배이다.
* 침묵은 총명함을 키우는 어머니이다.

331. **베일리**(P.J. Bailey, 1816~1902): 영국의 시인.
   * 겸손은 모든 미덕의 근본이다.
   * 많이 용서하는 자는 많이 용서받는다.
   * 이 땅 위에 유일한 평등은 죽음이다.
   * 잘못은 무지보다 더 나쁘다.

332. **베토벤**(1770~1827): 독일의 작곡가. 고전파 음악의 완성자, 낭만파 음악의 창시자로 불린다.
   * 나는 운명의 목을 조르고 싶다. 어떤 일이 있어도 운명에 짓눌리고 싶지 않다.
   * 나의 예술은 가난한 사람들의 행복을 위해서 바쳐지지 않으면 안 된다.
   * 남을 위해서 일을 한다는 것은 어릴 때부터 나의 최대의 행복이었고 즐거움이었다.
   * 음악은 어떤 지혜나 철학보다도 더 높은 계시를 준다.
   * 참된 인간이라고 말할 수 있는 인간을 다른 인간과 구분짓는 본질적인 특징은 곤란한 역경을 견뎌내는 점이다.

333. **베티**(U, 1892~1953): 이탈리아의 극작가.
   * 건강은 노동에서 생기고 만족은 건강에서 생긴다.
   * 자연에는 용서가 없다.

334. **벤담**(J, 1748~1832): 영국의 법학자, 철학자.
- 모든 정치사회에 있어서의 통치의 적정한 목적은, 사회를 구성하는 모든 개인의 최대 행복, 바꾸어 말하면 최대 다수의 최대 행복이다.
- 별을 따려고 손을 뻗은 사람은 자기 발밑의 꽃을 잊어버린다.
- 인간은 자기가 행복하면 그 행복을 점차로 크게 생각하여 남에게 나누어 주고 싶어진다.
- 최대 다수의 최대 행복이 도덕과 입법의 기초이다.

335. **벤자민 프랭클린**(1706~1790): 미국의 정치가, 과학자, 작가.
- 개미만큼 능란하게 설교하는 것은 없다. 그렇지만 개미는 한 마디도 말하지 않는다.
- 결혼 전에는 눈을 크게 뜨고 결혼 후에는 반쯤 감아라.
- 게으름은 쇠붙이의 녹과 같다. 노동보다도 더 심신을 소모시킨다.
- 권력보다 자유가 더 낫다.
- 근면은 빚을 갚고, 자포자기는 빚을 늘린다.
- 너의 적을 사랑하라. 그들이 너의 결점을 말해주기 때문이다.
- 늦게 일어난 사람은 종일 총총걸음을 걸어야 한다.
- 돈의 가치를 알고 싶으면 돈을 꾸러 가보라.
- 만족한 사람에게는 부족한 것이 없다.
- 먹는 것은 자기 자신을 즐겁게 하기 위한 것이요, 입는 것은 남을 즐겁게 하기 위한 것이다.
- 백 년을 살 것처럼 일하고 내일 죽을 것처럼 기도하라.
- 빈 가방은 똑바로 설 수 없다.
- 세상의 어떤 것도 그대의 정직과 성실만큼 그대를 돕는 것은 없다.

* 순종하지 않는 딸은 다루기 힘든 아내와 같다.
* 시간은 돈이라는 것을 기억하라.
* 아무리 견고한 탑도 결국 무너지지만, 위대한 이름은 만고불후萬古不朽이다.
* 어떤 사람에게 말을 할 때에는 그의 눈을 보고 그가 말을 할 때에는 그의 입을 보라.
* 여자의 결점을 알려면 그녀의 여자 친구들 앞에서 그녀를 칭찬해 보는 것이다.
* 인내할 수 있는 사람은 그가 바라는 것이면 무엇이든 이룰 수 있다.
* 인생을 사랑하느냐? 만일 사랑한다면 시간을 낭비하지 말라. 시간은 인생을 이루는 요소이다.
* 재산을 얻기 위해서 덕을 팔지 말고, 권력을 얻기 위해서 자유를 팔지 말라.
* 좋은 전쟁이란 있어 본 일이 없다. 또 나쁜 평화라는 것도 있어 본 일이 없다.
* 지식에의 투자가 가장 이윤이 높다.
* 충성스런 친구가 셋이 있다. 노처老妻와 노견老犬과 저금이다.
* 칭찬, 그것은 때로는 삶의 활력소가 되기도 하지만 때로는 추진력을 잃게도 만든다.
* 탐욕과 행복은 서로 만나지도 않는데 어떻게 그들이 친숙해질 수 있겠는가?

336. **보가트**(J.B, 1845~1921): 미국의 신문인.

* 개가 사람을 문다면 그것은 흔히 일어나는 일이기 때문에 뉴스가 아니다. 그러나 만약 사람이 개를 문다면 그것은 뉴스이다.

337. **보나르**(P. Bonnard, 1867~1947): 프랑스의 화가. 작품으로 「전원의 식사」, 「크리시 광장」 등.

* 사랑에는 신뢰받을 필요가 있고 우정에는 이해받을 필요가 있다.
* 우리는 친구를 의지하면서 친구가 우리를 의지하고 있는 것을 미처 알지 못한다.
* 인간은 친구를 통하여 자기를 완성하게 된다.
* 인간을 고독에서 구출해 주는 유일한 것은, 신뢰할 수 있는 우정이다. 운명이 위대한 사람들을 고독으로 쫓아보낼 때도 그 곁에 한 사람만은 남아 있게 해준다.
* 침묵은 어리석은 자의 지혜이며 현명한 자의 덕이다.
* 훌륭한 생활을 하기 위해서는 진정한 친구를 갖는 것만으로는 충분치 않다. 고귀한 적도 가져야 한다.

338. **보들레르**(C, 1821~1867): 프랑스의 시인, 미술평론가. 시집 『악의 꽃』이 유명. 낭만파 최후의 시인. 상징주의 개척자.

* 성욕은 대중의 서정시이다.
* 술과 인간은 끊임없이 싸우고 끊임없이 화해하는 훌륭한 투사와 같다. 진 쪽은 이긴 쪽을 포옹한다.
* 시의 목적은 진리와 도덕을 노래하는 것이 아니다. 시는 단지 시를 위한 표현이다.
* 희망은 마치 박쥐처럼 겁먹은 날개로 벽을 치고, 허물어진 천정에 머리를 부딪치고는, 저 멀리 날아가 버린다.

339. **보마르세**(1732~1799): 프랑스 혁명의 선구자. 극작가.

* 모든 것은 노래로 끝난다.

340. **보봐르**(S.d, 1908~1986): 프랑스의 여류작가.
- * 남자는 여자에게 모든 것을 달라고 요구한다. 여자가 그대로 모든 것을 바치고 일생을 바쳐서 헌신하면 남자는 그 무게에 고통을 받는다.
- * 선을 행하는 데는 하나의 길밖에 없다. 그것은 자기의 양심에 따라 행동하는 것이다.
- * 여자는 태어나면서부터 여자인 것은 아니다. 그녀의 성경험을 통해서 여자로 만들어지는 것이다.

341. **보브나르그**(1715~1747): 프랑스의 평론가, 모랄리스트.
- * 나태는 마음의 잠이다.
- * 노동에서 얻는 열매는 모든 쾌락 중에서 가장 맛있다.
- * 독창은 천재의 가장 으뜸가는 증거이다.
- * 용기는 역경에 처했을 때의 빛이다.
- * 절망은 불행을 더 악화시킬 뿐 아니라 허약을 더욱 조장한다.
- * 정신적인 고독은 신체에 있어서 절제와 같은 것이다.
- * 죽어갈 때의 양심은 일생의 거짓을 드러낸다.

342. **보비**(C.N, 1820~1904): 미국의 편집자. 경구 작가.
- * 성공하는 사람은 송곳처럼 어떤 한 점을 향하여 일한다.
- * 성실성의 상실은 생명력의 상실이다.

343. **보언**(E, 1899~1973): 영국의 작가. 『마음의 죽음』 등.
- * 침묵이 절정에 이르렀을 때 당신은 말해야 한다.

344. **보에티우스**(480?~524): 로마의 정치가, 철학자.
* 비참하다고 생각하지 않는다면 아무것도 비참한 것은 없다. 어떠한 상태도 그것을 지니는 사람이 만족만 하면 행복하다.
* 아아, 인간이여. 행복은 마음속에 있거늘 어찌하여 그대는 밖에서 찾는가.

345. **보카치오**(1313~1375): 이탈리아의 작가, 시인. 『데카메론』 등.
* 무엇을 한 후에 후회하는 편이, 하지 않고 후회하는 것보다 훨씬 낫다.
* 정말 우스운 것은, 자신의 행동은 따라 하지 말고 자신이 하는 말은 잘 들으라고 하는 것이다.

346. **본**(H.G, 1796~1884): 영국의 출판업자, 편집자.
* 까만색 둘이 합쳐져 흰색을 만들지 못한다.
* 건강이 좋은 사람이 젊은이다.
* 경험은 과학의 어머니이다.
* 성공은 바보를 현명하게 보이게 한다.
* 영혼은 사는 곳에 있는 것이 아니라 사랑하는 곳에 있다.
* 오늘 생각해서 내일 말하라.
* 현명한 사람은 이성이 지배하고, 어리석은 사람은 곤봉이 다스린다.

347. **볼드윈**(J, 1924~1987): 미국의 소설가. 대표적인 흑인작가.
* 미래는 천국과 같다. 즉 모두가 칭송하지만 아무도 당장 그곳에 가기를 바라지 않는다.
* 사람이 뜻을 세우는 데 있어 너무 늦다는 것은 없다.

348. **볼링브루크**(1678~1751): 영국의 정치가.
* 우리들의 이성을 사용하는 옳은 방법은 자애와 사회애를 일치시키고 더 나아가 실제에 있어서 동일한 것이 되도록 하는 것이다.

349. **볼스**(W.L, 1762~1850): 영국의 성직자, 시인.
* 자유의 주장은 신의 주장이다.

350. **볼테르**(1694~1778): 프랑스 계몽주의 사상가, 문학가. 『이집트왕』으로 유명.
* 귀는 마음으로 통하는 길이다.
* 남자가 제아무리 논리정연한 주장을 내세우더라도, 여자의 한 방울 눈물을 당하지는 못한다.
* 내 아들아, 세상에서의 첫걸음은 전 생애가 걸린 걸음이다.
* 노동은, 게으름과 좋지 못한 행실과 빈곤이라고 하는 세 가지 악으로부터 우리들을 지켜준다.
* 눈물은 슬픔의 말없는 말이다.
* 모든 사람은 평등하다. 그것을 다르게 하는 것은 출생이 아니라 오직 덕이다.
* 사람에게 눈이 두 개 있다고 해서 그만큼 조건이 더 좋은 것은 아니다. 한쪽 눈은 인생의 좋은 부분을 보며, 또 한쪽은 나쁜 부분을 보는 데 소용된다. 착한 것을 보는 쪽의 눈을 가려버리는 나쁜 버릇을 가진 사람은 많지만 나쁜 것을 보는 눈을 가려버리는 사람은 드물다.
* 사상의 자유는 영혼의 생명이다.
* 시의 한 가지 장점을 부인할 사람은 거의 없을 것이다. 즉 그것은 산문보다 적은 말로써 보다 많은 것을 표현한다는 것이다.
* 신이 여자를 만든 것은 남자를 사육하기 위해서이다.

- 아무리 유익한 책이라도 그 반은 독자 자신이 만드는 것이다.
- 우리의 조국이란 우리의 마음이 묶여 있는 곳이다.
- 운명은 우리들을 인도하고 또한 우리들을 조롱한다.
- 인간은 그들의 그릇된 행동을 정당화하기 위해서만 사고를 사용하고 그들의 사고를 은폐하기 위해서만 언어를 활용한다.
- 일반적으로 다른 계층의 시민에게 주기 위해 한 계층의 시민으로부터 되도록 많은 돈을 짜내는 것이 통치술이다.
- 일반적으로 인간은 개를 닮았다. 다른 개가 먼 데서 짖는 것을 듣고 자기도 짖는다.
- 진리를 사랑하라. 그러나 잘못은 용서하라.
- 참된 욕구 없이 참된 만족은 없다.
- 처음으로 미인을 꽃에 비유한 사람은 천재였지만 두 번째로 같은 말을 한 사람은 바보였다.
- 행복은 꿈에 지나지 않으나 고통은 현실이다.

351. **뵈르네**(L, 1786~1837): 독일의 비평가.
- 고양이는 아름다운 여왕이 되더라도 쥐 잡는 일을 포기하지 않는다.
- 자기를 알기 위해서는 남을 알아야 한다.
- 질병은 천 개나 있지만 건강은 하나밖에 없다.

352. **부르델**(E.A, 1861~1929): 프랑스의 조각가.
- 예술이란 인간 속에서 재창조된 전 우주이다.

353. 부르제(P, 1852~1935): 프랑스의 소설가, 비평가, 시인.
* 자기의 생각대로 살아야 한다. 그렇지 않으면 결국 자기가 산 대로 생각하게 된다.

354. 부르크(1678~1751): 영국의 정치가, 문필가.
* 우리들의 부모가 자식들에게서 그들 자신을 사랑하는 것과 같이, 우리들도 또한 우리들의 자식에게서 우리들 자신을 사랑한다.

355. 뷔퐁(1707~1788): 프랑스의 박물학자, 철학자.
* 글은 그 사람의 인격을 나타낸다.
* 천재는 인내이다.

356. 브라우닝(E.B, 1806~1861): 영국의 여류시인.
* 삶은 죽음에 의해서 완성된다.

357. 브라우닝(R. Browning, 1812~1889): 영국의 시인. 작품으로 『파라셀서스』, 『소델로』, 『남과 여』 등 다수.
* 갑옷을 입고 있는 자는 그 갑옷의 노예이다.
* 거짓에 진실이 있고 진실에 거짓이 있다.
* 무지는 결백이 아니라 죄악이다.
* 용서하는 것은 좋은 일이다. 잊어버리는 것은 더욱 좋은 일이다. 우리는 살면서 애태우고 죽어서 산다.
* 인간이 얻을 수 있는 진리 가운데 음악에서 생기는 진리보다 더 참된 진리는 없다.
* 일 분간의 성공은 수년간의 실패를 보상한다.

* 절대적인 선은 진실이며, 진실은 결코 말하는 사람을 다치게 하지 않는다.
* 청춘은 사랑을 뜻한다.

358. **브라운**(T. Browne, 1605~1682): 영국의 작가, 의사, 철학자.
* 가능한 것만을 믿는 것은 신앙이 아니라 철학에 불과하다.
* 나쁜 짓은 누구나 숨기고 싶어하고 착한 짓은 남이 부탁하지 않아도 나타내고 싶어한다. 그 반대가 옳은 일인데 왜 그것을 행하려 하지 않는가.
* 아무도 남을 책망하거나 비난할 수 없다는 것은 당연하다. 진실로 남을 안다는 것은 있을 수 없기 때문이다.
* 인간은 재 속에서도 화려하고 무덤 속에서도 호화로운 고귀한 동물이다.
* 인생에 만족하지 못하는 것은, 스스로를 멸망시키는 자들의 불만족한 상태이다.
* 책임의 본질은, 이를 수행하는 사람을 바꾼다고 해서 변하지는 않는다.

359. **브라이스**(J, 1838~1922): 영국의 정치학자, 사학자.
* 역사 작품을 쓰는 비결은 무시해야 할 사항을 아는 데 있다.
* 인기는 그 날의 바람과 함께 변한다.

360. **브라이언트**(W.C, 1794~1878): 미국의 시인, 비평가.
* 숲은 신의 최초의 신전이었다.

361. 브라크(G, 1882~1963): 프랑스의 화가.
   * 자유는 쟁취하는 것이지 주어지는 것이 아니다.

362. 브란트(W. Brant, 1913~1992): 통일 전의 서독 수상. 노벨평화상 수상.
   * 당신이 싸움을 원하지 않는다면 타협하라.
   * 상황은 비관적으로 생각할 때에만 비관적으로 된다.
   * 시대가 요구할 때 우리가 전력을 기울여 자유를 지키지 못한다면 나중에 막대한 희생을 치르지 않고서는 자유를 되찾을 수 없게 될 것이다.
   * 한 가지 불의를 허용하는 것은 뒤따르는 불의에 문을 열어 주는 것을 의미한다.

363. 브래들리(O.N, 1893~1981): 미국의 장군.
   * 전쟁에는 준우승자를 위한 2등상이 없다.

364. 브레히트(B, 1898~1956): 독일의 극작가, 시인.
   * 빈곤은 너를 현명하게 만들기도 하고 슬프게 만들기도 한다.
   * 정의란 자기 방어이다.

365. 브론티(C, 1816~1855): 영국의 작가.
   * 믿으라, 인생은 현인들이 말하는 것처럼 그렇게 어두운 꿈은 아니다. 약간의 아침비는 때때로 유쾌한 하루를 예고해 준다.
   * 인간의 마음은 비밀히 간직되고 소리 없이 봉인된 숨겨진 보물을 가지고 있다.

366. 브롬(H.P, ?~1652?): 영국의 극작가.
- *교육은 국민을 이끌기 쉽게 만들고 강요하기 어렵게 만든다. 즉 통치하기 쉽게 만들며 억압하기 불가능하게 만든다.

367. 브루너(1548~1600): 이탈리아의 철학자.
- *학습한 관념이 기본적, 또는 기초적일수록 새로운 문제에 대한 적용성의 범위가 넓어져 간다.

368. 브왈로 데프레오(N, 1636~1711): 프랑스의 풍자시인.
- *가장 현명한 사람은 자기가 전적으로 현명하다고 환상하지 않는 자이다.
- *바보는 항상 자기를 칭찬해 줄 더 큰 바보를 찾는다.

369. 블라맹크(1876~1958): 프랑스의 화가, 판화가.
- *뛰어난 회화는 훌륭한 요리법과 같은 것으로서 맛볼 수는 있으나 설명하기는 어렵다.

370. 블레이크(W. Blake, 1757~1827): 영국의 시인, 화가. 시집으로 『밀턴』, 『아메리카』 등이 있고, 판화로 「단테의 시 신곡」 등이 있다.
- *갈망하면서도 행동하지 않는 자는 흑사병같은 폐허를 초래한다.
- *모든 방종은 자멸의 첫걸음이다. 그것은 기둥 밑을 흐르고 있는 눈에 안 띄는 물이다. 그 물은 조만간 기둥 밑의 주춧돌을 깎아서 무너뜨리고야 만다.
- *바쁜 꿀벌은 슬퍼할 겨를이 없다.
- *슬픔이 많으면 웃음을 부른다. 기쁨이 많으면 눈물을 부른다.

* 아침에는 생각하고 낮에는 행동하고 저녁에는 밥 먹고 밤에는 취침하라. 인생은 실천이다.
* 용기에 약한 자가 교활에는 강하다.
* 한 알의 모래에서 하나의 세계를 보고 한 송이 들꽃에서 천국을 본다. 무한을 한 손바닥에 움켜잡으며 한 시간 속에서 영원을 느낀다.

371. 비네(A.R, 1797~1847): 스위스의 신학자, 비평가.
* 가장 바쁜 사람이 가장 많은 시간을 갖는다.

372. 비니(A.d, 1797~1863): 프랑스의 시인, 작가.
* 시는 결정화한 정열이다.
* 위대한 인생이란? 늙어서 실현된 청년시대의 꿈이다.

373. 비스마르크(1815~1898): 독일의 정치가. 철혈재상으로 불린다.
* 공동임무에 대한 공동노동만큼 서로 대립하는 사람들을 융합시키는 데 효과적인 것은 없다.
* 소시지와 법률은 그 제조 과정이 감추어질수록 좋다.
* 자기 앞에 어떠한 운명이 가로놓여 있는가를 생각하지 말고 앞으로 나아가라. 그리고 대담하게 자기의 운명에 도전하라. 이것은 옛말이지만 거기에는 인생의 풍파를 헤쳐나가는 묘법이 있다. 운명을 두려워하는 자는 운명에 먹히고 운명에 도전하는 자는 운명이 길을 비킨다.
* 정치란 어디까지나 가능한 것, 도달할 수 있는 것을 찾아내는 기술이다. 그것은 곧 차선의 기술이다.
* 청년에게 권고하고 싶은 말은 다음 세 마디뿐이다. 즉, 일하라, 더욱 일하라, 끝까지 일하라.

374. 비어스(A.G, 1842~1914?): 미국의 저널리스트, 시인, 작가.
- * 과거는 오열의 영역이며 미래는 노랫소리의 세계이다.
- * 남자의 입은 영혼에의 관문이요, 여자의 입은 애정의 출구이다.
- * 행복 — 다른 사람의 불행을 바라볼 때 생기는 쾌적한 감각.
- * 무종교 — 세계의 위대한 신앙 중에서 가장 중요한 신앙.
- * 방탕자 — 쾌락을 추구하되 너무 열심히 추구한 까닭에 불행하게도 그 것을 앞질러 버린 인간.
- * 정치란 정의라는 미명하에 감추어진 이해관계의 충돌로 사리를 위해 공공을 빙자하는 것이다.
- * 편견 — 명백한 확증의 수단을 갖지 않은 변덕스러운 의견.

375. 비온(B.C.2세기 말경): 그리스의 시인.
- * 돈은 모든 일의 원동력이다.
- * 지옥으로 가는 길은 여행하기 쉽다.

376. 비처(H.W, 1813~1887): 미국의 성직자, 작가, 신학자.
- * 모든 말은 생각을 걸어두는 옷걸이이다.
- * 모든 화가는 자기의 영혼에 붓을 적셔서 자기의 참모습을 그림에 옮긴다.
- * 사람이 비밀을 가지고 있는 것을 아는 것은 그 비밀의 반을 아는 것이다.
- * 훌륭한 신문 한 장에 포함된 것만큼 그토록 여러 가지 다양하고 많은 지식을 어디에서도 찾을 수 없다.

377. 비트겐슈타인(L, 1889~1951): 오스트리아의 철학자.
* 인간의 육체는 인간 정신의 가장 좋은 사진이다.

378. 빈더(J, 1870~1939): 독일의 법철학자. 저서로 『법철학』.
* 법을 제외한 국가라는 것은 생각조차 할 수 없다.

379. 빈델반트(1848~1915): 독일의 철학자, 철학사가.
* 지상에 있어서의 생활과정에서 행복과 불행의 분배는 윤리와 관계없이 행해지고 있는 것이 사실이다.

380. 빌(G. Biel, 1425~1495): 독일의 스콜라 철학자.
* 싸우지 않는 자는 정복하지 못한다.

381. 게이츠(B. Gates, 1955~): 마이크로소프트사 창립자.
* 공부밖에 할 줄 모르는 '바보'한테 잘 보여라. 사회에선 그 바보 밑에서 일하게 될지 모른다.
* 목표를 세분하고 순차적으로 도전하라.
* 학교선생님이 까다롭다고 생각되거든 사회 나와서 직장 상사의 진짜 까다로운 맛을 한번 느껴봐라.

382. 빌리어스(G, 1628~1687): 영국의 시인, 극작가.
* 모든 참사랑은 존경에 기초한다.

383. **사강**(F. Sagan, 1935~2004): 프랑스의 작가.
* 질투에는 웃음에 필적할 것이 없다.

384. **사디**(1184?~1291): 페르시아의 시인. 『과수원』, 『장미밭』 등의 작품.
* 어리석은 사람에게 침묵보다 나은 것이 없다. 이 사실을 안다면 그 사람은 어리석은 것이 아니다.
* 우리는 교접하기 위해서 태어났다. 교접함으로써 인간은 자연의 법칙을 달성한다.

385. **사르트르**(1905~1980): 프랑스의 실존철학자, 작가, 비평가.
* 나는 존재한다. 그것은 나의 권리이다.
* 나는 폭력에 대해서 하나의 무기밖에 갖고 있지 않았다. 그것은 폭력이다.
* 인간은 자유이며, 늘 자기 자신의 선택에 의해서 행동해야만 한다.
* 종교는 모든 문명의 어머니이다.

* 청춘이란 참으로 기묘한 것이다. 외부는 붉게 빛나고 있지만 내부에서는 아무것도 느낄 수 없다.
* 폭력이란 더 이상 잃을 것이 없는 사람이 쓰는 것이다.

386. **사마양저**(司馬穰苴, B.C.6세기): 중국 전국시대 제齊나라의 병법가.
* 대장은 일부의 견해에 귀 기울여서는 안 되며 싸움에서는 자기의 사소한 이득을 탐내면 안 된다.
* 나라가 아무리 강대해도 전쟁을 좋아하면 반드시 망하고, 천하가 비록 태평하더라도 국방에 소홀하면 반드시 위기에 처하게 된다.

387. **사마천**(司馬遷, B.C.145~86): 중국의 역사가, 문학가. 자는 자장子長. 『사기』 130권을 편찬.
* 공은 이루기는 어렵고 패하기는 쉬우며, 때는 얻기는 어렵고 놓치기는 쉽다.
* 망설이는 호랑이는 벌보다 못하다.
* 백성의 입을 막는 것은 물을 막는 것보다 어렵다.
* 복숭아와 오얏은 말이 없지만 그 아래에는 저절로 길이 생긴다.
* 사람이 급하면 하늘을 부른다.
* 성공했으면 그 자리에 오래 머물지 말라.
* 술이 도에 지나치면 어지러워지고 즐거움이 도에 지나치면 슬퍼진다.
* 신하에게 굴복하고 천하에 이기십시오.
* 옛 친구를 잃으면 천하를 잃는다.
* 왕후장상에 어찌 씨가 따로 있느냐.
* 정치를 잘하는 자는 백성의 본성에 따라 하고, 그 다음은 이利로써 이끌고, 그 다음은 깨우치며, 가장 하등인 자는 백성과 더불어 다툰다.

* 죽음은 태산보다 무겁고 홍모鴻毛보다 가볍다.
* 지혜로운 사람이라 하더라도 천 가지 생각 중에 한 가지 모자라는 점이 있고 어리석은 사람이라도 천 가지 생각 중에 한 가지 쓸모가 있는 점이 있는 것이다.
* 참으로 곧은 길은 굽어 보이는 법이다.
* 하늘에 제사지내고 사당에 제사지내는 때도 술이 아니면 신령이 흠향하지 않고, 군신과 친구 사이에도 술이 아니면 좌석이 아름다워지지 않으며, 싸움을 하고 서로 화해하는 데에도 술이 아니면 성사되지 않는다. 그러나 술은 또한 일을 망치기도 하기 때문에 함부로 마셔서는 안 된다.
* 하늘이 주신 것을 취하지 않으면 오히려 그 꾸지람을 듣는다. 때가 와서 행하지 않으면 오히려 화를 입는다.
* 해는 중천에 뜨면 그 순간부터 기운다.

388. **사뮈엘 베케트**(S.B. Beckett, 1906~1989): 아일랜드 출신의 프랑스 소설가, 극작가. 대표적 저서는 『고도를 기다리며』. 1969년 노벨문학상 수상.
* 계속 시도하고 항상 실패했어도 괜찮다. 다시 시도하고 다시 실패하라. 더 나은 실패를 하라.

389. **사키**(1870~1916): 영국의 작가.
* 빈곤은 가정을 파괴시키기보다는 오히려 단결시킨다.

390. **산타야나**(G, 1863~1952): 스페인 태생의 미국 철학자, 작가.
* 가정의 행복을 맛보려면 인내가 필요하다. 변덕스러운 자는 불행을 더 좋아한다.

* 사람들은 상상력이 너무 많아서가 아니라 그들이 무엇인가 가지고 있는 것을 깨닫지 못하기 때문에 미신에 홀리게 된다.
* 이상사회란 오로지 상상의 세계에서 연출된 드라마에 불과하다.
* 정부는 자연적 균형의, 관습의, 타성의 정치적 대리인이다. 결코 이성의 대리인이 아니다.
* 최고의 허영심은 명성을 사랑하는 것이다.
* 현명한 사람은 기회를 행운으로 바꾼다.

391. 살(J.A.d, 1712~1778): 프랑스의 법학자.
* 사랑은 두 사람의 자기중심주의이다.

392. 살루스티우스(B.C.86~B.C.34): 로마의 역사가, 정치가.
* 영혼은 인간들의 생명의 수장이요, 지배자이다.
* 우리는 지배하려고 정신을 쓰고 봉사하려고 육체를 쓴다.

393. 상드(G, 1804~1876): 프랑스의 여류작가.
* 우리는 우리의 생명에서 단 한 페이지도 찢을 수 없지만 책 전체는 불 속에 내던질 수 있다.

394. 새퍼스틴(M.R, 1914~): 미국의 정신분석학자, 작가.
* 이상적인 결혼처럼 이상적인 어머니는 소설에나 있다.

395. 샌드버그(C, 1878~1967): 미국의 시인, 3차례 퓰리처상 수상.
* 돈은 권력, 자유, 방종, 그리고 모든 죄악의 뿌리이며 행복의 합계이다.

* 시는 지상에서 서식하면서 공중을 날고 싶어하는 수서동물의 일기다.

396. **생텍쥐페리**(1900~1944): 프랑스의 작가, 비행사. 작품으로 『어린왕자』, 『야간비행』 등.
   * 고립된 개인은 존재하지 않는다. 슬픈 자는 타인을 슬프게 한다.
   * 누구나 처음에는 아이였다. 그러나 그것을 잊지 않고 있는 어른은 별로 없다.
   * 물, 너는 생명에 필요한 것이 아니라 생명 그 자체이다.
   * 부모들이 우리의 어린 시절을 꾸며 주셨으니 우리는 그들의 말년을 아름답게 꾸며 드려야 한다.
   * 사랑, 그것은 서로가 마주보는 것이 아니라 함께 같은 방향을 바라보는 것이다.
   * 사막이 아름다운 것은 어딘가에 우물을 숨기고 있기 때문이다
   * 인간의 행복은 자유에 있는 것이 아니고 의무를 이행하는 데 있다.

397. **생트뵈브**(1804~1869): 프랑스의 작가, 시인, 비평가.
   * 진리란 무엇인가? 우리는 끝없는 바다를 떠다니는 작은 배다. 또 우리는 부서지는 물결에 반사되는 빛을 가리키며, '이것이 진리이다'라고 말한다.

398. **생피에르**(1737~1814): 프랑스의 작가.
   * 좋은 책은 좋은 친구와 같다.

399. **샤갈**(M, 1887~1985): 러시아 태생의 프랑스 화가.
   * 내 앞에 수백 년이 있었고 뒤에도 수백 년이 계속될 것이다. 모든 해답

은 나의 그림 속에 담겨 있을 뿐이다.

400. **샤롱**(P, 1541~1603): 프랑스 의회사상가.
* 인간의 참된 학문, 참된 연구는 인간이다.

401. **샤르도네**(1839~1924): 프랑스의 물리학자, 화학자.
* 사랑하는 사람과 사는 데는 한 가지 비결이 있다. 즉 상대를 변화시키려고 해서는 안 된다는 것이다. 우리들의 비위에 거슬리는 결점을 고치려 들면 상대방의 행복까지 파괴해 버리고 말기 때문이다.

402. **샤르돈**(1884~1968): 프랑스의 작가.
* 참다운 우정은 애정과 마찬가지로 매우 어렵다. 만약에 평생 변치 않는 우정이 있다고 한다면 그것은 요행이라고밖에 말할 수 없다.

403. **샹포르**(S.R.N, 1741~1794): 프랑스의 사상가, 작가.
* 매일 가운데서 가장 헛되게 보낸 날은 웃지 않는 날이다.
* 사회정세로 미루어보면 인류의 불행은, 도덕적인 면이나 정치적인 면에서 '해를 끼치는 것이 악이다'라고 정의할 수는 있으나 '유익한 것이 선이다'라고 말할 수 없다는 데 있다.
* 연애는 결혼보다도 사람들의 마음에 든다. 소설이 역사보다도 재미있는 것과 마찬가지 이유에서이다.

404. **서경덕**(徐敬德, 1489~1546): 조선시대의 유학자. 자는 가구可久, 호는 화담花潭, 시호는 문강文康.
* 학문을 하는데 먼저 격물(格物: 사물의 이치를 파고듦)을 하지 않고서는

아무 소용이 없다.

405. **서머싯 몸**(W. S. Maugham, 1874~1965): 영국의 작가, 극작가. 『달과 6펜스』, 『인간의 굴레』 등의 저서.
  * 돈은 그것 없이는 다른 오관을 완전히 활용할 수 없는 육감과 같은 것이다.
  * 실패는 사람을 지독하고 잔인하게 만든다. 성공은 그 사람의 성격을 개선한다.
  * 양심은 개인이 자기 보존을 위해 개발한, 사회의 질서를 지키는 수호신이다.
  * 어찌하여 미인은 언제나 별 수 없는 남자와 결혼할까? '현명한 남자는 미인과 결혼하지 않는 까닭이다.'
  * 좋은 아내란 남편이 비밀로 해두고 싶어하는 사소한 일을 항상 모르는 체한다. 그것이 결혼생활 예의의 기본이다.

406. **서재필**(徐載弼, 1866~1951): 독립운동가, 의학자.
  * 독립은 선전만으로 될 수 없고 허장성세만으로 될 수 없다. 독립의 가장 근본적 요소는 각성한 민중이다.

407. **석가모니**(釋迦牟尼, B.C.565~485): 불교의 창시자.
  * 건강은 가장 큰 이익이고, 만족은 최고의 재산이다. 두터운 신의는 가장 귀한 친구이고, 열반은 최고의 행복이다.
  * 깊고도 견고한 뿌리를 가진 나무는 베어도 다시 자라나듯, 욕망은 뿌리째 제거하지 않으면 그로 인한 괴로움이 다시 일어난다.
  * 남의 잘못은 보기 쉬워도 자기 잘못은 보기 어렵다. 남의 잘못은 티끌

을 불어서 날리듯 하고, 자기 잘못은 노름꾼이 패를 감추듯 한다.
* 마음은 모든 것의 근본이어서, 모든 일은 마음이 그렇게 만든다. 만약에 착하고 순수한 마음을 가지고 말하거나 행동하면 즐거움이 그를 따른다. 마치 그림자가 그 주인을 따르듯이.
* 만일 너의 과거를 알고 싶으면, 현재의 너를 보라. 현재는 과거의 결과이기 때문이다. 너의 미래를 알고 싶으면 현재의 자신을 보라. 현재가 미래의 원인이기 때문이다.
* 만족할 줄 아는 사람은 비록 맨땅 위에 누워 있을지라도 편안하고 즐겁다. 만족할 줄 모르는 사람은 비록 천당에 있을지라도 마음에 차지 않을 것이다.
* 모자라면 소리가 나지만, 가득 차면 아주 조용하다. 어리석은 자는 물이 반 정도 담긴 항아리 같고, 지혜로운 이는 물이 가득 찬 연못과 같다.
* 사람이 이 세상에 태어날 때 입안에 도끼를 가지고 나온다. 어리석은 자는 악한 말을 하여 도끼로 그 자신을 찍는다.
* 소리에 놀라지 않는 사자처럼, 그물에 걸리지 않는 바람처럼, 진흙에 더럽혀지지 않는 연꽃처럼, 무소의 뿔처럼 혼자서 가라.
* 연꽃이 진흙과 흙탕물에 더럽혀지지 않듯, 현명한 사람은 보이는 것과 들리는 것과 인식된 것에 물들지 않는다.
* 조그마한 악이라고 가벼이 알아 재앙이 없으리라 여기지 말라. 비록 물방울이 작아도 차츰 모이면 항아리를 채우나니, 이와 같이 작은 악이 쌓여서 큰 죄악이 된다.
* 진흙 속에 빠진 사람은 진흙 속에 빠진 다른 사람을 꺼내지 못한다.

408. **설즈버거**(A.H, 1891~1968): 미국의 저널리스트.
* 신문의 가장 중요한 평가 기준은 그것의 크기가 아니라 그것의 정신,

즉 뉴스를 완전히, 정확히, 그리고 공정히 보도하려는 책임감이다.

409. **성철**(性徹, 1912~1997): 대한불교조계종 전 종정.『선문정로』,『한국불교의 법맥』,『자기를 바로 봅시다』등 다수.
   * 마음의 눈을 바로 뜨고 그 실상을 바로 보면 산은 산이요, 물은 물이로다.
   * 자기를 바로 봅시다. 자기는 원래 구원되어 있습니다. 자기가 본래 부처입니다.
   * 수행이란 안으로는 가난을 배우고 밖으로는 모든 사람들을 공경하는 것이다.

410. **세네카**(L.A, BC4~AD65): 로마의 시인, 스토아학파 철학자.
   * 가난한 것은 너무 적게 가진 사람이 아니라 더 많이 갈망하는 사람이다.
   * 가벼운 슬픔은 수다스럽지만, 큰 슬픔은 벙어리가 된다.
   * 가장 더러운 죽음이라도 가장 훌륭한 노예 신세보다 낫다.
   * 국민의 행복이 최고의 법이다.
   * 굶주린 사람들은 이성의 말을 듣지 않고 정의에 아랑곳하지 않으며 어떤 기도에도 머리를 숙이지 않는다.
   * 금전에 의하여 맺어진 충성은 금전에 의하여 배반을 당할 것이다.
   * 남이 당신의 비밀을 지켜 주기를 원하면 우선 당신 자신이 비밀을 지켜라.
   * 대부분의 사람들은 죄에 성내지 않고 죄인에게 성낸다.
   * 분노의 가장 좋은 처방은 뒤로 미루는 것이다.
   * 사랑보다 더 쉽게 다시 자라나는 것은 없다.

* 성공은 약간의 범죄를 명예롭게 만든다.
* 쇠는 불에 의해서, 용자는 역경에 의해서 단련된다.
* 아무것도 모르는 것보다 쓸데없는 것이라도 아는 편이 낫다.
* 영광은 많은 사람들의 판단에 의거한 것이요, 명성은 옳은 사람들의 판단에 의거한 것이다.
* 오래 살았다는 것밖에는 남긴 것이 없는 늙은이보다 더 불명예스러운 것은 없다.
* 우리가 찬양하는 것은, 가난이 아니라 가난해도 천해지지 않고 굴복하지 않는 인간이다.
* 우리는 학교를 위해서가 아니라 인생을 위해 공부하지 않으면 안 된다.
* 우연하게 이루어진 것은 예술이 아니다.
* 운명은 사람을 차별하지 않는다.
* 운명은 용기있는 자 앞에서는 약하고 비겁한 자 앞에서는 강하다.
* 인간에 있어서 참된 적은 마음속의 적이다.
* 인생보다 더 어려운 예술은 없다. 다른 예술, 학문에는 가는 곳마다 스승이 있는 까닭이다.
* 인생은 선도 아니고 악도 아니다. 그것은 단순히 선과 악이 존재하는 곳이다.
* 인생은 짧고, 예술은 길다.
* 자기 자신만 생각하고 모든 것을 자기의 이익에 귀착시키는 사람은 행복하게 살 수 없다. 진정으로 자신을 위해서 살려면 이웃을 위해서 살아야 한다.
* 자연과 조화를 이루는 생활을 하라. 그러면 그대는 결코 불행을 느끼지 않으리라. 세상 사람들의 생각에 따라서 살고 있다면 그대는 결코 참된 재산을 얻을 수 없으리라.

* 작은 죄는 처벌당하고 큰 죄는 승리로써 축복받는다.
* 죽었다고 네가 말하는 그 사람은 다만 앞길을 서둘러 갔을 뿐이다.
* 중요한 것은 무엇을 참고 견디느냐가 아니라 어떻게 참고 견디느냐에 있다.
* 충성은 인간의 마음속에 있는 가장 성스러운 선이다.
* 침묵을 지키지 못하는 자는 이야기할 줄도 모르는 자이다.
* 태양은 사악한 자에게도 비친다.

411. **세르반테스**(1547~1616): 스페인의 소설가.
* 근면은 행운의 어머니이다. 반대로 나태는, 인간을 그가 가장 바라는 어떤 목표에도 결코 데려다 주지 않는다.
* 눈이 보지 않으면 마음도 상하지 않는다.
* 사귀고 있는 벗을 보면 그 사람의 인품을 알 수 있다.
* 순결하고 덕망있는 여인보다 값진 보물은 이 세상에 없다.
* 용감한 사람일수록 자신의 운명은 자신이 만들어낸다.
* 용기는 악운을 쳐부순다.
* 우리가 첫째로 싸워야 하는 적은 우리 내부에 들어 있다.
* 운명은 항상 너를 위하여 보다 더 훌륭한 성공을 준비하고 있는 법이다. 그러므로 오늘 실패한 사람이 내일에 가서는 성공하는 법이다.
* 위대한 일은 위대한 인물을 위해서 남겨져 있다.
* 자유란 신이 인간에게 베푼 최고 축복 중의 하나이다.
* 전쟁으로 출세한 자보다 전사한 자의 숫자가 훨씬 더 많다.
* 햇빛이 비치는 동안에 건초를 만들자.
* 행운은 물레방아와 같이 돌고 돌아, 어제 정상에 있던 사람이 오늘은

밑바닥에 깔린다.
* 훌륭한 화가는 자연을 모방하고 어리석은 화가는 자연을 토해낸다.

412. **세잔**(P, 1839~1906): 프랑스의 화가. 후기 인상파의 거장.
* 예술가는 세론을 경시하지 않으면 안 된다.
* 자연은 표면보다 내부의 깊이에 있다.
* 자연을 모사해서는 안 된다. 자연을 해명해야 한다.

413. **세종대왕**(世宗大王, 1397~1450): 조선의 제4대 임금. 휘는 도裪, 자는 원정元正.
* 너그러워 포용성이 있는 사람은 언제나 모든 사람의 마음을 얻을 수 있으나 무섭고 엄숙한 사람은 언제나 모든 사람의 분노를 산다.
* 사람이 이 천지 사이에서 살아가며 자기가 지은 대가가 되돌아오는 것이 당연하다. 다만 뜻밖의 불행은 바깥에서 들어오게 되는 것이므로 뜻하지 않는 일이다.

414. **셀든**(J, 1584~1654): 영국의 법률가, 정치가.
* 가장 크게 지배하는 사람들은 가장 작은 소리를 낸다.
* 잘못은 음주가 아니라 과음이다.

415. **셔먼**(W.T, 1820~1891): 미국 남북전쟁 때의 장군.
* 전쟁의 합리적인 목적은 더욱 완전한 평화이다.

416. **셰리던**(R.B, 1751~1816): 아일랜드 태생의 영국의 극작가, 정치가.
* 관대하기에 앞서 정당하라.

* 우정은 이성의 결속이다.
* 질투심보다 강하게 인간의 가슴에 뿌리박은 열정은 없다.

417. **셰익스피어**(W, 1564~1616): 영국의 극작가, 시인.『로미오와 줄리엣』,『햄릿』,『오셀로』,『리어왕』등의 작품.

* '지금이 밑바닥이다'라고 말할 수 있는 동안은 아직 진짜 밑바닥이 아니다.
* 갇혀 있는 불이 제일 강하게 타오른다.
* 겁쟁이는 죽을 때까지 여러 번 죽지만 용감한 자는 단 한 번밖에 죽음을 경험하지 않는다.
* 경험이란 헤아릴 수 없는 값을 치른 보물이다.
* 꽃에 향기가 있듯이 사람에게도 품격이라는 것이 있다. 꽃도 그 생명이 생생할 때 향기가 신선하듯이 사람도 그 마음이 맑지 못하면 품격을 보전하기 어렵다.
* 남자는 구애할 때만 봄이고 부부가 되면 이미 겨울이다.
* 남자란 언제나 그렇지만 자기 집에서 멀리 떨어져 있을 때 가장 명랑하다.
* 내가 무엇보다도 해야 할 일은 나 자신에게 진실해야 한다는 것이다. 어찌 자신은 진실하지 못하면서 남이 나에게만 진실하기를 바라는가. 만약 그대가 스스로에게 진실하다면 밤이 낮을 따르듯 어떤 사람도 그대에게 거짓말을 하지 않게 될 것이다.
* 말없는 보석이, 살아있는 인간의 말보다도 흔히 여자의 마음을 움직인다.
* 먼저 피는 꽃의 열매가 먼저 익는 법이다.
* 미는 요녀이다. 그 마력 앞에서는 신앙도 녹아서 피가 된다.

* 바다에는 한계가 있지만 격렬한 욕정에는 한계가 없다.
* 불행을 고치는 약은 오직 희망밖에 없다.
* 사람은 마음이 즐거우면 종일 걸어도 싫지 않으나 마음에 근심이 있으면 십 리를 걸어도 싫증이 난다. 인생행로도 이것과 마찬가지이므로 언제나 명랑하고 유쾌한 마음으로 인생을 걸어라.
* 사랑에는 눈물이 있고, 행운에는 기쁨이 있고, 용맹에는 명예가 있으며, 야망에는 죽음이 있다.
* 삶이냐 죽음이냐 ─ 그것이 문제로다. 어느 편이 사내다운 삶의 태도인가. 몸을 움츠리고 불법스런 운명의 화살을 견디는 일과, 칼을 빼들고 밀려오는 고난에 맞서 이를 굴복시킬 때까지 물러서지 않는 일 중 어느 편을 택할 것인가.
* 성실치 못한 친구를 갖는 것보다 오히려 적을 갖는 것이 낫다.
* 술은 사람을 방약무인하게 만드는 악마이다.
* 슬픔은 언제나 혼자서는 찾아오지 않는다. 뒤에는 떼를 지어 몰려오는 법이다.
* 아버지가 누더기를 걸치면 자식은 모르는 척하지만, 아버지가 돈주머니를 차고 있으면 자식들은 모두 다 효자가 된다.
* 약한 자여, 그대 이름은 여자이니라.
* 얼마라고 계산할 수 있는 사랑은 빈곤한 사랑이다.
* 역경이 사람에게 주는 교훈만큼 아름다운 것은 없다.
* 오! 하느님, 정의가 힘을 지배하게 하소서.
* 우리의 육체는 우리의 정원이며 우리의 의지는 이 정원의 정원사이다.
* 위인에게는 세 종류가 있다. 태어날 때부터 위대한 사람, 노력해서 위인이 된 사람, 위대한 사람이 되도록 강요당한 사람이다.
* 은혜를 모르는 자식을 가지고 있는 아버지의 괴로움은 독사의 이빨에

물리는 것보다 더 심하다.
* 이 세상에는 행운도 불운도 없다. 다만 생각하기에 달렸다.
* 저지른 악행은 죽고 난 뒤에도 살지만 선행은 흔히 뼈와 함께 매장된다.
* 정직만큼 값진 유산은 없다.
* 주먹으로 때리는 것보다 웃는 얼굴로 위협하라.
* 질투하는 여자의 독기서린 아우성은 미친 개의 이빨보다 더 치명적인 독이 있다.
* 청춘은 곁에서 유혹하는 사람이 없는데도 스스로 모반하고 싶어한다.
* 평화는 예술의 어머니이다.
* 한 곳에 두 여자를 놓으면 날씨가 차가워진다.
* 황금은 어리석은 사람을 똑똑하게 만들고, 겁쟁이를 용기있게 만들고, 도적을 귀족으로 만들고, 창녀를 숙녀로 만든다.
* 황금의 탄환은 아무리 강한 성이나 탑이나 도시도 넘어뜨린다.
* 희망은 사상이다. 희망이 있기에 노력이 생긴다.

418. **셸리**(M.W, 1797~1851): 영국의 여류작가.
* 시는 인정받지 못한 세계의 입법자이다.

419. **셸리**(P.B, 1792~1822): 영국의 시인. 낭만주의 3대 시인의 한 사람.
* 가장 위대한 시인은 가장 더럽혀지지 않은 덕의 소유자이다.
* 말을 조심하라. 벽에도 귀가 있다.
* 시인은 파악되지 못한 영감의 사제이며, 미래가 현재에 던져 주는 거대한 그림자를 비쳐 주는 거울이다.

* 역사란 인간의 기억 위에 시간에 의해 쓰여진 전설시이다.
* 입에 꿀을 가진 벌은 꼬리에 침을 가지고 있다.
* 피 묻은 손보다 더 나쁜 것은 비정한 마음이다.

420. **셸링**(1775~1854): 독일의 철학자. 비합리주의를 주장함.
* 인간이 자유롭기 위해서는 신이 있어서는 안 된다.

421. **소로우**(H.D. Thoreau, 1817~1862): 미국의 시인, 수필가, 자연주의자. 작품으로 『월든』, 『시민으로서의 반항』, 『일기』 등.
* 눈은 손을 알아보지만 마음은 들여다보지 못한다.
* 무모한 일을 하지 않는 것이 지혜의 특징이다.
* 사람은 가장 값싼 쾌락을 즐기는 사람이 가장 큰 부자이다.
* 사랑보다도 돈보다도 명성보다도 나에게 진실을 돌려다오.
* 신문을 읽지 않는 자들은 복이 있다. 그들은 자연을 알고 자연을 통하여 신을 알 것이기 때문이다.
* 작가에는 두 부류가 있다. 하나는 자기 시대의 역사를 쓰는 부류요, 다른 하나는 자기의 자전을 쓰는 부류이다.
* 책은 비장된 세상의 재산이요, 세대와 알맞은 민족의 상속재산이다.
* 한 덕행이 있는 자에게는 999인의 후원자가 있다.
* 홀로 가는 자는 지금 당장에라도 출발할 수 있지만, 남들과 함께 가려면 남이 준비할 때까지 기다리지 않으면 안 된다.

422. **소식**(蘇軾, 1036~1101): 중국 북송의 문관. 자는 자첨子瞻, 호는 동파東波. 당송唐宋8대가의 한 사람.
* 강한 장수 밑에 약한 병졸은 없다.

423. 소옹(邵雍, 1011~1077): 중국의 송나라 학자. 자는 요부堯夫, 시호는 강절康節. 저서로『황극경세서』.

* 남에게 교육을 받지 않고서도 좋은 길을 알고 행하는 사람은 으뜸가는 사람이다. 교육을 받은 뒤에 좋은 일을 알고 행하는 사람은 평범한 사람이다. 아무리 교육을 받아도 좋은 일을 못하는 사람은 사람축에 끼일 수 없는 하등에 속하는 사람이다.

424. 소크라테스(B.C.470~399): 그리스의 철학자.

* 가르치기를 좋아하는 사람이 잘 배운다.
* 결혼할 것인가, 하지 않아야 할 것인가? 결혼은 해도 후회할 것이고, 하지 않아도 후회하게 될 것이다.
* 나는 아테네 사람도 그리스 사람도 아니며 세계의 시민이다.
* 내가 알고 있는 모든 것은 아무것도 모른다는 것이다.
* 내 자식들이 해주기를 바라는 것과 똑같이 네 부모에게 행하라.
* 다른 사람들이 먹기 위해 산다 해도 나는 살기 위해 먹는다.
* 명예로운 죽음은 복된 삶보다 값지다.
* 사람들은 혹은 부자가 되기를 원하고 혹은 크게 되기를 원한다. 그러나 한 명의 좋은 친구를 얻는다는 것은 이상의 것을 모두 합한 것보다 낫다.
* 아무것도 바라지 않을 때가 최고의 행복이다. 극히 작은 것밖에 바라지 않을 때가 그 다음 가는 행복이다.
* 어려서는 겸손해져라. 젊어서는 온화해져라. 장년에는 공정해져라. 늙어서는 신중해져라.
* 어쨌든 결혼하라. 만일 그대가 선한 아내를 얻는다면 그대는 아주 행복할 것이며, 그대가 악한 아내를 얻는다면 그대는 철학자가 될 것이다.

* 이 세상에서 가장 귀중한 것은 삶이다. 지구보다 더 무거운 이 생명을 어떻게 죽느냐보다 어떻게 사느냐에 심혈을 기울여야 한다.
* 자기 부모를 섬길 줄 모르는 자와는 친구로 삼지 말라. 왜냐하면 그는 인간의 첫걸음을 벗어났기 때문이다.
* 지도자는 물과 같이 외유내강해야 한다.
* 참된 행복이란 외부로부터 받아서 생기는 것이 아니다. 내부의 지식과 도덕과 습관에서 생기는 것이다.

425. **소태산**(少太山, 1891~1943): 원불교 창시자. 이름은 박중산.
* 내가 못 당할 일은 남도 못 당하는 것이요, 내게 좋은 일은 남도 좋아 하나니, 내 마음에 섭섭하거든 나는 남에게 그리 말고, 내 마음에 만족하거든 나도 남에게 그리 하라. 이것은 곧 내 마음을 미루어 남의 마음을 생각하는 법이니, 이와 같이 오래오래 공부하면 자타의 간격이 없이 서로 감화를 얻으리라
* 큰 도는 서로 통하여 간격이 없건마는 사람이 그것을 알지 못하므로 스스로 간격을 짓게 되나니, 누구나 만법을 통하여 한 마음 밝히는 이치를 알아 행하면 가히 대원정각大圓正覺을 얻으리라.
* 큰 재주 있는 사람은 남의 재주를 자기 재주 삼을 줄 아나니, 그런 사람이 가정에 있으면 그 가정을 흥하게 하고, 나라에 있으면 나라를 흥하게 하고, 천하에 있으면 천하를 흥하게 하나니라.

426. **소포클레스**(B.C.496~406): 그리스의 3대 비극시인의 한 사람.
* 그대의 백발은 노경老境의 꽃이다.
* 노인만큼 인생을 사랑하는 사람은 없다.
* 비록 몸은 노예일망정 정신만은 자유로워라.

* 성공은 수고의 대가라는 것을 기억하라.
* 스스로 돕지 않는 자에게는 기회도 힘을 빌려 주지 않는다.
* 신은 행동하지 않는 자를 결코 돌보지 않는다.
* 영광과 함께 살고 영광과 함께 죽는 것은 용감한 자의 본분이다.
* 이성은 하느님이 준 가장 잘 선택된 선물이다.
* 이 세상에 불가사의한 것은 수없이 많다. 그러나 인간만큼 불가사의한 것은 없다.
* 인류의 대다수를 먹여 살리는 것은 희망이다.
* 자기 가정을 훌륭히 다스리는 사람은 국가의 일에도 가치있는 인물이 될 것이다.

427. **손문**(孫文, 1709~1784): 중국의 정치가, 혁명가.
* 나는 국민 스스로가 자신을 다스리는 것을 정치의 지극한 법칙으로 믿는다. 따라서 나는 정치의 정신에 있어서 공화주의를 택한다.
* 모든 사업은 칠전팔기이다. 중요한 것은 자아를 상실하지 않는 일이다. 절망만 하지 않으면 반드시 성취된다.

428. **손자**(孫子, 생몰연대 미상): 중국 전국시대 제나라의 병법가. 이름은 무武이고 자子는 존칭이다. 『손자병법』을 저술.
* 싸울 수 있는 경우와 싸워서는 안 될 경우를 아는 자는 승리한다. 많은 병력과 적은 병력의 사용 방법을 아는 자는 승리한다. 윗사람과 아랫사람의 마음이 같으면 승리한다. 조심스럽게 경계함으로써 경계하지 않는 적을 기다리는 자는 승리한다. 장수가 유능하고 군주가 견제하지 않는 자는 승리한다. 이 다섯 가지는 승리를 미리 아는 길이다.
* 적을 알고 나를 알면 백 번의 싸움에도 위태롭지 않다. 적을 모르고 나

사 169

를 알면 한 번은 이기고 한 번은 진다. 적도 모르고 나도 모르면 싸울 때마다 반드시 위태롭다.
* 적을 알고 아군을 알면 승리는 위태롭지 않고 그 위에 지리와 천시까지 안다면 싸움은 전승할 것이다.
* 최상의 명장이란 싸우지 않고 이기는 장수이며, 혹 싸우더라도 자국의 피해를 최소한으로 줄일 수 있도록 천리 밖에서 싸우는 장수가 그 다음이다.

429. 솔로몬(B.C.990경~932경): 이스라엘의 왕. 바세바가 낳은 다윗의 아들.
* 우리의 이름은 조만간에 잊혀질 것이고, 아무도 우리가 한 일을 기억하지 않을 것이며, 우리의 인생은 구름의 자취처럼 사라질 것이고, 안개처럼 흩어지고 말 것이다.
* 친구가 많은 사람은 마침내 그의 몸을 망치고 만다. 그러나 형제보다도 믿음직한 지기가 한두 사람은 있다.
* 현인은 듣고, 우자는 말한다.

430. 솔론(B.C.638?~559?): 그리스의 정치가, 시인. 그리스의 일곱 현인 가운데 한 사람.
* 말은 행동의 거울이다.
* 신에게 영광을, 부모에게 존경을.
* 운명이 확정되어 있다면 이를 경계한들 무슨 이익이 있는가? 혹은 만사가 불확실하다면 두려워할 필요가 어디 있는가?
* 지배하기 전에 복종하는 것을 배워라.
* 친구에게 충고할 때는 즐겁게 하지 말고 도움을 주도록 하라.
* 평등은 전쟁을 일으키지 않는다.

431. **솔제니친**(A, 1918~2008): 소련의 작가. 노벨문학상 수상. 『이반제니소비치의 하루』, 『암병동』 등을 저술.
  * 자기 나라의 전통적 문화의 뿌리를 소중히 지켜나가는 나라는 번영하고 그렇지 못한 나라는 망한다.
  * 혁명이 인간성을 쇄신할 수 있다고 믿는 것은 헛된 생각이다.

432. **쇼펜하우어**(1788~1860): 독일의 철학자.
  * 남자들이란 원래 서로 무관심하고 여자들은 선천적으로 서로 적대시한다.
  * 남자의 애정은, 그가 육체의 만족을 느낀 순간부터 눈에 띄게 저하한다. 다른 어떤 여인일지라도 그가 소유한 여인보다도 더 많은 매력을 지니고 있는 것처럼 여겨지며 남자는 그러기를 원한다. 이에 반해 여자의 애정은 이 순간부터 증대한다.
  * 독서란 자신의 머리로 생각하는 것이 아니라 타인의 머리로 생각하는 것이다.
  * 명예는 밖으로 나타난 양심이며 양심은 안에 파고 앉은 명예이다.
  * 미움은 가슴에서 끓어오르고, 경멸은 머리에서 나온다.
  * 부유함은 바닷물과 비슷하다. 마시면 마실수록 목이 탄다.
  * 사람은 보통, 돈 빌려 주기를 거절하여 친구를 잃기보다는 돈을 빌려 주어서 더 쉽게 친구를 잃는다.
  * 시간은 잘 이용하는 사람에게 친절하다.
  * 양서를 읽기 위해서는 악서를 읽지 말아야 한다. 인생은 짧고, 시간과 정력에는 한계가 있기 때문이다.
  * 어느 정도의 근심, 고난, 고통은 누구에게나 필요한 것이다. 바닥에 짐이 없는 배는 불안전하여 곧장 나아가지 못한다.

* 우리의 육체가 의복으로 감싸여 있듯이 우리의 정신은 허위로 감싸여 있다.
* 인간은 고독할 때에 한하여 그 자신일 수가 있다. 그러므로 고독을 사랑하지 않는 인간은 자유를 사랑하지 않는다. 왜냐하면 고독할 때에만 인간은 자유를 누릴 수 있기 때문이다.
* 종교는 반딧불과 같은 것이다. 반짝이기 위해서는 어두움을 필요로 한다.
* 종이 위에 쓰여진 사상은 모래 위에 난 도보자의 발자국에 불과하다.
* 평범한 사람들은 시간을 어떻게 소비할까 생각하지만 지성인은 시간을 어떻게 사용할까 궁리한다.
* 허위의 명성은 잡초와도 같아서 싹트는 것이 빠르기는 하나 뿌리째 뽑히는 것도 빠르다.

433. 순열(荀悅, 148~209): 중국 후한말의 학자.
* 난국을 다스리지 못하면 황국荒國이 되고 그 다음에는 반국叛國, 위국危國, 그 단계가 지나면 망국亡國이 된다.

434. 순자(荀子, B.C.315?~230?): 중국 전국시대 조趙나라의 유학자. 이름은 황況. 존칭으로 순경荀卿 또는 손경孫卿이라고 부른다. 성악설을 주장.
* 고기가 썩으면 구더기가 생기고, 생선이 마르면 좀벌레가 생긴다. 나태함으로써 자신을 잊는다면 재앙이 곧 닥칠 것이다.
* 무릇 사람들이 선해지려 하는 것은 본성이 악하기 때문이다. 대저 세상 사람들은 얇으면 두터워지기를 바라고, 보기 흉하면 아름다워지기를 바라며, 좁으면 넓어지기를 바라고, 가난하면 부해지기를 바라며, 천하면 귀해지기를 바란다. 진실로 자기 가운데 없는 것은 반드시 밖

에서 구하게 되는 법이다.
* 바탕이 성실한 사람은 항상 편안하고 이익을 보지만 방탕하고 사나운 자는 언제나 위태롭고 해를 입는다.
* 의를 앞세우고 이익을 뒤로 미루는 사람은 영예롭고, 이익을 앞세우고 의를 뒤로 미루는 사람은 치욕을 받는다.

435. **쉴러**(1866~1925): 독일의 시인, 극작가.
* 새로운 것은 낡은 것의 적이다. 따라서 신시대는 항상 구시대로부터 범죄시된다.
* 최고에 도달하고자 하면 최저에서 시작하라.

436. **슈바이처**(1875~1965): 독일 출신의 프랑스 성직자, 철학자, 의사. 저서로 『문화 철학』이 있다.
* 나는 살려고 하는 생명에 둘러싸인 살려고 하는 생명이다.
* 원자력 전쟁에서는 승리자가 없다. 있는 것은 패배자뿐이다.
* 일반적으로 인간과 인간과의 관계 가운데는 우리들이 알고 있는 것보다 훨씬 더 많은 신비가 숨겨져 있는 것은 아닐까? 비록 매일 함께 생활하고 있는 상대라 할지라도 진실로 그 사람을 알고 있다고는 그 누구도 주장할 수가 없다.

437. **슈프랑거**(1882~1963): 독일의 교육학자.
* 국가가 직접적인 영향하에 두고 있는 교육시설의 윤곽을 보면, 그 나라 문화 의지의 정도와 그 특수한 방향을 분명히 알 수 있다.

438. **슐레겔**(F, 1772~1829): 독일의 철학자, 문학가, 역사가.
* 역사가는 뒤를 돌아보는 예언자이다.

439. **스마일즈**(S. S, 1812~1904): 영국의 작가, 사회개혁가.
* 결혼은 복권이다.
* 고통, 슬픔, 곤란을 이겨 나가는 데 있어 마지막으로 의지하는 것은 자기 자신의 힘 이외에는 없다.
* 스스로 일해서 얻는 빵만큼 맛있는 것은 없다.
* 아무리 엄한 법률일지라도 게으른 사람을 부지런하게, 낭비하는 사람을 검약하게, 취해 있는 사람을 술이 깨게 할 수는 없다.
* 악의 근원을 이루는 것은 돈, 그 자체가 아니라 돈에 대한 사랑이다.
* 연애가 있기 때문에 세상은 항상 신선하다. 연애는 인생의 영원한 음악으로 청년에게는 빛을 주고 노인에게는 후광을 준다.
* '예의가 사람을 만든다' · '마음이 사람을 만든다' · 이런 두 가지 격언보다도 더 진실한 것은 '가정이 사람을 만든다'는 격언이다.
* 유쾌한 기분을 항상 유지할 수 있는 중대한 비결이 있다. 즉 쓸데없는 일에 신경을 쓰지 말고, 어떤 사소한 의무이건 그것을 다 이행하는 데서 큰 만족을 느끼는 것이다.
* 인간을 위대하게 만드는 것은 모두 노동에 의해서이다. 문명이란 노동의 산물이다.
* 자존심은 사람이 입을 수 있는 가장 고귀한 의상이며, 마음을 북돋아 주어 가장 의기양양하게 하는 감정이다.
* 햇빛이 아주 작은 구멍을 통해서도 보여질 수 있듯이 사소한 일이 사람의 인격을 설명해 줄 것이다.

440. **스몰레트**(T.G, 1721~1771): 스코틀랜드 출신의 영국 작가.
   * 진정한 애국심에는 당파가 없다.

441. **스미스**(A.E, 1873~1944): 미국의 정치가.
   * 민주주의의 모든 병폐는 더 좋은 민주주의에 의해서 치유될 수 있다.

442. **스미스**(L.P, 1865~1946): 미국 출신. 영국의 문학가.
   * 대부분의 사람은 자기 영혼을 팔아 그 수익금으로 마음 편하게 산다.

443. **스미스**(S, 1771~1845): 영국의 성직자, 수필가.
   * 무엇보다도 칭찬은 우리에게 가장 좋은 식사이다.
   * 빈곤은 인간에게 불명예는 아니지만 지독하게 불편한 것이다.
   * 안락한 집은 행복의 일대 근원이다. 그것은 바로 건강과 착한 양심 다음의 자리를 차지한다.
   * 우리는 내일에 대해서는 아무것도 모른다. 우리 일은 오늘 좋고 행복하게 되는 것이다.
   * 책만큼 매력있는 가구는 없다.
   * 치욕은 피하고 영광은 찾지 말라. 영광만큼 값비싼 것은 없다.

444. **스베덴보리**(E, 1688~1772): 스웨덴의 과학자, 철학자, 신학자.
   * 사랑의 본질은 정신적인 불이다.
   * 신의 본체는 사랑과 예지이다.
   * 양심은 인생의 완전한 해설자이다.
   * 이기주의와 허영이 지옥을 이룬다.

445. **스윈번**(A.C, 1837~1909): 영국의 시인.
- 어린이 없는 곳에 천국은 없다.
- 우리는 죽음이 좋은 것인지 아닌지 모른다. 그러나 살아간다는 것은 적어도 좋은 것으로 알고 있다.
- 인간으로부터 수치심이 멀리 떨어져 나갈 때에 인간은 짐승이다.
- 인생은 훌륭하지만 인생의 종국은 죽음이다. 이것은 어떤 사람이건 그 희망의 궁극이기도 하다.

446. **스코트**(1771~1832): 영국의 작가, 시인.
- 겁 많고 주저하기 쉬운 사람에게 일체는 불가능하다. 왜냐하면 일체가 불가능한 것처럼 보이기 때문이다.
- 참으로 사람이라고 부르기에 부끄럽지 않은 사람은 자기의 일신을 돌보지 않고 남을 위해 일하는 사람이다.
- 한 마리의 양이 먼저 도랑을 뛰어넘어야 다른 양도 뛰어넘을 것이다.

447. **스타인벡**(J.E. Steinbeck, 1902~1968): 미국의 소설가. 『분노의 포도』, 『에덴의 동쪽』 등의 작품. 1962년 노벨문학상 수상.
- 인간은 미끄러져 넘어지면서도 발을 뻗어 전진한다.
- 인간의 공동 사회란 인간 개개인과 마찬가지로 건강한 시기가 있는가 하면 병약한 때가 있으며 심지어 젊음과 노쇠, 희망과 낙망의 시기가 있다.

448. **스탈린**(J, 1879~1953): 소련의 정치가. 소련 수상.
- 작가는 인간 영혼의 기사이다.
- 종교란 과학의 반대되는 존재이다.

* 한 사람의 죽음은 비극이요, 일백만의 죽음은 통계이다.

449. **스탈 부인**(1766~1817): 프랑스의 비평가, 문학가.
* 남자는 의견에 도전하는 법을 알아야 하며, 여자는 의견에 복종하는 법을 알아야 한다.
* 사랑은 여자에겐 일생의 역사요, 남자에겐 일생의 일화에 지나지 않는다.

450. **스탕달**(1783~1842): 프랑스의 작가, 평론가.
* 마음을 정결하게 하여 모든 증오의 감정을 멀리하면 젊음은 오래 보존할 수 있다. 아름다운 부인들도 대개는 먼저 얼굴부터 나이를 먹는다.
* 사랑에는 한 가지 법칙밖에 없다. 그것은 사랑하는 사람을 행복하게 만드는 것이다.
* 사랑은 늙는 것을 모른다.
* 여자는 훌륭한 악기다. 사랑이 그 활이며 남자가 그 연주자다.
* 연애는 열병과 같은 것이어서 의지와는 아무런 상관없이 생겨났다가 사라진다. 결국 연애는 연령과는 상관없다.

451. **스테픈스**(J, 1773~1845): 노르웨이의 철학자.
* 비밀은 무기이며 벗이다. 인간은 신의 비밀이며, 힘은 인간의 비밀이고, 성은 여자의 비밀이다.

452. **스토더드**(R.H, 1825~1903): 미국의 저널리스트, 시인, 비평가.
* 어린이는 천당의 열쇠이다.

453. <u>스토우</u>(H.E.B, 1811~1896): 미국의 여류작가. 노예해방운동가.
* 사랑이 있는 곳에 신이 있다.

454. <u>스트라빈스키</u>(I.F, 1882~1971): 러시아 출신 미국의 작곡가.
* 음악은 인간이 현재를 인식하는 유일한 영역이다.
* 죄는 취소될 수는 없다. 용서될 뿐이다.
* 창조하기 위해서는 역동적인 힘이 있어야 하는데 어떤 힘이 사랑보다 더 유력한가?

455. <u>스트린드베리</u>(A. Strindberg, 1849~1912): 스웨덴의 극작가.
* 인간의 실수는 끝내 폭로되고 만다.

456. <u>스티브 잡스</u>(Steve Jobs, 1955~2011): 애플 창업자.
* 다른 사람 인생을 살면서 삶을 허비하지 마라. '도그마'에 갇히지 마라. 그건 다른 사람들이 만들어놓은 것이다. 다른 사람 의견이 당신 내부의 목소리를 가라앉히게 하지 마라. 가장 중요한 건, 당신 마음과 직감을 따를 용기를 가져야 한다는 것이다.
* 사람들은 대개 자신이 원하는 것을 보여주기 전까지는 무엇을 원하는지 알지 못한다.
* '오늘이 인생 마지막 날일지라도 지금 하고 있는 일을 할 것인가?' 이에 대한 답이 '아니오'이고 그런 날이 연달아 계속되면, 변화의 시점이 찾아왔다는 걸 깨달아야 한다.
* 죽음은 삶의 가장 훌륭한 발명품이다. 죽음은 삶을 바꾸는 원동력이다. 새로운 것을 위해 낡은 것을 없애 준다.
* 직관을 따르는 일이야말로 가장 중요하다. 당신의 가슴, 그리고 직관

이야말로 당신이 진정으로 원하는 것을 잘 알고 있다. 다른 것은 부차적이다.

457. 스티븐스(W. Stevens, 1879~1955): 미국의 시인.
* 시는 불가해한 것에의 탐구이다.
* 시인은, 이 세상을 남자가 여자를 보듯이 본다.

458. 스티븐슨(A.E. Stevenson, 1900~1965): 미국의 정치가.
* 이 나라 민주 시민으로서 당신들은 통치자인 동시에 피통치자이며 입법자인 동시에 준법자이며 시작인 동시에 끝이다.
* 정부는 그 국민들보다 더 강하거나 끈질길 수 없다. 국민들보다 꿋꿋하게 과업에 종사할 수 없다. 국민들보다 더 현명할 수 없다.
* 정치란 아무런 사전 준비가 필요없는 유일한 직업이다.

459. 스티븐슨(R.L. Stevenson, 1850~1894): 영국의 작가. 『보물섬』, 『지킬박사와 하이드』 등의 저서.
* 가장 잔인한 거짓말은 흔히 침묵 속에서 말해진다.
* 우리의 삶에 있어서 정말로 사람을 놀라게 하고 평소의 생각 자체를 송두리째 바꾸어 놓는 큰 사건이 있다 — 그것은 바로 연애이다.
* 최상의 남자는 독신자 중에 있지만, 최상의 여인은 기혼자 중에 있다.
* 희망은 평생을 살아가는 데 있어서 그 어느 시기에도 우리를 버리지 않는다.

460. 스틸(1672~1729): 영국의 수필가, 극작가, 정치가.
* 가장 고상한 작품 정신이란 공공의 이익이다.

* 대중의 박수갈채를 무시할 수 있고 그 호의에도 독립하여 스스로를 즐길 수 있는 자만이 위인이다.
* 독서와 마음과의 관계는 운동과 몸과의 관계와 같다.
* 허식이란 아름다운 얼굴에 있어서는 천연두보다 더욱 무섭다.

461. **스팀슨**(H.L, 1867~1950): 미국의 정치가.
* 사람을 신뢰할 만한 사람으로 만드는 유일한 길은 그를 신용하는 것이다. 그를 신뢰하지 못할 사람으로 만드는 가장 확실한 길은 그를 불신하여 그대의 불신을 그에게 보여주는 것이다.

462. **스퍼전**(C.H, 1834~1892): 영국의 성직자.
* 거리에서는 천사요, 교회에서는 성인이며, 가정에서는 악마인 아내에게서 우리를 구원해 주소서.
* 도박과 여자와 술은 왕자를 거지로 만들기에 족하다.
* 아무것도 모르는 사람은 모든 것에 자신이 있다.
* 진실이 장화를 신고 있는 동안 거짓말은 온 세상을 돌아다닌다.
* 착한 아내와 건강은 남자의 가장 훌륭한 재산이다.

463. **스펜서**(E. Spenser, 1552~1599): 영국의 시인.『양치기 달력의 노래』,『신성여왕』 등의 저서.
* 사랑, 그것은 두 마음이 하나가 되게 하며 또 하나의 뜻이 되게 한다.

464. **스피노자**(1632~1677): 네덜란드의 철학자.
* 거만은, 인간이 자기를 다른 사람들보다 뛰어나다고 생각하는 잘못된 생각에서 생기는 기쁨이다.

* 비록 내일 지구의 종말이 온다 하더라도 나는 오늘 한 그루의 사과나무를 심으리라.
* 사람들은 무엇보다도 자기 입에 대해서 무력하다.
* 자만심은 인간이 자기 자신을 높게 생각하는 데서 생기는 쾌락이다.
* 자유로운 사람이란 죽음보다 인생에 대해서 더 많은 것을 생각하는 사람이다.
* 정신은 결코 무력으로 정복되지 않으며 사랑과 아량으로서만 정복된다.
* 한 번 분노할 때마다 한 살씩 늙어가고 한 번 기뻐할 때마다 한 살씩 젊어진다. 이것은 신이 인간에게 내린 최고의 선물이자 또한 최악의 형벌이다.
* 희망 없이 공포도 있을 수 없으며 공포 없이 희망도 있을 수 없다.

465. 시드니(A. Sydney, 1622~1683): 영국의 공화정치 지도자.
* 햇볕 아래에서 촛불을 켜는 것은 아무 쓸모가 없다.

466. 시드니(P. Sidney, 1554~1586): 영국의 군인, 시인.
* 갑자기 아주 극단으로 선해지거나 악해지는 사람은 없다.
* 고귀한 사상을 간직하고 있는 자는 결코 혼자 지내지 않는다.
* 철저히 시도되기 전에는 아무것도 성취되지 못한다.

467. 시모니데스(B.C.556~468): 그리스의 서정시인.
* 회화는 말없는 시요, 시는 말하는 회화이다.

468. **시버**(C, 1671~1757): 영국의 계관시인, 극작가.
* 빈곤은 정직한 우자愚者들의 보수이다.
* 사랑은 인간의 보다 무거운 업무이다.

469. **시자**(尸子, 생몰연대 미상): 중국 전국시대 진晉나라 사람, 상앙商鞅의 식객.
* 물은 만물에 삶을 주니 인仁이 있고, 더러움을 씻어버리니 의義가 있으며, 유柔하면서 강하니 용勇이 있고, 솟아도 차지 않으니 지智가 있다.

470. **시티르너**(M, 1806~1856): 독일의 철학자.
* 고독은 지혜에 최고의 유모이다.

471. **신채호**(申采浩, 1880~1936): 사학자, 언론인, 독립운동가. 호는 단재丹齋.
* 나라를 사랑하려거든 역사를 읽어라.
* 역사란 아我와 비아非我와의 투쟁의 기록이다.
* 역사를 떠나 애국심을 구하는 것은 눈을 감고 앞을 보려는 것이며 다리를 자르고 달리고자 하는 것이다. 이것이 어찌 가능하겠는가. 국민의 애국심을 환기하려거든 완전한 역사를 먼저 가르쳐야 한다.

472. **실러**(1759~1805): 독일 고전주의 문학의 대표자. 『군도』, 『돈 카를로스』 등의 작품.
* 강자란 보다 훌륭하게 고독을 견뎌낸 사람이다.
* 남자는 증거에 따라 판단한다. 그러나 여자는 정에 따라 판단한다.
* 당신이 시간과 재능과 돈과 두뇌와 기술과 조직을 가지고 있다 하더라도 젊음을 가지고 있지 않다면 당신은 아무것도 성공시킬 수 없을 것이다. 젊음이란 인생에서 끊임없는 에너지이며 꺼지지 않는 왕성한

추진력이다. 젊음이란 인생을 얼마든지 풍요롭게 가꿀 수 있는 무한의 자원을 가진 보고이다.
* 술은 아무것도 발명하지 못한다. 다만 비밀을 폭로할 뿐이다.
* 시간의 흐름에는 세 가지가 있다. 미래는 주저하면서 다가오고 현실은 화살같이 날아가고 과거는 영원히 정지하고 있다.
* 어떠한 자연 속에서도 아름다움을 느끼지 않는 사람은 그 사람의 마음에 결함이 있음을 보여 주는 것이다.
* 여성을 찬양하라. 그녀들은 천상의 장미를 지상의 생활에 심어준다.
* 우리들을 부자지간으로 맺어주는 것은 혈육이 아니라 애정이다.
* 자유에 대한 가장 아름다운 꿈은 감옥에서 볼 수 있다.
* 지나치게 숙고하는 사람은 거의 달성하지 못한다.
* 진리는 적이건 아군이건 모두 초월한다.
* 행복에는 날개가 있다. 그것을 붙들어 놓는다는 것은 어려운 일이다.

473. **실리**(J.R, 1834~1995): 영국의 역사가.
* 역사란 지나간 정치요, 정치는 현재의 역사이다.

474. **싱**(1871~1909): 아일랜드의 극작가.
* 비록 당신의 친구가 당신을 배반하는 일을 저질렀다고 해서 그 친구의 험담을 남에게 하지 말라. 그동안의 우정이 허사가 되니까…….

475. **아가톤**(Agathon, B.C.448?~400?): 그리스의 비극시인.

　＊과거를 취소시키는 권력, 이것만은 신에게도 거부된다.

476. **아놀드**(M. Arnold, 1822~1888): 영국의 시인, 수필가. 저서로『문학과 독단』, 『미국의 문명』등.

　＊모든 미완성을 괴롭게 여기지 말라. 미완성에서 완성에 도달하려는 노력이 필요하기 때문에 신이 일부러 인간에게 수많은 미완성을 내려주신 것이다.

　＊오랜 논쟁을 하지 말자. 거위가 백조이고 백조가 거위이다.

477. **아누이**(J, 1910~1987): 프랑스의 극작가.

　＊법을 지키는 성스러운 의무는 법을 만드는 사람에게 제일 많다.

478. **아라이 하쿠세키**(新井白石, 1657~1725): 일본 강호江戶시대 중기의 학자, 정치가.
* 신이란 사람이다.

479. **아르키메데스**(B.C.287~212): 그리스의 천문가, 물리학자.
* 기하학에는 왕도가 없다.

480. **아른트**(E.M, 1769~1860): 독일의 시인, 역사학자.
* 노동은 남성의 존엄이다.

481. **아리스토텔레스**(B.C.384~322): 그리스의 철학자. 저서로 『범주론』, 『형이상학』, 『정치론』, 『시론』 등.
* 가장 훌륭한 정치적 공동사회는 중류층 시민으로 이루어진다.
* 교육은 인간의 성질을 변경시키는 것이 아니다. 다만 이것을 잘 보수하는 것이다.
* 교육의 뿌리는 쓰지만 그 열매는 달다.
* 국가는 단 하루도 신의를 잊어서는 안 된다.
* 군주정치거나 민주정치거나, 정치를 도맡은 사람에게 넓은 식견과 인간적 교양, 그리고 도덕적 기백이 없으면 어떤 체제도 유지하기 어렵다.
* 근면한 사람이나 나태한 사람이나 인생의 절반은 차이가 없다. 왜냐하면 인생의 절반은 누구나 잠을 자기 때문이다.
* 모든 사람의 친구는 누구의 친구도 아니다.
* 미는 질서와 위대성 속에 있다.
* 민주주의란 자유인이 통치자가 되는 통치 형태이다.

* 법률은 질서이다. 따라서 좋은 법률은 좋은 질서이다.
* 불행은 진정한 친구가 아닌 자를 가려준다.
* 시는 역사보다도 더 철학적이고 근엄하며 더 중요한 무엇이다. 역사가 말해 주는 것은 독특한 것들이지만 시가 말해 주는 것은 보편적인 성격을 띠고 있기 때문이다.
* 신도 과거는 고치지 못한다.
* 열등한 자는 동등해지려고 모반하며 동등한 자들은 우월하게 되기 위하여 반역한다. 이것이 바로 혁명을 일으키는 마음의 상태이다.
* 유일하고도 안정된 국가란 모든 국민이 법 앞에서 평등한 국가이다.
* 인간은 정치적 동물이다.
* 인간은 태어나면서부터 사회적인 동물이다.
* 친구들에게 해주기를 기대하는 것을 친구들에게 베풀어야 한다.
* 행복이란 스스로 만족하고 느끼는 사람의 것이다.
* 희망이란 깨어 있는 꿈이다.

482. 아리스토파네스(B.C.444~380): 그리스의 희극작가.
* 10대 부부는 상큼한 오렌지 맛이요, 20대 부부는 달콤한 무화과 맛이고, 30대 부부는 떨떠름한 올리브 맛이다.
* 고결한 사상은 고결한 언어를 가져야 한다.
* 술은 사랑을 기르는 우유이다.
* 현명한 사람은 적으로부터 많은 것을 배운다.

483. 아리스티푸스(B.C.435~350): 그리스의 철학자.
* 교양이 아주 없는 편보다는 걸식하는 편이 낫다. 후자에게 없는 것은 돈이지만 전자에게 없는 것은 인간성이기 때문이다.

484. **아리에스**(1914~1984): 프랑스의 역사학자.
- 교육은 아이들에게 '학문'과 '좋은 버릇'을 동시에 부여하기 위해, 어른의 사회에서 아이들을 격리시키는 방식이다.

485. **아미엘**(H.F, 1821~1881): 스위스의 철학자. 저서로 『내면의 일기』 등.
- 건강이 있는 곳에 자유가 있다. 건강은 모든 자유 가운데 으뜸이다.
- 결심을 하기 전에 틀림없다는 걸 확인하려는 사람은 결심을 할 수 없다.
- 신용은 거울과 같은 것이다. 일단 금이 가면 다시는 하나로 되지 못한다.
- 여자, 이 살아있는 수수께끼를 풀기 위해서는 그것을 사랑하지 않으면 안 된다.
- 여자란 아무리 생각해도 우리들의 천사인 동시에 우리들의 악마이며, 이 지상 세계의 최선이요, 또한 최악이다.
- 일기는 고독한 사람의 정신적 친구이고 위로의 손길이며 또한 의사이기도 하다. 매일매일 하는 이 독백은 축도의 한 형식이며, 혼과 그 본체며, 신과의 이야기다.
- 자신이 건강하다고 믿는 환자는 고칠 길이 없다.
- 친절한 마음가짐, 타인에 대한 존경은 처세법의 제일 조건이다.

486. **아베로에스**(1126~1198): 스페인의 아랍계 철학자, 의학자.
- 지식은 대상과 지성의 일치이다.

487. **아우구스투스**(B.C.63~A.D.14): 로마의 초대 황제.
- 내가 발견한 로마는 진흙으로 되어 있었지만 내가 남기는 로마는 대

리석으로 되어 있을 것이다.
* 천천히 서두르라.

488. 아우구스티누스(354~430): 로마의 교부신학자, 철학자.
* 내가 생각한다. 그러므로 신은 존재한다.
* 만일, 신이 여성으로 하여금 남성을 지배하게 하려고 생각했다면, 신은 아담의 머리로부터 그녀를 만들어냈을 것이다. 또한 신이 여성으로 하여금 남성의 노예로 만들려고 하였다면, 아담의 발로부터 여성을 만들어냈을 것이다. 그러나 신은 아담의 옆구리 갈비뼈로부터 여자를 만들어냈다.
* 새로운 시간 속에는 새로운 마음을 담아야 한다.

489. 아우소니우스(310?~394?): 로마의 시인.
* 불운은 결코 홀로 오지 않는다.

490. 아우어바흐(1812~1882): 독일의 작가.
* 다른 사람을 믿지 못하는 사람은 그 자신이 신용을 못받는다는 것을 알고 있다.
* 인간과 인간 사이에는 사랑 이외의 재산은 없다.

491. 아이소포스(B.C.620~560): 그리스의 우화작가.
* 비가 온 다음에는 맑은 날씨가 된다.
* 신은 스스로 돕는 자를 돕는다.
* 아름다운 새를 만드는 것이 아름다운 깃털만은 아니다.
* 자만은 자기 파멸을 가져올 수 있다.

492. **아이스킬로스**(B.C.525~456): 그리스 3대 비극시인.
* 국민의 소리는 강력한 힘이다.
* 넘어진 자를 발길로 차는 것이 인간의 본성이다.
* 당사자가 둘이 있을 때 한쪽 말만 듣는 사람은 반쪽만 들은 것이다.
* 동銅은 형체의 거울이고, 술은 마음의 거울이다.
* 사람들은 부당하게도 죽음을 증오한다. 죽음은 인간의 많은 불행에 대한 가장 위대한 방패이다.
* 지혜는 고통을 통해서 생긴다.

493. **아이작 월튼**(1593~1683): 영국의 수필가.
* 좋은 길동무는 여정을 짧게 한다.

494. **아이젠하워**(D.D, 1890~1969): 미국의 제34대 대통령.
* 길 한가운데는 언제나 쓸모가 있다. 길의 양옆 극우나 극좌는 시궁창이다.
* 우리는 평화를 갈망한다. 그러나 그 평화는 자유가 있는 것이어야 한다.
* 자유인의 역사는 진정 요행으로 쓰여지지 않으며 오직 선택, 자유인의 선택으로만 쓰여진다.

495. **아인슈타인**(A, 1879~1955): 독일 출신의 미국 물리학자.
* 교육이란 학교에서 배운 것을 다 잊은 후에 남아 있는 것이다.
* 국가는 사람을 위해서 만들었지 사람이 국가를 위해서 만들어지지 않았다.
* 나는 간소하면서 아무 허세도 없는 생활이야말로 모든 사람에게 최상

최上의 것 — 육체를 위해서나 정신을 위해서나 최상의 것이라고 생각한다.
* 우리의 방위는 군비나 과학이나 지하로 가는 데 있는 것이 아니다. 우리의 방위는 법과 질서에 있다.
* 이성과 합리적인 마음으로 내가 발견한 것은 아무것도 없다.
* 종교 없는 과학은 절름발이이고 과학 없는 종교는 장님이다.
* 평화는 힘으로 유지될 수 없다. 그것은 이해에 의해서 달성될 수 있을 뿐이다.

496. **안데르센**(1805~1875): 덴마크의 작가, 시인.
* 모든 사람의 일생은 신에 의해서 쓰여진 한 토막의 동화에 지나지 않는다.
* 어떤 높은 곳도 사람이 도달치 못할 것이 없다. 그러나 결의와 자신을 가지고 올라가지 않으면 안 된다.
* 여행은 나에게 있어서 정신을 회생시키는 샘이다.

497. **안셀무스**(C, 1033~1109): 이탈리아 출신의 영국 대주교, 철학자.
* 신은 생각할 수 없는 것 이상으로 위대하다.

498. **안스파허**(L.K, 1878~1947): 미국의 극작가.
* 결혼이란, 독립은 동등하고 의존은 상호적이며 의무는 상반되는 남녀 간의 관계이다.

499. **안연**(顏淵, B.C.518~428): 중국 춘추시대 노魯나라 사람. 자는 자연子燕. 공자 제자 가운데 으뜸. 안자顏子라고도 한다.

* 밭 60묘畝로 호구와 의복을 해결할 수 있고, 글로써 자락하고, 거문고로 스스로 즐길 수 있어 벼슬은 하고 싶지 않다.

500. **안중근**(安重根, 1879~1910): 의사義士. 아명은 응칠應七.
* 나라를 위해서 몸을 바치는 것이 군인의 본분이다.
* 단 하루라도 책을 읽지 않으면 입에 가시가 돋는다.
* 허름한 옷과 거친 음식을 부끄러워하는 자와는 함께 의논할 수 없다.

501. **안창호**(安昌浩, 1878~1938): 독립운동가. 호는 도산島山.
* 견고한 기초 위에 좋은 건설이 있고, 튼튼한 뿌리 위에 좋은 꽃과 열매가 있다.
* 낙망은 청년의 죽음이요, 청년이 죽으면 민족이 죽는다.
* 서로 사랑하면 살 것이요, 서로 싸우면 죽을 것이다.
* 성격이 모두 나와 같아지기를 바라지 말라. 매끈한 돌이나 거친 돌이나 다 제각기 쓸모가 있는 법이다. 남의 성격이 내 성격과 같아지기를 바라는 것은 어리석은 생각이다.
* 우리가 세운 목적이 그른 것이면 언제든지 실패할 것이요, 우리가 세운 목적이 옳은 것이면 언제든지 성공할 것이다.
* 정직과 성실만이 이 나라를 구하는 유일한 길이다.
* 진정한 애국심은 그 말보다 실천에 있음을 알아야 한다.
* 청년이 다짐해야 할 2가지 과제가 있다. 첫째 속이지 말자, 둘째 놀지 말자. 나는 이것을 어렵게 생각하지 않는다. 우리 청년은 스스로 생각할 때 깨달음을 얻을 수가 있다.

502. **안티파네스**(B.C.405~332): 그리스 중기 아티카 희극의 대표적 작가.

* 돈은 인간에게는 피이며 생명이다.

503. **알랭**(1868~1951): 프랑스의 철학자, 평론가. 『일요 어록』, 『마르스』, 『예술론』 등의 저서.

* 가정의 질서는 법의 질서와 같은 것이다. 그것은 결코 저절로 만들어지는 것은 아니며 의지로써 만들어지고 유지되는 것이다.
* 노동은 최선의 것이기도 하고 최악의 것이기도 하다. 자유스러운 노동이라면 최선의 것이며, 노예적인 노동이라면 최악의 것이다.
* 산은 반드시 오르는 자에게만 정복당한다는 것을 잊지 말라.
* 시간은 사색하는 자에게는 짧고 욕망하는 자에게는 끝이 없다.
* 아름다운 의복보다는 웃는 얼굴이 훨씬 인상적이다. 기분 나쁜 일이 있더라도 웃음으로 넘겨보라. 찡그린 얼굴을 펴기만 하는 것으로 마음도 따라서 펴지는 법이다. 웃는 얼굴은 얼굴의 좋은 화장일 뿐 아니라 생리적으로도 혈액 순환을 좋게 하는 효과가 있다. 웃음은 인생의 약이다.
* 어떤 직업에 있어서든 자기가 지배하면 즐겁고 복종하면 불쾌하다.
* 우리들이 진정 미워해야 할 사람이 이 세상에 그렇게 많은 것은 아니다. 미워해야 할 사람은 남에게 있는 것이 아니라 내 마음속에 있을 때가 많다.
* 우정은 뛰어난 견해이고 사랑은 맹목적이다. 벗의 결점을 보지 않는 사람은 그 벗을 진실로 사랑하는 사람이 될 수 없다. 연인의 결점을 보는 사람은 이미 그 연인을 사랑하지 않는 사람이다.
* 인류의 역사는 기호의 역사, 즉 종교의 역사이다.
* 학문의 진정한 목적은 설명하는 것보다도 오히려 발명하는 데 있다.

* 행복이란 자신의 마음속에 행복의 그릇을 준비한 사람에게만 주어지는 선물이다.

504. 알렉산더(W.E.S. Alexander, 1567~1640): 영국의 시인.
* 절망과 확신은 둘 다 공포를 몰아낸다.

505. 알렉산더 대왕(B.C.356~323): 마케도니아의 왕.
* 나는 승리를 훔치지 않을 것이다.
* 나의 최대 요리는 아침에 일찍 일어나서 조반을 조금만 들고 점심을 맛있게 먹는 것이다.

506. 알렉산더 스미스(1830~1867): 스코틀랜드의 시인, 수필가.
* 별을 보고 있는 사람은, 속담에 있는 대로 길위 웅덩이의 처분에 달려 있다.
* 오늘은 항상 어제와 다르다.

507. 알렉산더 체이스(1926~): 미국의 저널리스트, 작가.
* 부자는 결코 천국에 들어가지 못하겠지만 빈자는 이미 지옥에서 형기에 복무하고 있다.
* 자살의 기도는 범죄적인 무례이다.

508. 알퐁스 도데(1867~1947): 프랑스의 작가, 극작가.
* 어려운 것은 사랑하는 기술이 아니라 사랑을 받는 기술이다.
* 오늘이 프랑스어의 마지막 수업이다. 프랑스어는 세계에서 가장 아름답고, 가장 명료하고, 가장 힘찬 말이다. 절대로 잊어서는 안 된다.

509. **암브로시우스**(340경~397): 로마의 성직자, 교부, 밀라노의 주교.
* 남에게 무례한 짓을 하지 말고 남으로부터 무례한 짓을 당하지 말라.

510. **앗다에우스**(B.C. 5세기경): 그리스의 풍자시인.
* 쇠는 달아 있는 동안에 쳐라.

511. **앙드레 지드**(1869~1951): 프랑스의 작가, 비평가. 노벨문학상 수상. 『좁은 문』, 『배덕자』 등의 작품.
* 가장 아름다운 작품은 광기가 발동되고 이성이 쓰는 것이다.
* 늙는 것처럼 쉬운 일은 없다. 가장 어려운 것은 아름답게 늙어가는 것이다.
* 원만한 가정은 상호간의 희생 없이는 절대 영위되지 못한다. 이 희생은 그것을 실행하는 사람을 위대하게 하며 아름답게 한다.
* 인간의 책임은 신의 책임이 감소함에 따라 증가한다.
* 평범한 일을 매일 평범하게 실행할 수 있는 것이 비범한 것이다.
* 행복해지는 비결은 쾌락을 얻기 위해서만 노력할 것이 아니라 노력 그 자체에서 쾌락을 발견하는 데 있다.

512. **애그뉴**(S.T. Agnew, 1918~1996): 미국의 정치가. 부통령.
* 신문기자란 쓸모없는 속물이고 분별없는 지식인이며 이념적인 내시이다.

513. **애덤스**(F.P, 1881~1960): 미국의 유머작가. 저널리스트.
* 선거에서 당선되는 사람은 그저 그런 사람들이다. 누구를 뽑기 위해서가 아니라 누구를 뽑지 않기 위해 투표하는 경우가 더 많기 때문이다.

* 억제하기 어려운 것을 차례로 든다면, 술과 여자와 노름이다.

514. 애덤스(H.B, 1838~1918): 미국의 역사가.
* 생애에 친구 하나면 족하다. 둘은 많고 셋은 불가능하다.
* 질서가 습관을 낳을 때 무질서는 이따금 생명을 낳는다.
* 현대정치는 근본에서 보면 사람들의 투쟁이 아니라 권력의 투쟁이다.

515. 애덤 스미스(1723~1790): 스코틀랜드 출신의 영국 경제학자, 철학자. 『국부론』 저술.
* 국방은 부유함보다 중요하다.
* 사람은 본성적으로 자기 일에 먼저 관심을 갖는다.
* 자선은 부인의 덕이며 관대는 남자의 덕이다.
* 재벌이 있는 곳에는 반드시 불평등이 있다. 한 사람의 큰 부자가 있기 위해서는 5백 명의 빈민이 있어야 한다.

516. 애스컴(R, 1515~1568): 영국의 인문학자, 교육학자.
* 하나의 모범된 행동은 스무 개의 교훈보다 더 가치가 있다.

517. 액튼(L, 1834~1902): 영국의 역사가.
* 권력은 부패하기 쉽고 절대권력은 절대적으로 부패한다.
* 믿음이 종교 속에 있듯이 애국심은 정치 생활 속에 있다.
* 자유는 더 높은 정치적 목표를 향한 수단이 아니다. 그것은 그 자체가 가장 높은 정치적 목표이다.

518. **앨렌**(F.L, 1890~1954): 미국의 잡지 편집자.
* 신문기자에게는 사람이 가죽으로 싸여진 신문기사이다.

519. **앨빈 토플러**(1928~): 미국의 사회학자. 저서로 『미래의 충격』, 『제3의 물결』, 『권력이동』 등.
* 경제적 경쟁이 방아쇠를 당긴다.
* 미래 사회가 정보에 의해서 좌우된다고 할 때 가장 앞서갈 나라는 최고의 컴퓨터와 소프트웨어, 통신 수단을 보유한 나라가 될 것이다.
* 앞으로의 세계는 지식이 모든 생산수단을 지배하게 되며 이에 대비한 후세 교육 없이는 어느 나라도 생존하기 어렵다.
* 제3의 물결시대(정보 혁명시대)에 문화는 더욱 중요한 요소가 될 것이며 문화간 충돌 가능성은 오히려 더 없을 것이다.

520. **앨퀸**(Alcuin, 735~804): 영국의 신학자, 교육자.
* 국민의 소리는 신의 말이다.

521. **양사언**(楊士彦, 1517~1584): 조선시대의 문신, 서예가. 자는 응빙應聘, 호는 봉래蓬來. 『봉래시집』이 있다.
* 태산이 높다 하되 하늘 아래 뫼이로다. 오르고 또 오르면 못 오를 리 없건마는 사람이 제 아니 오르고 뫼만 높다 하더라.

522. **양웅**(揚雄, B.C.53~A.D.18): 중국 전한前漢시대의 유학자. 자는 자운子雲.
* 대인의 학문은 도道를 위한 것이요, 소인의 학문은 이利를 위한 것이다.
* 생生이 있는 자 반드시 죽음이 있고 처음이 있으면 반드시 끝이 있다.

523. 양진(楊震, 연대 미상): 중국 후한의 학자. 자는 백기伯起.
   * 하늘이 알고 신이 알고 내가 알고 그대가 안다.

524. 어빙(W. Irving, 1783~1859): 미국의 수필가, 전기작가. 『뉴욕의 역사』, 『스케치북』, 『알함브라 전』 등의 저서.
   * 눈물은 천만 단어의 말보다 힘 있는 웅변이다.
   * 여성의 전 생애는 애정의 역사이다.
   * 좋든 나쁘든 변혁에는 어떤 구제가 있다.

525. 에드가 모랭(1921~): 프랑스의 사회학자.
   * 문화적 정체성이란 끊임없이 변화하는 생명체이며, 어차피 문화에는 닫힘과 열림이 공존한다. 변화하는 세계에 적응하면서 문화의 정체성을 가질 수 있으려면 다른 문화를 흡수해서 새롭고 독특한 문화로 만들 수 있는 역량을 갖고 있어야 한다.

526. 에드거 앨런 포(1809~1849): 미국의 시인, 작가, 비평가.
   * 시를 요약해서 행동적 미의 창조라고 정의하고 싶다.
   * 실패하는 것은 인간이고, 그것에 관용을 베푸는 것은 신이다.

527. 에드먼드 버크(1729~1799): 영국의 정치가, 미학자.
   * 국가가 있는 곳에 전쟁은 그치지 않는다.
   * 권력은 모든 인도적이고 온순한 미덕을 점차 마음에서 근절시킨다.
   * 명예에의 열망, 그것은 모든 위대한 인물의 본능적인 열망이다.
   * 미신은 나약한 마음의 종교이다.
   * 수치심이 감시하고 있는 한, 미덕은 마음속에서 전혀 사라지지 않는다.

* 아첨은 행하는 자와 받는 자를 다같이 타락시킨다.
* 악한 자들이 결탁할 때, 착한 자들은 뭉쳐야 한다.
* 인내는 힘보다 더 많은 것을 성취한다.
* 자유도 이를 누리기 위해서는 제한을 해야 한다.
* 정부는 인간의 욕구를 충족시키려는 인간 지혜의 산물이다. 사람들은 이 지혜에 의해 이러한 욕구가 충족될 권리를 갖는다.
* 훌륭한 질서는 모든 훌륭한 것의 기초이다.

528. 에드워드 영(1683~1765): 영국의 시인, 극작가.
* 낭비된 시간은 그저 생존에 지나지 않는다. 사용된 시간만이 생활이다.
* 명성을 만드는 사람은 적을 만든다.
* 밤마다 죽었다가 아침마다 새롭게 태어나니, 하루가 이와 같고 인생이 이와 같다.
* 부끄러움이 없는 사람은 가장 악한 사람이다.
* 우는 것을 부끄러워하는 거만한 자를 경멸하라.
* 자연은 신을 비쳐주는 거울이다.
* 훌륭한 교양은 양식良識의 꽃이다.

529. 에드워드 쿠크(1552~1634): 영국의 법학자, 작가.
* 말 한마디가 세계를 지배한다.
* 위대한 학자가 한 명 죽었을 때 많은 학문이 그와 더불어 죽는다.

530. 에디슨(M. B, 1672~1719): 영국의 시인, 수필가.
* 진실은 불멸이요, 거짓은 필멸이다.

531. 에디슨(T. A, 1847~1931): 미국의 발명가.
- * 결코 시계를 보지 마라. 이것이 젊은이들에게 하고 싶은 나의 충고이다.
- * 나는 우연한 일로 어떤 가치있는 것을 성취한 일이 없으며 나의 여러 가지 발명은 모두 우연히 이루어진 것이 아니었다. 이것들은 모두 노력함으로써 이루어진 것들이다.
- * 사람들은 흔히 인격과 명성을 동일시한다. 인격은 사람의 내부에 형성된 마음의 모습이며, 명성은 단순히 사람의 인상을 타인이 객관적으로 평가한 외부의 소리이다. 그러므로 인격은 그 사람 자체이고, 명성은 그림자이다.
- * 인간에게는 두 개의 면이 있다. 하나는 창조적인 면이요, 다른 하나는 파괴적인 면이다. 그러기에 인간에게는 조정과 균형이 중요한 것이다. 그것은 인간의 능력이 한이 없기 때문이다. 불가능이 없기 때문이다.
- * 책은 위대한 천재들이 인류에게 남겨 놓은 훌륭한 유산이다.
- * 천재는 1퍼센트의 영감과 99퍼센트의 땀이다.
- * 필요는 발명의 어머니이다.

532. 에라스무스(D, 1466~1536): 네덜란드의 인문학자.
- * 불리한 평화도 정당한 전쟁보다 낫다.
- * 술 속에 진리가 있다.
- * 자줏빛 옷을 입혀도 원숭이는 원숭이이다.
- * 전쟁은 짐승을 위한 것일 뿐이지, 인간을 위한 것은 아니다. 실로 흉악한 것이다.
- * 친구에게 충실한 사람은 자기 자신에게도 충실하다.
- * 학문에는 포만이 없다.

* 훌륭한 충고보다 값진 선물은 없다.

533. 에릭 호퍼(1902~1983): 미국의 철학자.
   * 악을 제거하는 데는 악행이 필요하다. 덕행은 대치하고 있는 악 사이의 막다른 길목의 부산물이다.
   * 현실의 고통이 아니라, 보다 나은 것에 대한 희망이 반역하도록 자극한다.

534. 에머슨(R.W, 1803~1882): 미국의 사상가, 시인.
   * 가장 숭고한 미덕은 언제나 법에 반한다.
   * 겸손한 사람만이 다스릴 것이요, 애써 일하는 사람만이 가질 것이다.
   * 공포는 언제나 무지에서 발생한다.
   * 교육의 비결은 학생을 존중하는 데 있다.
   * 눈이 이 말을 하고 입은 저 말을 할 때는 눈이 하는 쪽의 말을 들어야 한다.
   * 도덕이라는 것은 전 세계의 공통된 목적을 향한 의지의 진행이다. 이것이야말로 언젠가는 죽어야 할 인간 속에 존재하는 영원한 것이다.
   * 만나기 힘든 지식인을 만났을 때는, 그가 무슨 책을 읽는가 물어 보아야 한다.
   * 모든 사람은 자기를 사랑하는 사람을 사랑한다.
   * 무인도에서도 신사일 수 있는 사람이 참된 인간이다.
   * 미는 느낄 수 있고 또 만들 수도 있다. 그러나 정의를 내릴 수는 없다.
   * 미는 육체의 덕이요, 덕은 영혼의 미이다.
   * 벗을 얻는 확실한 방법은 나 스스로 남의 벗이 되는 데 있다.
   * 사람은 생각하는 한 자유롭다.

* 사람은 혼자 있을 때는 정직하다. 혼자 있을 때 자기를 속이지 못한다. 그러나 남을 대할 때는 남을 속이려고 한다. 그러나 좀 더 깊이 생각하면 그것은 남을 속이는 것이 아니고 자기 자신을 속인다는 것을 알 것이다.
* 사람이 살아가는데 건전한 오락은 반드시 필요하며 오락이 꽃이라면 일은 뿌리이다. 꽃의 아름다움을 즐기려면 뿌리를 튼튼히 하지 않으면 안 된다.
* 사상은 인간을 노예 상태에서 자유에로 해방시킨다.
* 사회는 새로운 것을 얻으면 옛 본성을 잃어버린다.
* 아름다운 몸매가 아름다운 얼굴보다 낫고, 아름다운 행실이 아름다운 몸매보다 낫다. 아름다운 행실이야말로 예술 중에서 가장 아름다운 것이다.
* 역경은 청년에게 있어서 빛나는 가치이다.
* 오늘을 붙들어라. 되도록이면 내일에 의지하지 말라. 그날 그날이 1년 중에서 최선의 날이다.
* 우리 인간은, 양식은 저장할 수 있지만 행복은 저장할 수 없다. 우리는 앞으로 계속해서 전진하여야만 한다. 전진하는 자에게는 행복이 따르고 머물고 있는 자에게는 행복도 함께 멈춘다.
* 우아함이 없는 아름다움은 미끼 없는 낚싯바늘이다. 미인에게 표정이 없으면 쉽게 싫증이 난다.
* 웅변이란, 말을 듣는 자에게 진리를 완전히 이해할 수 있는 언어로 바꾸어 놓는 능력이다.
* 위인은 결코 기회가 없다는 불평을 하지 않는다.
* 위인이란, 정신적인 것이 어떤 물질적 힘보다 강하며 사상이 세계를 지배한다는 것을 아는 사람이다.

* 이 세상에 악한이 숨을 자리는 없다. 죄를 지어 보라. 이 세상이 유리로 만들어져 있음을 알 것이다.
* 인생을 가장 인생답게 인도하는 힘은 의지력이다. 기둥이 약하면 집이 흔들리는 것처럼 의지가 약하면 생활이 흔들린다.
* 잡초란 무엇인가? 그의 아름다운 점이 아직 발견되지 않은 식물이다.
* 젊음, 그것은 힘의 원천이다. 청년들이여, 결코 좌절하거나 낙망하지 말라. 그대 안에는 이미 무한한 힘이 잠재하고 있나니, 보다 강한 정신력으로 그 힘을 일깨우라. 정신을 그대의 참된 지배자로 알라. 무력한 육체의 노예가 되지 말라.
* 좋은 사상도 이것을 행하지 않으면 좋은 꿈과 다를 바 없다.
* 책이란 잘 이용하면 가장 좋은 것이고 악용하면 나쁜 것 중에서 가장 나쁜 것이다.
* 하루는 영원의 축소판이다.
* 현인도 지혜가 지나치면 바보가 된다.

535. **에브 퀴리**(E. Curie, 1904~2007): 프랑스의 음악가, 극작가.
   * 역경에 처하면 사람들은 그의 친구를 헤아린다.

536. **에센바하**(1803~1882): 오스트레일리아의 여류작가.
   * 고통은 인간의 위대한 교사이다. 고통의 숨결 속에서 영혼은 발육된다.

537. **에센바흐**(W, 1170~1220경): 독일의 시인, 중세 궁정시인.
   * 순간을 지배하는 사람이 인생을 지배한다.
   * 자신이 의식한 겸손은 죽은 것이다.
   * 한 사람의 진실한 친구는 천 명의 적이 우리를 불행하게 만드는 그 힘

이상으로 우리를 행복하게 만든다.

538. **에우리피데스**(B.C.484?~406): 고대 그리스의 극작가.
 * 사랑은 배우지 않은 사람에게 문학을 가르친다.
 * 술이 없는 곳에는 사랑도 없다.
 * 아내의 지참금을 받는 자는 그 값에 자기 스스로를 파는 셈이다.
 * 젊었을 때 배움을 소홀히 하는 자는 과거를 상실하고, 미래에도 죽는다.
 * 죽음은 우리들 모두가 갚아야 하는 빚이다.
 * 지나간 슬픔에 새 눈물을 낭비하지 말라.
 * 침묵과 겸손과 가정에 조용히 머물러 있는 것, 이것이 여자에게는 가장 좋은 일이다.
 * 화목하게 보이는 사람도 죽는 것을 보기 전에는 부러워하지 마라. 운명은 그날에 한정된 것이니까.

539. **에이튼**(W.E, 1813~1865): 스코틀랜드의 시인.
 * 여자의 사랑은 물 위에 쓰여진 증서이며, 여자의 신의는 모래 위의 발자국이다.

540. **에피쿠로스**(B.C.342~270): 그리스의 철학자. 에피쿠로스 학파 창시자.
 * 일에 양다리를 걸치는 것은 금물이다. 만일 그대가 전자를 욕심내면 후자를 놓칠 것이다. 둘 다 욕심내면 그대는 그중 어느 것 하나도 얻지 못할 것이다.
 * 자기가 소유하고 있는 것을 가장 풍부한 재산으로 여기지 않는 자는 누구를 막론하고, 비록 이 세상의 주인일지라도 불행하다.

* 자연에 강제를 가해서는 안 된다. 오히려 이에 순응하여야 한다.
* 정의가 가져다주는 최대의 열매는 마음의 평정이다.
* 죽음 아닌 것에 대해서는 방어할 수단과 방법이 있다. 그렇지만 죽음에 대해서만은 우리들은 모두 무방비의 도시에 살고 있는 것이다.

541. 에픽테토스(60~138): 그리스 스토아학파 철학자.
* 갖지 않은 것을 애태우지 않고, 가지고 있는 것을 기뻐하는 자가 현명한 사람이다.
* 다만 인간의 영혼만이 그 어떤 요새보다도 안전하다.
* 돈과 쾌락과 명예를 사랑하는 자는 인간을 사랑할 수 없다.
* 모든 것이 순조로울 때는 친구를 만나기가 쉽고, 곤경에 처해서는 몹시 어렵다.
* 용서는 보복보다 낫다. 용서는 온화한 성격의 증거지만 보복은 야만적인 성격의 신호이기 때문이다.
* 우리들이 살아있는 동안에는 죽음은 오지 않는다. 죽음이 왔을 때는 우리는 이미 살아있지 않다.
* 참으로 교양 있는 사람에게 가장 잘 갖춰진 것은 평정이고, 무외無畏이고, 자유이다.
* 훌륭한 작가가 되기를 원하거든 써라.

542. 엘리스(H, 1859~1939): 영국의 의사, 심리학자, 수필가.
* 질투, 그것은 사랑을 살아있게 유지한다는 구실로 사랑을 죽이는 용이다.
* 남자는 내버려두어도 저절로 남자가 되지만 여자는 남자로부터 포옹당하고 키스를 받음으로써 점점 여자가 되어간다.

* 사람들의 지도자가 되기 위해서는 사람들을 등져야 한다.
* 신문은 세계의 거울이다.

543. 엘리아데(M, 1907~1986): 루마니아의 문학가, 종교학자.
* 구원이란 시간으로부터의 자유이다.
* 마지막 신을 살해하기까지 인간은 결코 자유로울 수 없다.

544. 엘리엇(C.W, 1834~1926): 미국의 교육자.
* 가정과 가정생활의 안전과 향상이 문명의 중요 목적이요, 산업의 궁극적 목적이다.
* 현대 세계에서 여론의 이해는 사회발전에 불가분의 조건이다.

545. 엘리엇(G, 1819~1880): 영국의 여류작가.
* 동물처럼 좋은 친구는 없다. 그들은 질문도 하지 않고 또 비판도 하지 않는다.
* 악마는 우리들을 유혹하지 않는다. 우리들이 악마를 유혹한다.
* 양심의 가책의 시작은 새 생명의 시작이다.
* 여자의 운명은 그녀가 사랑받는 양의 여하에 달려 있다.

546. 엘리엇(T.S, 1885~1965): 미국 출신의 영국 시인, 극작가, 비평가.
* 시란 감정의 해방이 아니라 감정으로부터의 탈출이며, 인격의 표현이 아니라 인격으로부터의 탈출이다.
* 위대한 시인은 자신을 쓰면서 자기 시대를 그린다.
* 현재의 시간과 과거의 시간은 거의 모두가 미래의 시간 속에 나타난다.

547. **엘베티우스**(C.A, 1715~1771): 프랑스의 유물론 철학자.
* 진리는 안개를 흩어버리지 않고도 그것을 뚫고 반짝이는 횃불이다.

548. **엠페도클레스**(B.C.493경~433경): 그리스의 시인, 물리학자, 정치가.
* 만물은 흙에서 나오고 흙으로 돌아간다.
* 흙과 공기, 물과 불은 만유萬有의 원소이다.

549. **엥겔스**(F, 1820~1895): 마르크스와 함께 사회주의를 창시.
* 자연은 있는 것이 아니라 생성해서 소멸되는 것이다.
* 종교는 아주 원시적인 시대에 인간이 자기 자신의 본성 및 주위의 자연에 관하여 가지고 있던 무지몽매한 원시적 표상에서 생겨났다.

550. **여곤**(呂坤, 1536~1618): 중국 명나라의 학자. 자는 숙간叔間, 호는 신오新吾.
* 입에는 문을 달아라. 문이 있으면 쓸모없는 말이 나오지 않을 것이다.

551. **여본중**(呂本中, 1077~1138): 중국 북송 때의 학자. 자는 거인居人, 호는 자미紫微.
* 벼슬에 임하는 법도는 오직 세 가지가 있으니 청렴과 신중과 근면이다. 이 세 가지를 알면 몸 가질 바를 알리라.

552. **연산군**(燕山君, 1476~1506): 조선조 제10대 왕. 이름은 융隆.
* 입은 화를 불러오는 문이요, 혀는 목을 베는 칼이다. 입을 닫고 혀를 깊이 감추면 몸이 어느 곳에서나 편안하리라.

553. **열자**(列子, 생몰연대 미상): 중국 전국시대 초의 사상가. 이름은 어구禦寇.
   * 깊은 못가에서 고기를 보는 자는 불길한 꼴을 당하고, 사람이 감추고 있는 것을 알아내는 자는 화를 당한다.
   * 사람들이 근심하는 것 중에서 죽음보다 더 절실한 것은 없고, 자기가 소중히 여기는 것 중에서 삶보다 더한 것은 없다.
   * 승리를 잘 유지하는 사람은 강하면서 약한 것 같이 행동한다.
   * 진리를 깨달은 사람도 말이 없지만 앎을 다한 사람 역시 말이 없다.
   * 책이란 대도가 재물을 훔치듯 골라 읽어야 한다.

554. **예링**(R, 1818~1892): 독일의 법학자.
   * 로마는 세 번 세계를 정복했다. 한 번은 무력으로써, 또 한 번은 종교로써, 그리고 나중에는 법으로써.

555. **예수**(Jesus, B.C.4?~A.D.30): 기독교의 개조開祖.
   * 가난한 자는 복이 있나니 하느님의 나라가 너의 것이니라.
   * 구하라, 그러면 얻으리라. 두드려라, 그러면 열리리라. 찾으라, 그러면 찾아내리라.
   * 낙타가 바늘귀로 들어가는 것이 부자가 하느님의 나라에 들어가는 것보다 쉬우니라.
   * 너의 원수를 사랑하며 너를 핍박하는 자를 위해서 기도하라.
   * 누구든지 자기를 높이려는 자는 낮아지고 누구든지 자기를 낮추는 자는 높아지리라.
   * 만일 절제할 수 없거든 혼인하라. 정욕이 불같이 타는 것보다 혼인하는 것이 나으리라.
   * 사랑은 오래 참습니다. 사랑은 친절합니다. 사랑은 시기하지 않습니

다. 사랑은 자랑하지 않습니다. 교만하지 않습니다. 무례히 행하지 않습니다. 자기 이익을 구하지 않습니다. 성내지 않습니다. 남의 악행을 기억하지 않습니다.
* 지혜로운 자는 반석 위에 집을 짓고 어리석은 자는 모래 위에 집을 짓는다.
* 행함이 없는 믿음은 그 자체가 죽은 것이다.

556. **예양**(豫讓, 전국시대 사람): 중국 전국시대 진晉나라 사람.
* 여인은 사랑하는 사람을 위해서 화장을 하고, 선비는 자기를 알아주는 사람을 위해서 죽는 법. 나를 국사로 우대해 준 지백을 위해 나는 죽는다.

557. **오르테가 이 가세트**(J, 1883~1955): 스페인의 철학자.
* 국가란 내일을 위한 계획을 가지고 있다는 사실에 의하여 형성되고 생명이 유지된다.
* 군중의 여론에만 이끌릴 때 민주주의는 위기에 빠진다.
* 원한이란 열등의식의 발산이다.
* 질서는 외부로부터 사회에 가해진 압력이 아니라, 내부로부터 세워진 평형이다.

558. **오버스트리트**(H.A, 1875~1970): 미국의 교육자.
* 선善은 특수한 종류의 진리요, 미美다. 선은 인간 행위에 있어서의 진리이며 미이다.

559. **오비디우스**(C.W, B.C.43~A.D.17?): 로마의 시인.
- 눈물도 역시 유용하다. 눈물로써 강철을 녹일 수 있다.
- 돈과 사랑은 사람을 철면피로 만든다.
- 사랑은 일에 굴복한다. 만일 사랑으로부터 빠져나오기를 원한다면 바빠져라. 그러면 안전할 것이다.
- 성품이 다정하면 그 얼굴은 즐겁다.
- 신이 있어야 편리하다. 편리하니까 신이 존재한다고 믿자.
- 여자의 눈물에 감동하지 말라. 여자들은 눈이 울도록 가르쳤다.
- 용기는 모든 것을 정복한다. 육체에 힘까지 주기도 한다.
- 울음으로써 우리는 분노를 해소하고, 눈물은 흐르는 시냇물처럼 우리 가슴을 씻어낸다.
- 정신은 모든 무기보다 우월하다.
- 정신이 병들면 몸도 병든다.
- 참고 버텨라. 그 고통은 차츰차츰 너에게 좋은 것으로 변할 것이다.
- 행운과 사랑은 용자와 함께 있다. 신은 용자를 결코 저버리지 않는다.

560. **오스카 와일드**(1854~1900): 영국의 작가, 시인. 『도리안 그레이의 초상』, 『원더미어 부인의 부채』, 『행복한 왕자』 등의 작품.
- 기아와 무지는 근대 범죄의 어버이이다.
- 남자는 권태를 느끼기 때문에 결혼하고 여자는 호기심 때문에 결혼한다. 그리고 양쪽이 모두 실망한다.
- 남자는 항상 여자의 최초의 애인이 되고 싶어 하지만 이것은 바보같은 허영심이다. 여자는 빈틈없는 본능을 지니고 있다. 여자가 언제나 바라는 것은 남자의 마지막 애인이 되는 것이다.
- 미국에서 대통령은 4년간 집권하고 언론은 영원히 통치한다.

* 신과 부처는 증명할 수 없다. 증명하면 과학이 된다. 과학은 종교의 송장이다.
* 여성을 이해하려고 해서는 안 된다. 만일 여성이 하는 말의 진정한 의미를 알고자 한다면 들어서는 안 된다. 그저 그 여성을 바라보는 것이다.
* 여자는 사랑받도록 생겨있고 이해받도록 생기지 않았다.
* 예술은 모방이 끝나는 곳에서 시작된다.
* 우리가 인간성에 대해 정말로 아는 유일한 것은, 그것이 변화한다는 것이다. 우리가 말할 수 있는 인간성의 유일한 속성은 변화이다.
* 전쟁에서는 강자가 약자라는 노예를 만들고, 평화시에는 부자가 가난한 자라는 노예를 만든다.
* 증오는 사람을 장님으로 만든다.
* 천재는 타고나는 것이지 주어지는 것이 아니다.
* 청춘은 이유도 없이 웃는 법이다. 바로 그것이 청춘의 가장 중요한 매력의 하나이다.
* 청춘은 자랑이 아니다. 청춘은 하나의 예술이다.

561. 오스틴(J, 1790~1859): 영국의 법학자.
* 모든 법은 명령이다.

562. 오웬 펠덤(1602?~1668): 영국의 작가.
* 가치있는 적이 될 수 있는 자는 화해하면 더 가치있는 친구가 된다.
* 신념은 자기를 지키는 절대신이며 온갖 행복의 근원이다.

563. **오이켄**(R, 1846~1926): 독일의 범신론적 이상주의 철학자.
* 인생이란 자기와 자연과의 조절을 말한다.

564. **오자**(吳子, B.C.440경~391경): 중국 전국시대 위魏나라의 병법가. 오기吳起의 존칭.
* 의적은 예로써 극복하고 강적은 겸양으로써 극복하고, 강적은 외교로써 극복하고 폭적은 속임수로써 극복하며 역적은 권모로써 극복해야 한다.

565. **오펜하임**(J, 1882~1932): 미국의 시인.
* 어리석은 사람은 먼 곳에서 행복을 찾고, 현명한 사람은 자기 발밑에서 행복을 키운다.

566. **올커트**(A.B, 1799~1888): 미국의 교육자, 철학자.
* 관찰은 책보다 더 유능하고, 경험은 오히려 사람보다 더 유능한 교육자이다.
* 기대하고 펼쳐서 유익한 것을 얻은 다음 덮는 책이 양서良書이다.
* 늙었다는 가장 확실한 징후는 고독이다.
* 자신의 무지를 모르는 것이 무지한 자의 병이다.

567. **와이스**(J, 1818~1879): 미국의 성직자, 작가.
* 인간의 웃음은 하느님의 만족이다.

568. **와일더**(T.N, 1897~1975): 미국의 작가, 극작가, 시인.
* 사랑은 자기 자신을 존재하게 하는 힘이다. 그것은 그 자체의 가치이다.

569. **왕양명**(王陽明, 1472~1529): 중국 명나라의 유학자, 정치가. 이름은 수인守仁, 자는 백안伯安.
   * 자식을 길러본 후에야 진정 부모는 자애로움을 알게 된다.

570. **왕촉**(王蠋, 기록 미상): 중국 전국시대 제齊나라 사람.
   * 충신은 두 임금을 섬기지 않고 열녀는 두 남편을 고쳐 맞아들이지 않는다.

571. **왕충**(王充, 27~100?): 중국 한나라 때의 사상가. 저서로 『논형』이 있다.
   * 군자는 호랑이를 두려워하지 않고 비방하는 자의 입을 두려워한다.
   * 노력은 가난을 이길 수 있고, 신중을 기하면 화를 이길 수 있다.

572. **왕혁**(汪革, 연대 미상): 중국 송나라 사람. 자는 신민信民.
   * 사람이 항상 나물 뿌리를 씹는 생활을 견딜 수 있다면 어떤 일도 이룰 수 있다.

573. **요시다 쇼잉**(吉田松陰, 1830~1859): 일본의 교육가.
   * 함부로 삶의 스승이 되지 말고, 또 함부로 사람을 스승으로 삼지 말라.

574. **우나무노 이 후고**(1864~1936): 스페인의 사상가, 작가, 시인, 교육자.
   * 사고하는 것은 자신과의 대화이다.
   * 사랑받지 못하는 것은 슬프다. 그러나 사랑할 수 없는 것은 훨씬 더 슬프다.
   * 사랑은 어떤 점에서 야수를 인간으로 만들고 또는 인간을 야수로 만들기도 한다.

* 생명 있는 것은 모두 비합리적이며 합리적인 모든 것은 반생명적이다. 이성은 본질적으로 회의적이기 때문이다.
* 학문은 죽은 사상의 묘지이다. 비록 죽은 사상에서 생명이 태어나는 일이 있다 할지라도.

575. **우신스키**(1824~1870): 제정 러시아 법률전문학교 교사.
* 자주적인 사상은 지식의 자주적인 획득으로부터만 성장한다.

576. **울먼**(S, 1840~1924): 영국의 문필가.
* 청춘이란 인생의 한 시기가 아니라 마음의 상태이다.

577. **움베르토 에코**(1932~): 이탈리아의 기호학자, 미학자, 철학자.
* 우리는 작가들로부터 어떤 영감에 쫓기면서 단숨에 써내려 갔다는 이야기를 더러 듣지만 이것은 거짓말이다. 천재는 1%의 영감과 99%의 땀으로 이루어진다는 말은 진실이다.
* 이 세상에서 인간이 죽음을 극복할 수 있는 방법은 자녀를 남기는 것과 책을 남기는 것이다. 나는 성공을 위해 책을 쓰지 않는다. 다만 훗날 나의 책이 다른 연구자들을 위한 한 권의 참고 문헌으로 영원히 살아남아 한 줄 인용되길 바랄 뿐이다.

578. **워너**(C.D, 1829~1900): 미국의 작가.
* 여론은 입법자보다 더 강하며 모세의 십계명만큼 강하다.

579. **워너메이커**(J, 1838~1922): 미국의 실업가.
* 신은 자기를 최대한도로 활용하는 자에게 행복을 준다.

* 우리는 일을 하기 위해서 태어났다. 자기의 일을 발견하고 그 길로 나가는 사람은 행복하다.
* 태양은 태양쪽으로 오는 것 앞에 나타난다.

580. **워즈워스**(W, 1770~1850): 영국의 시인.
* 시는 숨결이며 모든 지식의 보다 나은 정수이다. 그것은 모든 과학의 표정 속에 있는 감동된 표현이다.
* 어린이는 어른의 아버지이다.
* 인생은 죽음에 항거하는 모든 기능의 총화이다.
* 자연은 자연을 사랑하는 자를 결코 배반하지 않는다.
* 희망이란 무엇인가? 가냘픈 풀잎에 맺힌 아침이슬이거나 좁디좁은 위태로운 길목에서 빛나는 거미줄이다.

581. **원효**(元曉, 617~696): 신라의 승려. 아명은 서당誓幢, 호는 화정和淨. 성은 설薛.
* 이 세상 모든 것은 모두가 다 마음가짐 탓이다.
* 옷을 기울 때는 짧은 바늘이 필요하니, 오히려 긴 창은 쓸모가 없다. 비를 피할 때는 작은 우산이 필요하니, 온 하늘을 덮는 것도 소용없다. 그러므로 작다고 가벼이 볼 것이 아니다. 그 근성에 따라서 크고 작은 것이 다 보배다.
* 자기가 미혹되어 있음을 깨닫는 자는 크게 미혹되어 있는 것이 아니며, 자신이 어둠 속에 있음을 아는 자는 지극한 어둠 속에 있는 것이 아니다.

582. **월터 배저트**(1826~1877): 영국의 경제·정치·사회학자, 비평가, 저널리스트.
* 강한 믿음은 강한 사람을 이기고 강자를 보다 강하게 만든다.

583. **월폴**(H. 1717~1797): 영국의 문학가.
* 극단끼리는 만난다.

584. **웰링턴**(A.W. 1769~1852): 영국의 장군, 정치가.
* 무서움을 알고도 무서워하지 않는 사람이야말로 진정으로 용감한 자이다.
* 인격은 공상으로 형성되는 것이 아니다. 망치를 들고 틀에 넣어서 다져 만들어지는 것이다.

585. **웰즈**(C.J. Wells, 1799?~1879): 영국의 시인.
* 당신의 마음속에는 당신이 천국에서 쉬지 못하게 만들 독을 간직하고 있다.

586. **웰즈**(H.G. Wells, 1866~1946): 영국의 작가, 사상가. 저서로 『타임머신』, 『우주전쟁』 등의 공상과학 소설.
* 가정이야말로 고달픈 인생의 안식처요, 모든 싸움이 자취를 감추고 사랑이 싹트는 곳이요, 큰 사람이 작아지고 작은 사람이 커지는 곳이다. 가정은 안심하고 모든 것을 맡길 수 있으며, 서로 의지하고 사랑하며 사랑받는 곳이다.
* 우리의 진정한 국적은 인류이다.
* 인간의 역사는 본질적으로 사상의 역사이다.
* 종교란 마치 꿈을 만드는 것과 같은 부질없는 것이다.

587. **웹스터**(D, 1782~1852): 미국의 정치가, 법률가.
- *내가 성공한 원인은 오직 근면에 있었다. 나는 평생에 단 한 조각의 빵도 절대로 앉아서 먹지 않았다.
- *억제는 혁명의 씨앗이다.
- *정신은 모든 일의 탁월한 지렛대이다.
- *하느님은 자유를 사랑하고, 언제나 그것을 보호하고 방어할 준비가 되어 있는 사람들에게만 자유를 허락한다.

588. **위고**(V.M, 1802~1885): 프랑스의 작가, 시인, 극작가. 작품으로『레 미제라블』,『노르트담 드 파리』등.
- *궁핍은 영혼과 정신의 힘을 낳는다. 불행은 위대한 인물의 좋은 유모가 된다.
- *노동은 생명이요, 사상은 광명이다.
- *마흔 살은 청년의 노년기이고 쉰 살은 노인의 청춘기이다.
- *만일 신문이 없었다면 프랑스혁명은 일어나지 않았을 것이다.
- *바다보다도 웅장한 광경이 있다. 그것은 하늘이다. 하늘보다도 웅대한 광경이 있다. 그것은 양심이다.
- *사랑한다는 것은 믿는 것이다.
- *수학보다도 희망이 더 문제를 푸는 힘이 있다.
- *여자를 아름답게 만드는 것은 신이요, 여자를 매혹적으로 만드는 것은 악마이다.
- *예수는 울었다. 볼테르는 웃었다. 그 신의 눈물과 그 인간의 미소로써 오늘날 문명의 아름다움이 이루어진 것이다.
- *예술을 위한 예술이 아름다울지도 모른다. 그러나 진보를 위한 예술은 더욱 아름답다.

* 운명은 화강암보다도 견고하지만 인간의 양심은 운명보다도 견고하다.
* 진실성이 결여된 칭찬은 칭찬이 아니라 아첨일 뿐이다.
* 청춘은 슬픔 속에서도 언제나 그 자체의 광택이 있다.
* 하느님은 물을 만드셨지만 인간은 술을 만들었다.

589. 위칠리(W, 1640?~1716): 영국의 극작가. 풍속극의 대표작가.
* 술은 우리에게 자유를 주고 사랑은 자유를 빼앗아 버린다. 술은 우리를 왕자로 만들고 사랑은 우리를 거지로 만든다.

590. 윌리엄 랭런드(1330~1400): 영국의 시인.
* 그 아버지에 그 아들, 모든 좋은 나무는 좋은 열매를 맺는다.

591. 윌리엄 샤프(1855~1905): 영국의 시인. 낭만주의 작가.
* 사랑은 아름다운 꿈이다.

592. 윌리엄스(T, 1911~1983): 미국의 극작가.
* 시간은 두 장소 사이의 가장 먼 거리이다.
* 죽음은 한 순간이며 삶은 많은 순간이다.

593. 윌리엄 존스(1746~1794): 영국의 동양학자. 인도학 창시자.
* 언어는 대지의 딸이며, 행위는 하늘의 아들이다.

594. 윌리엄 캠든(1551~1623): 영국의 고고학자, 역사가.
* 사랑은 창문으로 들어와서 대문으로 나간다.

* 식욕은 있는데 고기가 없고, 고기는 있는데 식욕이 없으며, 침대에 누워도 쉴 수 없다는 것은 커다란 불행이다.
* 일찍 일어나는 새가 벌레를 잡는다.

595. **윌리엄 콘그리브**(1670~1729): 영국의 극작가.
* 벌거벗은 것이 가장 좋은 변장술인 것처럼 공개된 진실처럼 거짓말을 감추어 주는 가면은 없다.
* 치욕은 가장 날카로운 칼보다 더 깊이 내 마음을 잘라낸다.

596. **윌리엄 쿠퍼**(1789~1851): 영국의 시인.
* 마음은 자신의 왕국이요, 의지는 자신의 법률이다.
* 무지와 미신은 언제나 밀접할 뿐만 아니라 수학적일 만큼 상호 관련이 있다.
* 지식은 그만큼 많이 배웠다는 자랑이요, 지혜는 더 이상 모른다는 겸양이다.

597. **윌리엄 펜**(1644~1718): 영국의 종교인. 퀘이커교의 개척자.
* 국민들로 하여금 그들이 통치한다고 생각하게 하라. 그러면 그들은 통치를 받을 것이다.
* 노동을 사랑하라. 먹을 것을 얻기 위해 노동을 할 필요가 없는 사람일지라도 건강을 위해서 노동을 할 필요가 있을 것이다. 신체와 정신에 다 같이 유익하다.
* 법이 다스리고 국민이 법에 관여하는 곳에서는 어떤 정부든지 그 정부 내의 국민은 자유롭다.
* 애매모호한 말은 거짓말에 이르는 길을 반쯤 간 것이며, 거짓말은 지

옥에 이르는 길을 다 간 것이다.
* 우정은 영혼의 결합이고, 마음의 결혼이며, 덕성의 계약이다.
* 인내와 신앙은 태산도 움직인다.

598. **윌리엄 피트**(1708~1778): 영국의 정치가.
* 나는 이미 국가와 결혼했다.
* 무제한의 권력은 지배자를 타락시킨다.
* 신문은 공기와 같은 면허받은 난봉꾼이다.
* 인간의 몸을 상하게 하는 것은 근면 때문이 아니다. 나태는 개인의 기력을 꺾을 뿐 아니라 국민의 기력도 소모시킨다.

599. **윌리엄 해밀턴**(1788~1856): 영국의 철학자.
* 진리는 횃불과 같다. 그것은 흔들수록 더욱더 빛난다.

600. **윌리엄 헤즐리트**(1778~1830): 영국의 수필가, 비평가.
* 나태는 모든 불행의 근원이다.
* 여행 정신은 자유, 즉 자기 하고 싶은 대로 생각하고 느끼고 행하는 완전한 자유이다.
* 자유를 사랑한다는 것은 타인을 사랑하는 것이요, 권력을 사랑한다는 것은 자기 자신을 사랑하는 것이다.
* 적을 만들기 두려워하는 사람은 진정한 친구를 가질 수 없다.
* 정치의 진실은 중상모략이요, 종교의 진실은 신의 모독이다.
* 편견은 무지의 아들이다.

601. 윌리엄 혼(1780~1842): 영국의 편집인.
* 자만심은 배고픔과 목마름과 추위보다 비용이 더 비싸다.

602. 윌리엄 화이트헤드(1715~1785): 영국의 계관시인.
* 인간은 웃을 줄 아는 유일한 동물이다.

603. 윌슨(T.W, 1856~1924): 미국의 제28대 대통령.
* 강을 거슬러 헤엄치는 자가 강물의 세기를 안다.
* 국가는 일정한 영토 내에서 법률로써 조직된 국민이다.
* 법률은 관습과 사회 통념의 결정이다.
* 운명에는 우연이 없다. 인간은 어떤 운명을 만나기 전에 벌써 제 스스로 그것을 만들고 있는 것이다.
* 인격은 부산물이다. 인격은 매일의 직무를 훌륭하게 수행해 나가는 데서 만들어진다.
* 자유는 결코 정부로부터 나오지 않는다. 자유는 항상 통치의 대상에서 나왔다. 자유의 역사는 저항의 역사이다. 자유의 역사는 통치 권력의 제한의 역사이지 그 증가의 역사가 아니다.
* 자유는 국민이 정부에 관심을 보일 때만 존재한다.

604. 윌키(1892~1944): 미국의 정치가.
* 언론의 자유는 어떤 민주국가에 있어서나 기본적인 자유의 요소이다.

605. 유들(J, 1560~1592): 영국의 성직자.
* 잘 잡은 기회는 유일의 무기이다.

606. 유리피데스(B.C.480~406): 그리스의 3대 비극시인의 한 사람.
* 생이 죽음이고 죽음이 생이 아닐까.
* 행운아로 생각되는 사람도 그가 아직 살아 있는 한은 부러워하지 말라. 운수란 것은 그날에 한정된 것이기 때문이다.

607. 유베날리스(67년경~130년경): 로마의 풍자시인.
* 갑자기 극단적인 악인으로 된 자는 없다.
* 그대가 죽을 때 부유하게 되기 위해서 가난하게 사는 것이야말로 완전히 미친 짓이다.
* 얼굴은 여러 가지 마음을 비추는 거울이다.
* 젊은이는 여러 모로 다르지만 노인은 모두 똑같이 보인다.
* 정의의 손에는 칼이 있을 수 없다.
* 지혜는 우선 옳은 것을 알려 준다.

608. 유비(劉備, 162~223): 중국 촉한蜀漢의 왕. 자는 현덕玄德, 시호는 소열昭烈.
* 나쁜 일은 아무리 조그마한 것이라도 행하지 말고, 착한 일은 아무리 작더라도 반드시 행하라.

609. 유성룡(柳成龍, 1542~1607): 조선 선조 때의 학자, 정치인. 자는 이견而見, 호는 서애西厓.『징비록懲毖錄』의 저자.
* 국가가 유지되는 것은 인심에 의해서이다. 비록 위태롭고 곤란한 시기라도 인심이 굳게 뭉치면 국가는 편안하며, 인심이 떨어지고 흩어지면 국가는 위태롭다.
* 산다는 것은 큰 바다에 뜬 하나의 거품이다.

610. **유정**(惟政, 1544~1610): 조선시대의 선승. 호는 사명당四溟堂. 임진왜란 때의 승병장.

* 자기를 지도하는 가장 위대한 스승은 자기의 마음이다.
* 포대기 시절을 면치 못하고 일찍 죽는 자가 태반인데도 우리는 20세가 넘었으니 이는 그 첫째 행복이다.

611. **육기**(陸機, 261~303): 중국 서진西晉 때의 시인, 문인.

* 일흔 살에 물가에 서 있으면 마음이 비어 있음이 명경처럼 물 위에 비친다.

612. **이규보**(李奎報, 1168~1241): 고려시대의 문장가. 자는 춘경春卿, 호는 백운산인白雲山人, 시호는 문순文順.

* 성인은 사람을 두려워하지 않고 오직 입을 두려워한다. 진실로 입만 삼가면 행세하는 데 무슨 두려움이 있으랴.

613. **이날치**(李捺致, 조선 말기): 조선 말의 명창. 자는 경숙敬淑. 헌종, 철종, 고종의 3대에 걸친 서편조西便調의 거두.

* 소리라는 것은 청이 좋아야 좋은 것이 아니여. 소리를 난마처럼 갈기갈기 찢어 그 찢어진 파성을 빗질하고 가다듬어 댕기 땋아 내리듯 하는 것이 좋은 소리여.

614. **이비코스**(B.C.550경): 그리스의 서정시인.

* 논쟁에는 이성도 우정도 필요치 않다.

615. **이솝**(B.C.620?~560?): 그리스의 우화작가.
   * 곤란한 일은 시간이 해결해 준다.
   * 남을 흉내내지 말라.
   * 노여움에서 때때로 큰 재난이 생긴다.

616. **이순신**(李舜臣, 1545~1589): 조선시대의 명장. 자는 여해汝海, 시호는 충무공忠武公.
   * 권세에 아부하여 한때의 영화를 누리는 것은 내가 가장 부끄럽게 여기는 바이다.
   * 장부로 세상에 태어나 나라에 쓰이면 목숨을 다해 최선을 다할 것이며, 쓰이지 않으면 물러나 농사짓는 것으로 충분하다.
   * 전장에서 죽음이란 항상 등짐같이 짊어지고 다니는 것일 뿐. 괘념치 말게나. 전장에서 지는 아쉬운 목숨이 어디 한둘이겠는가.
   * 전투가 치열하니 내가 죽었다는 말을 내지 말고 계속 싸워라.

617. **이승만**(李承晩, 1875~1965): 한국의 초대·2대·3대 대통령. 호는 우남雩南.
   * 뭉치면 살고 흩어지면 죽습니다.
   * 휴전은 다음 전쟁의 서곡에 지나지 않는다.

618. **이이**(李珥, 1536~1584): 조선시대의 유학자, 정치가. 자는 숙헌叔獻, 호는 율곡栗谷, 시호는 문성文成.
   * 대저 혁구갱신革舊更新은 그 시비와 이해만을 계산하여 백성들에게 편리하도록 하는 데 그 요점이 있는 것이니, 만약 탐관오리와 요행을 바라는 백성들이 모두 즐거이 따르기를 기다린 뒤에 경장更張을 하려 한다면 숙폐宿弊는 끝내 개혁하지 못할 것이다.

* 무릇 책을 읽음에 있어서는 모름지기 한 책을 정독하여 뜻을 다 알아서 의심이 없은 연후에 다른 책을 읽을 것이요, 다독하는 데 힘써 바쁘게 넘어가지 말 것이니라.
* 시의時宜라는 것은 때에 따라 변통하여 법을 만듦으로써 백성을 구하는 것이다.
* 옥은 갈지 않으면 그릇을 만들 수 없고, 사람은 배우지 않으면 도를 알 수 없다.
* 옹졸한 사나이는 벼슬을 얻지 못하였을 때에는 얻으려고 걱정하고, 벼슬을 얻었을 때에는 그것을 잃을까 걱정한다. 참으로 벼슬을 잃을까 걱정하는 사람은 그 수단으로 무슨 짓이라도 한다.
* 천하의 모든 물건 중에서 내 몸보다 소중한 것이 없다. 이 몸은 부모가 주신 것이다.
* 학자는 반드시 부귀를 가벼이 여기고 빈천을 지키겠다는 마음을 가져야 할 것이다.

619. **이익**(李瀷, 1681~1763): 조선시대 실학자. 자는 형여洞如, 호는 간옹艮翁.
* 부지런하면 재물이 생기고, 아끼면 궁핍하지 않다.

620. **이제신**(李濟臣, 1536~1582): 조선시대의 학자. 자는 언우彦遇, 호는 도구陶丘.
* 학자가 부귀와 영달에 마음을 둔다면 차라리 배우지 않은 것보다 못하다.

621. **이제현**(李齊賢, 1287~1367): 고려의 시인, 성리학자. 자는 중사仲思, 호는 익재益齋, 시호는 문충文忠. 『익제집』 등 3권의 저서가 있다.
* 사람들은 자기의 일이라면 털끝만한 선을 가지고 널리 알려지지 않는

가 관심을 가지면서도 선배들의 일에 대해서는 비록 조그마한 일까지도 들춰서 비난하는 버릇이 있다.

622. **이준경**(李浚慶, 1489~1572): 조선조의 정치가. 호는 동고東皐.
  * 지금 사람들이 고상한 이야기, 훌륭한 말들로 붕당을 결성하는데 이것이 결국에는 반드시 이 나라에서는 뿌리 뽑기 어려운 커다란 화근이 될 것입니다.

623. **이황**(李滉, 1501~1570): 조선시대의 유학자. 자는 경호景浩, 호는 퇴계退溪, 시호는 문순文純.『성학십도聖學十圖』외 많은 저서가 있다.
  * 고요히 마음을 가다듬어 동요하지 않는 것이 마음의 근본이다.
  * 만 가지 이치, 하나의 근원은 단번에 깨우쳐지는 것이 아니니 참마음, 진실된 본체를 깨닫기 위해서는 애써 연구해야만 한다.
  * 모기는 산을 짊어질 수 없고 작대기는 큰 집을 버틸 수 없다.
  * 부귀는 뜬 연기와 같고 명예는 나는 파리와 같다.

624. **임성주**(任聖周, 1711~1788): 조선시대 유학자. 자는 중사仲思.
  * 아침에 도를 닦으면 저녁에 죽어도 좋다는 마음 자세가 선 뒤에라야 가히 학學을 말할 수 있다.

625. **임어당**(林語堂, 1895~1976): 중국의 문인, 학자.
  * 20대 젊은이가 맑스즘(Marxism)에 매료되지 않은 자는 바보이고, 맑시즘에 실망하지 않은 자는 더 큰 바보이다.
  * 언어를 속박하는 것은 사상을 속박하는 일이다.
  * 우정과 사랑은 서로 용납되지 않는다. 열렬한 사랑을 경험한 사람은

우정을 소홀히 여기고, 우정에 정성을 쏟은 사람은 사랑을 위해서는 아무 일도 한 것이 없다.

* 차는 은자隱者에 비할 수 있고 술은 기사騎士에 비할 수 있다. 술은 좋은 친구를 위하여 있고, 차는 조용한 유덕자有德者를 위하여 있다.
* 청년 시절에 책을 읽은 것은 문틈으로 달을 바라보는 것 같고, 중년 시절에 책을 읽은 것은 자기 집 뜰에서 달을 바라보는 것 같고, 노경老境에 이르러 책을 읽는 것은 창공 아래 노대에 서서 달을 바라보는 것 같다.
* 학자는 입으로 먹은 것을 토하여 새끼를 양육하는 큰 까마귀와 같은 사람이고, 사상가는 뽕잎을 먹고 명주실을 토해내는 누에와 같은 사람이다.

626. **입센**(H. Ibsen, 1828~1906): 노르웨이의 극작가. 근대 연극의 아버지. 『인형의 집』 발표로 여성해방을 세계에 호소한 것으로 유명.

* 가장 위대한 승리는 패배이다.
* 공동 사회는 배와 같다. 누구나 키를 잡을 준비가 되어 있어야 한다.
* 아내는 남편의 인형이 아니다.
* 자기가 나설 무대가 아닌 곳에 함부로 나서지 말라. 세계에는 빈 곳이 얼마든지 있다. 어디에나 함부로 나서는 사람은 대개 자기의 능력이 없는 자이기도 하고, 자기의 천직을 자각하고 있지 못한 자이기도 하다.
* 책을 읽되 전부를 삼켜 버리려고 하지 말고, 그 가운데 몇 가지 또는 한 가지를 무엇에 활용할 것인가를 알아두어야 한다.

627. **잉**(W.R, 1860~1954): 영국 국교회의 성직자, 작가, 학자.

* 도박은 표면적으로 개화한 야만인의 질병이다.

* 신앙은 실험으로 시작되고 경험으로 끝난다.

628. 잉거솔(R.G, 1833~1899): 미국의 법률가, 정치가.
* 나는 임금이 되어 내 돈을 거지처럼 쓰기보다는 차라리 거지가 되어 내 마지막 남은 달러를 임금처럼 쓰겠다.
* 나는 천국에서 남자들끼리만 살기보다는, 이 세상에서 좋아하는 여자와 고생할지라도 계속 살고 싶다.
* 돕는 손이 기도하는 입보다 더 성스럽다.
* 신은 자신의 모든 것을 생명 속에 담았다.
* 자연에는 상도 없고 벌도 없다. 거기에는 오직 결과만이 있을 뿐이다.
* 참다운 문명이란, 사람마다 다른 사람에게 자신을 주장하는 모든 권리를 주는 데 있다.
* 행복은 보수가 아니다. 그것은 귀결이다. 고통은 처벌이 아니다. 그것은 결과이다.
* 현재는 모든 과거의 필연적인 산물이며 모든 미래의 필연적인 원인이다.

629. **자멘호프**(L.L. Zamenhof, 1859~1917): 폴란드의 안과의사. 국제어인 에스페란토 창시자.

* 나는 사람이다. 그리고 나는 전 인류를 한 가족으로 간주한다.
* 노동과 희망, 미래는 우리들의 것!
* 여러 나라의 민족들의 증오여! 무너져라, 사라져라. 바로 때가 왔다. 인류는 모두 한 집안 식구. 뭉쳐서 잘 살아보자.

630. **자사**(子思, B.C.492~432): 중국 전국시대의 유학자. 공자의 손자로, 증자의 제자. 이름은 급伋.

* 군자는 중용을 따르고 소인은 중용을 어긴다.
* 널리 배우고, 자세히 묻고, 신중하게 생각하며, 똑똑히 밝히고, 착실하게 행하라.
* 성실은 하늘의 도요, 성실하려고 노력하는 것은 사람의 도이다.
* 성실함이란 스스로 자기를 이룩하는 것이고, 도란 스스로 자기를 이끌어가는 것이다. 성실함은 만물의 처음이요, 끝이다. 성실하지 않으

면 만물이 존재하지 않는다.
* 원래 가난하고 천할 때는 가난하고 천한 그대로 행하고, 어려움을 당할 때는 어려운 그대로 행하면 근심이 없다.
* 위대한 덕은 반드시 그 지위를 얻고, 반드시 그 녹을 받으며, 반드시 그 명예를 얻고, 반드시 그 수명을 얻는다.
* 중화中和가 이루어지면 천지가 올바르게 자리잡아서 만물이 키워진다.
* 하늘이 인간에게 명한 것을 성性이라 하고, 그 성을 따르는 것을 도道라 하고, 그 도를 닦는 것을 교教라고 한다.

631. **장자**(莊子, B.C.365~290): 중국 전국시대 송나라의 사상가. 이름은 주周, 자는 자휴子休. 도가道家에 속한다.
* 간교로써 남을 이기지 말고 권모로써 남을 이기지 말며 싸움으로써 남을 이기지 말라.
* 개는 잘 짖는다고 좋은 개가 아니요, 사람은 말을 잘한다고 현인이 아니다.
* 너무 흰 것은 더러운 것처럼 보이고 위대한 덕을 지닌 사람은 좀 모자라는 것처럼 보인다.
* 면전에서 남을 즐겨 칭찬하는 사람은 또한 뒤에서 남을 즐겨 헐뜯는다.
* 물에는 물의 즐거움이 있고 돌은 돌의 즐거움이 있다.
* 민심을 모으기는 어렵지 않다. 사랑하면 가까워지고, 이익을 주면 모여들며, 칭찬해 주면 부지런히 일하고, 비위를 거스르면 흩어진다.
* 부모를 공경하는 효행은 쉬우나 부모를 사랑하는 효행은 어렵다.
* 분노할 줄 모르는 사람은 바보이다. 그러나 분노하지 않는 사람은 현인이다.
* 생은 죽음의 동반자요, 죽음은 생의 시작이다. 어느 것이 근본임을 누

가 알겠는가. 생이란 기운의 모임이다. 기운이 모이면 태어나고 기운이 흩어지면 죽는다. 이와 같이 사死와 생生이 같은 짝이 되는 것을 안다면 무엇을 근심하랴.

* 아름다운 여인은 스스로 아름답다고 교만하여 아름답게 여겨지지 않으며, 못생긴 여인은 스스로 못났다고 겸손하여 못났다고 여겨지지 않는다.
* 아무리 작은 일이라 해도 하지 않으면 이루지 못하고, 아무리 어진 자식이라 해도 가르치지 않으면 현명하지 않다.
* 인내함으로써 일이 이루어지는 것을 본 적은 있지만, 분노함으로써 일이 이루어지는 것을 일찍이 본 적이 없다.
* 재주 많은 자는 고생이 많고, 지혜 많은 자는 근심이 많다.
* 천지는 만물의 부모이다. 천지의 기운인 양과 음이 합하면 형체가 생기고, 흩어지면 본래의 상태로 돌아간다.
* 탐욕스런 자는 재산이 쌓이지 않으면 근심하며, 교만한 자는 권세가 늘어나지 않으면 슬퍼한다.
* 효자는 부모에게 아첨하지 않으며, 충신은 임금에게 아첨하지 않는다.
* 흐르는 물은 사람의 모습을 비춰주지 않는다. 정지하고 있는 물만이 비춰준다.

632. **장조**(張潮, 1650~1703): 중국 청나라의 학자. 자는 산래山來, 호는 심재心齋.
  * 술은 차를 대신할 수 있지만 차는 술을 대신할 수 없다.

633. **장 파울**(1763~1825): 독일의 작가. 괴테시대의 최고 산문가.
  * 그리는 예술과 마찬가지로 사랑은 눈에서 시작된다.
  * 긴 희망은 짧은 경탄보다 감미롭다.

* 노년을 그토록 슬프게 만드는 것은 즐거움이 없어지기 때문이 아니라, 희망이 없어지기 때문이다.
* 어머니는 우리 마음에 온화함을 주고 아버지는 빛을 준다.
* 예술은 인간에게는 빵은 아니지만, 적어도 포도주이다.
* 인생은 한 권의 책과 같다. 어리석은 사람은 아무렇게나 책장을 넘겨버리지만 현명한 사람은 공들여 읽는다. 왜냐하면 그들은 단 한 번밖에 그것을 읽지 못한다는 것을 잘 알고 있기 때문이다.
* 자식을 진정으로 사랑하거든 결코 칭찬보다는 격려를, 격려보다는 채찍을 가하라. 칭찬은 사람을 주저앉게 만들며 격려는 사람을 걸어가게 만든다. 그러나 채찍은 사람을 달려가게 만든다.
* 진리를 위해서 죽는다는 것은 조국을 위해서 죽는 것이 아니고 세계를 위해서 죽는 것이다.
* 칭찬을 받았을 때가 아닌, 꾸지람을 들었을 때 겸손을 잃지 않는 사람이 있다면 그 사람은 참으로 겸손한 사람이다.

634. 쟁월(I, 1864~1926): 영국의 작가, 극작가.
* 도덕은 인간을 위해서 만들어진 것이지 인간이 도덕을 위해서 만들어진 것이 아니다.
* 모든 것은 변화하지만 변화만은 불변이다.

635. 정도전(鄭道傳, 1342~1398): 고려말 조선초기의 정치가, 학자. 자는 종지宗之, 호는 삼봉三峯.
* 덕이란 얻음이니 마음에 얻는 것이요, 정政이란 바름이니 그 몸을 바르게 하는 것이다.

636. **정몽주**(鄭夢周, 1337~1392): 고려말의 충신, 학자. 자는 달가達可, 호는 포은圃隱, 시호는 문충文忠.

* 이 몸이 죽고 죽어 일백 번 고쳐 죽어, 백골이 진토되어 넋이라도 있고 없고, 님 향한 일편단심이야 가실 줄이 있으랴.
* 인심의 의혹이 온갖 일의 화근이 된다.

637. **정약용**(丁若鏞, 1762~1836): 조선시대의 실학자. 자는 미용美鏞, 호는 다산茶山, 시호는 문도文度.

* 공직자는 법을 존중하고 법을 지키는 것을 벌벌 떨면서 추상같이 해야 한다. 그리고 법을 지키되 굽히지도 빼앗지도 말고 여기에 사사로운 욕심이 생길 때는 물러가 하늘의 이치에 귀를 기울여야 한다.
* 나라를 망하게 하는 것은 외침이 아니라 공직자의 부정부패에 의한 민심의 이반이다.
* 나의 재물을 낭비하고 나의 명예를 손상하며 남의 시기를 받는다면 어리석지 않은가. 모든 사치는 본래 어리석은 자가 하는 어리석은 일이다.
* 대중을 통솔하는 방법에는 오직 위엄과 신의가 있을 따름이다. 위엄은 청렴한 데서 생기고 신의는 충성된 데서 나온다. 충성되면서 청렴하기만 하면 능히 대중을 복종시킬 수 있을 것이다.
* 예를 바르게 하여 남과 접촉하는 것은 군자가 조심하여 지켜야 할 일이다. 공손하게 하며 예에 가깝게 하면 치욕을 멀리 할 수 있을 것이다.

638. **정여창**(鄭汝昌, 1450~1504): 조선조 문신. 자는 백욱白勖, 호는 일두一蠹, 시호는 문헌文獻.

* 배우되 마음을 알지 못하면 무엇으로 배운다고 할 것인가.

* 마음이란 없는 곳이 없고 또한 있는 곳도 없다.

639. 정자(程子, 1037~1107): 중국 송나라 때의 유학자. 이름은 정숙正叔, 호는 이천 伊川. 형인 명도明道와 함께 송학宋學의 대가.

* 한쪽으로 치우치지 않는 것을 중中이라 하고 바뀌지 않는 것을 용庸이라 한다. 중이란 천하의 정도이고, 용이란 천하의 정해진 이치이니라.

640. 정제두(鄭齊斗, 1649~1736): 조선시대의 유학자. 자는 사앙士仰, 호는 하곡霞谷, 시호는 문강文康.

* 남의 학설을 변론함에 있어서는 먼저 그 입장을 이해해야 한다. 그 근본 자체를 파악하지 못하고 어구에 얽매이거나 문자에 구애되어서는 안 된다. 그 이론 자체가 드러나지 않고 가려져 보이지 않는 것이 있기 때문이다.

641. 정철(鄭澈, 1536~1593): 조선시대의 문신, 시인. 자는 계함季涵, 호는 송강松江, 시호는 문청文淸.

* 어버이 살아신제 섬길 일란 다하여라. 지나간 후면 애닯다 어찌하리. 평생에 고쳐 못할 일 이뿐인가 하노라.

642. 정호(程顥, 1032~1085): 북송(北宋)의 유학자. 자는 백순伯淳. 명도明道선생이라 부른다. 동생이 이천(伊川: 程子)이다.

* 최하급의 신입 관원이라도 진실로 사물을 사랑하는 마음을 가진다면 백성에게 반드시 혜택이 미치게 할 수 있다.

643. **제갈공명**(諸葛孔明, 181~234): 중국 삼국시대 촉한蜀漢의 정치가. 이름은 량亮, 시호는 충무후忠武侯.

* 뜻을 계획하는 것은 사람의 일이고, 뜻을 이루는 것은 하늘의 일이다.
* 사람의 성품처럼 알기 힘든 것은 없다.

644. **제논**(K. Zenon, B.C.335~263): 그리스의 철학자. 스토아학파의 시조.

* 두 귀와 한 입을 가진 것은 많이 듣되 적게 말하도록 하기 위함이다.

645. **제럴드**(D.W, 1803~1857): 영국의 유머작가. 저널리스트.

* 사랑은 홍역과 같다. 그것은 인생에서 늦게 올수록 더 나쁘다.
* 종교는 마음속에 있지 무릎 속에 있지 않다.
* 행복이란 우리 자신의 가정에서 자라며 남의 집 정원에서 뽑아지는 것이 아니다.

646. **제롬**(J.K, 1859~1927): 영국의 유머작가.

* 들으려 하지 않는 사람에게 말하기를 좋아할 사람은 없다. 화살은 결코 돌에는 꽂히지 않는다. 그것은 때로는 그것을 쏜 사람에게로 도로 튀어간다.
* 사랑은 홍역과 같다. 우리는 모두 그것을 거쳐 가야 한다.
* 싸움 없이 살아가는 사람은 독신의 남자뿐이다.
* 얼굴은 마음의 거울이며 눈은 말없이 마음의 비밀을 고백한다.
* 여자는 지옥의 문이다.
* 예루살렘에 갔다온 것이 장한 일이 아니라 훌륭히 살았다는 것이 장한 일이다.
* 우리는 서로 건강을 위해 축배하고 자신들의 건강을 해친다.

647. **제임스**(W, 1842~1910): 미국의 심리학자, 철학자.
   * 실제적으로 가능하다면 사회에서 방치하고 모든 사람이 철저하게 무시해 버리는 것 이상 가혹한 처벌은 없다.
   * 우리 자신 안에 있는 가능성에 비한다면 우리는 반半각성상태에 있는 것이다. 우리는 육체적, 정신적으로 아주 작은 부분만 이용하고 있다. 인간은 온갖 힘을 가지고 있으나 대체로 그것을 이용하지 못하고 있는 것이다.
   * 인생을 두려워하지 말라. 인생은 살 가치가 있다고 믿으라. 그러한 그대의 믿음은 그 사실을 창조하는 데 도움을 줄 것이다.
   * 현명하게 되는 기교는 못 본 체해야 할 것을 아는 기교이다.

648. **제임스 슐러**(1839~1920): 미국의 법률가, 역사가.
   * 이성은 지성의 승리이며, 신앙은 마음의 승리이다.

649. **제임스 코던**(1719~1761): 영국의 시인.
   * 교육은 인간을 만든다.

650. **제프리스**(1848~1887): 영국의 자연연구가, 작가.
   * 아름답고 고요한 것이 자연의 이상이다.

651. **조광조**(趙光祖, 1482~1519): 조선조 문신. 자는 효직孝直, 호는 정암靜菴, 시호는 문정文正.
   * 나는 바른 길로 임금을 섬기나니 산다면 살고 불행히 죽는다면 죽었지 화나 복을 내 어찌 두려워할 것인가.
   * 남과 사귈 적에는 그 사람의 장점만 취하고 남을 포용하는 아량을 넓

히도록 하여라.
* 물질을 즐기다가 의지력을 상실한다.
* 부부는 인류의 시작이요, 만복의 근원이다.

652. **조나단 스위프트**(1667~1745): 영국의 소설가, 성직자.
* 10명의 친구가 이익을 주는 것보다 1명의 적이 더 많이 해칠 수 있다.
* 국가의 멸망은 대개의 경우, 도덕의 퇴폐와 신앙의 문란에서 온다.
* 법은 거미줄과 같아 작은 파리들은 잡아도 말벌과 나나니벌은 찢고 지나가게 한다.
* 세상에서 가장 빛나면서도 가장 깨지기 쉬운 것이 둘이 있다. 하나는 여자의 얼굴이고, 또 하나는 오지 그릇이다.
* 책은 두뇌의 자녀이다.
* 하늘이 부를 가치있는 것으로 보았다면 하늘은 그런 악당에게 부를 주지 않았을 것이다.

653. **조나단 에드워드**(1703~1758): 미국의 신학자.
* 미신은 엄청난 진실의 그림자이다.

654. **조셉 글랜빌**(1636~1680): 영국의 성직자, 철학자.
* 진정한 지식은 겸손하고 신중하다. 지나치고 주제넘은 것은 무식한 것이다.

655. **조셉 루**(1712~1778): 프랑스의 사상가, 문학가. 스위스 태생.
* 겸손에는 창피가 없다.

* 악은 때때로 승리한다. 그러나 결코 정복할 수는 없다.
* 큰 기쁨은 울고 큰 슬픔은 웃는다.

656. **조셉 스토리**(1779~1845): 미국의 법학자, 작가.
* 육체가 공기와 하늘로부터 즐거운 빛이 없으면 시들 듯이 정신은 자연, 계시, 신 및 그 자신과의 자유로운 소통이 차단되는 정도에 비례하여 그 생명을 잃는다.
* 정부의 임무는 행복을 주는 것이 아니라, 사람들에게 스스로 행복을 위하여 일할 기회를 주는 것이다.

657. **조셉 애디슨**(1672~1719): 영국의 수필가, 시인, 정치가.
* 노고 없이 구해질 수 있는 것치고 진정으로 가치 있는 것은 없다.
* 정의만큼 참으로 위대하고 신성한 미덕은 없다.
* 착한 마음을 갖지 않은 악인이 없고 악한 마음을 갖지 않은 선인도 없다.
* 책은 위대한 천재가 인류에게 남긴 유산이며, 그것은 아직 태어나지 않은 자손들에게 주는 선물로써 한 세대에서 다른 세대로 전달된다.

658. **조셉 홀**(1574~1656): 영국의 성직자. 문필가.
* 미신은 신이 없는 종교요, 믿음 깊은 불신앙이다.

659. **조셉 후커**(1814~1879): 미국의 남북전쟁 때의 북군장군.
* 그날이 가져다주는 의무를 다할 때까지 하루가 끝났다고 생각하지 마라.

660. 조안나 베일리(1762~1851): 스코틀랜드의 시인, 극작가.
* 제멋대로의 허영이 아마 굶주린 자존심보다는 나을 것이다.

661. 조이메(J.G, 1763~1810): 독일의 서정시인.
* 정의가 없는 곳에 자유는 없다. 자유가 없는 곳에 정의도 있을 수 없다.

662. 조지(H, 1839~1897): 미국의 경제학자. 사회개혁주의자.
* 앞뒤 가리지 않은 변혁에는 위험이 있지만 그것보다 더욱 크게 위험한 것은 맹목적인 보수주의자이다.

663. 조지 개스코인(1525~1577): 영국의 시인, 극작가.
* 모든 인간은 희망이 개최하는 연회의 손님이다.

664. 조지 밴크로프트(1800~1891): 미국의 역사가, 외교관.
* 탐욕은 노년의 악덕이다.

665. 조지 버로(1803~1881): 영국의 작가.
* 부지런히 돌아다니는 개가 뼈다귀를 발견한다.

666. 조지 오웰(1903~1950): 영국의 작가, 비평가.『동물농장』,『1984년』등.
* 대포를 쏘고 있는 것을 보고 있을 때 그것이 자기편의 군인들을 향하고 있어도 명중할 것을 바라는 마음이 인간에게는 있다.
* 만약 사고思考가 언어를 부패시킨다면 언어 역시 사고를 부패시킨다.
* 전쟁을 끝내는 가장 빠른 길은 그 전쟁에 지는 것이다.

667. 조지 워싱턴(1732~1799). 미국의 초대 대통령. 미 건국의 아버지로 불림.
   * 도박은 탐욕의 자식이요, 부정의 형제요, 불행의 아버지이다.
   * 모략, 중상에 대한 최선의 답은 묵묵히 자기 의무를 지키는 일이다.
   * 자유는 뿌리를 박기 시작하면 빨리 자라는 식물과도 같다.
   * 전쟁을 위해서 대비하는 것이 평화를 유지하기 위한 가장 효과적인 수단의 하나이다.
   * 정의의 행정이 정부의 가장 확고한 기둥이다.

668. 조지 위더(1588~1667): 영국의 시인, 팸플릿 작가.
   * 사상은 표현하기는 너무나 깊고 억압하기는 너무나 강하다.

669. 조지 윌킨스(17세기): 영국의 극작가.
   * 여자는 교회에서는 성인이요, 밖에서는 천사이고, 집에서는 악마이다.

670. 조지 캐닝(1770~1827): 영국의 정치가.
   * 힘이 따르지 않은 의지는 병정놀이 하는 어린이와 같다.

671. 조지훈(趙芝薰, 1920~1968): 한국의 시인.
   * 술이란 취한 뒤보다 취하는 과정이 더 좋은 법인데 그 진미를 거세할 양이면 애당초 술을 포기하라.

672. 존 게이(1685~1732): 영국의 시인, 극작가.
   * 모든 칭찬을 알맞은 때에 물리치는 법을 배우라. 아첨은 최악의 보모이기 때문이다.

*여자의 우정은 항상 사랑으로 끝난다.

673. 존 노드브루크(?~1568 또는 1579): 영국의 성직자.
*많이 가진 자가 아니라 가장 적게 탐내는 사람이 부유하다.

674. 존 데넘(1615~1669): 영국의 시인.
*논쟁의 태풍에 휩쓸린 지식의 나무는 열매 대신 말라빠진 잎들만 만들어낸다.

675. 존 듀이(1859~1952): 미국의 철학자, 교육학자.
*교육의 목적은 각자가 자기의 교육을 계속할 수 있게끔 하는 데 있다.
*문화는 언어의 조건이요, 동시에 그 산물이다.
*양심은 현존 사회 질서의 개선을 위한 적극적 노력의 회전축이 될 때 비로소 의미있는 것으로 된다.

676. 존 랜돌프(1773~1833): 미국의 정치가.
*전쟁을 막는 가장 확실한 방법은 전쟁을 두려워하지 않는 것이다.

677. 존 러셀(J. Russell, 1792~1878): 영국의 정치가, 수상.
*만약에 평화가 명예스럽게 유지될 수 없다면 이미 평화가 아니다.

678. 존 리드게이트(1370~1451): 영국의 시인.
*가장 높이 올라가는 자는 자기의 추락을 가장 겁낸다.

679. 존 샌드포드(1878~1967): 미국의 시인.
* 절약은 제일의 수익이다.

680. 존 스켈튼(1460?~1529): 영국의 시인.
* 어제는 다시 찾아가 볼 수 없다.

681. 존슨(Johnson, Ben, 1573~1637): 영국의 극작가, 시인, 비평가. 『시제이너스』, 『오베론』 등의 작품.
* 명성을 멸시하면 덕망을 멸시하게 된다.
* 불에 덴 아이는 불을 무서워한다.
* 슬기롭지만 정직하지 못한 자는 잔꾀 많은 사기꾼에 불과하다.
* 얼굴을 보면 그 사람의 마음을 알 수 있다.
* 위대한 사업을 이루는 것은 힘이 아니라 끈기이다.
* 중상은 침묵으로 대답하는 것이 가장 좋다.
* 지식은 영혼의 행동이다.
* 진리의 존엄성은 너무 주장하면 상실된다.

682. 존슨(Johnson, Lyndon Baines, 1908~1973): 미국의 제36대 대통령.
* 누구도 범국민적 토론이 국민의 분열을 의미한다고 잠시라도 생각하지 못하게 합시다.
* 위대한 사회란 사람들이 자기 소유물의 양보다 목표의 질에 더 관심을 갖는 곳이다.

683. **존슨**(Johnson Samuel, 1709~1784): 영국의 문학자, 시인. 『런던』, 『시인전』 등의 작품이 있고, 영국 최초의 『영어사전』을 편찬.

* 남자란 대체로 자기 아내가 유식한 것보다 자기 식탁에 맛있는 요리를 놓아 주는 것을 더 좋아한다.
* 모든 사람은 자기가 진리라고 생각하는 것을 말한 권리를 가지고 있으며, 또 누구든 그를 반박할 권리를 갖고 있다.
* 모방에 의해서 위대해진 사람은 일찍이 한 사람도 없었다.
* 무지가 고의일 경우에는 범죄이다.
* 미래는 현재에 의해서 얻어진다.
* 부귀를 위해서 결혼하는 사람만큼 나쁜 사람은 없으며, 연애를 위해서 결혼하는 사람만큼 어리석은 사람은 없다.
* 사람은 어떻게 죽느냐가 문제가 아니라 어떻게 사느냐가 문제이다.
* 신뢰가 없는 우정은 있을 수 없고 언행일치가 안 되는 신뢰란 있을 수 없다.
* 애국심이란 무뢰한들의 최후의 피난처이다.
* 언어는 사상의 옷이다.
* 여행의 효용은 진실에 의하여 상상을 규제하는 것이며, 사물을 막연히 생각하지 않고 있는 그대로 보는 것이다.
* 우정도 사랑과 마찬가지로 잠시 떨어지면 증진될 수 있어도 오랫동안 떨어져 있으면 깨어진다.
* 지식이 없는 성실성은 연약하고 쓸모가 없으며, 성실성이 없는 지식은 위험하고 두렵다.
* 짧은 인생은 시간의 낭비에 의해서 더욱 짧아진다.
* 한 작가가 아직 살아 있을 때는 우리는 그의 가장 못한 작품으로 그를 평가하고, 그가 죽으면 가장 뛰어난 작품으로 그를 평가한다.

* 허영심에서 오는 슬픔은 아무도 동정하지 않는다.
* 현재의 시간만이 인간의 것임을 알라.
* 희망은 그 자체가 일종의 행복이다.
* 희망이 없으면 노력도 없다.

684. 존 아버스넛(1667~1735): 스코틀랜드의 의사, 작가.
* 모든 정당은 최후에는 자기 자신이 뱉어놓은 거짓말을 삼키기 위해 죽어 버린다.

685. 존 위클리프(1320~1384): 영국의 신학자, 종교개혁자.
* 혀는 뼈가 없지만 뼈를 부러뜨릴 수 있다.

686. 존 윌슨(1785~1854): 스코틀랜드의 시인.
* 음악은 만국어이다.
* 증오는 죽지만 자애는 영원히 산다.

687. 존 주얼(1522~1571): 영국의 성직자, 신학자.
* 과오는 과오로써만 변호될 수 있다. 허위는 허위로써만 감추어질 수 있다.

688. 존 클라크(17세기): 영국의 편집자.
* 나는 모든 것을 잃고 나 자신을 발견했다.
* 모두가 종말에는 똑같다. 한 포대의 황금과 한 묶음의 건초도.
* 분노는 용기를 날이 서게 한다.

689. 존 키츠(1795~1821): 셸리, 바이런과 함께 18세기 영국 낭만파의 대표적 시인.
* 귀로 듣는 멜로디만큼 아름다운 것은 없다. 그러나 들리지 않는 멜로디는 더욱 아름답다.
* 미는 진리이며 진리는 미이다. 이것이 지상에서 당신들이 아는 전부요, 당신들이 알아야 할 전부이다.
* 반쯤 끝날 때까지는 시작한 것도 못된다.

690. 졸라(E, 1840~1902): 프랑스의 작가, 비평가. 저서 『테레즈 라갱』, 『목로집』 등.
* 청년이여, 청년이여, 언제나 정의와 함께 있으라. 만약 정의의 관념이 그대에게서 희박해지는 일이 있다면 그대는 모든 위험에 빠지리라.

691. 주베르(J, 1754~1824): 프랑스의 모럴리스트, 문학가.
* 가르치는 것은 두 번 배우는 것이다.
* 모든 사치는 품행도 취미도 타락시킨다.
* 목적은 반드시 달성시키기 위해 세우는 것이 아니라 조준점의 역할을 하기 위해 세워지는 것이다.
* 세상에서 성공을 거두기 위해서는 타인들에게서 사랑받는 덕과 타인들이 두려워할 만한 뚜렷한 소신이 필요하다.
* 신용은 우리에게 하나의 재산이다.
* 천재는 위업을 시작하나 노력만이 그 일을 끝낸다.
* 친구가 애꾸눈이라면 나는 그 친구를 옆에서 바라본다.
* 쾌락은 육체의 어느 부분의 행복에 불과하다. 참되고 유일하며 완벽한 행복은 영혼 전체의 평온 속에 있다.

692. **주시경**(周時經, 1876~1919): 조선조 고종 때의 한글학자. 호는 한힌샘.『국어문법』,『말의 소리』 등을 저술.

* 한 나라가 잘 되고 못되는 열쇠는 그 나라의 국어를 얼마나 사랑하느냐에 있다.

693. **주자**(朱子, 1130~1200): 중국 송宋나라 주자학의 개조. 이름은 희熹, 자는 원회元晦, 호는 회암晦庵.

* 글을 백 번 읽으면 그 뜻을 스스로 깨우쳐 알게 된다.
* 날마다 진보하지 않는 자는 반드시 날마다 퇴보한다. 진보하지도 않고 퇴보하지도 않는 것이란 있을 수 없다.
* 소년은 곧 늙고 학문은 이뤄지기 어렵다. 한 치의 시간도 가볍게 여기지 말라.
* 양기가 발하는 곳에 금석도 뚫린다. 정신이 일도一到하면 무슨 일이건 할 수 있다.
* 의문이 많으면 많이 나아가고 의문이 적으면 적게 나아간다. 그리고 아무 의문도 없으면 전혀 나아가지 못한다.
* 중中이란 천하의 대본大本이다. 하늘과 땅 사이에 정정당당하여 상하좌우로 막힘이 없는 정리正理이다.

694. **쥐스랑**(J, 1855~1932): 프랑스의 학자, 외교관.

* 미래는 운명의 손이 아니라 우리의 손에 달려 있다는 것을 또한 명심하고 그것이 진리임을 확신하라.

695. **증자**(曾子, B.C.505~436?): 중국 춘추시대 노魯나라 유학자, 사상가. 이름은 삼 參, 자는 자여子輿.

* 나는 매일 세 가지를 스스로 반성한다. 남을 위하여 일을 도모함에 있어 성실을 다했던가. 친구와 더불어 사귀되 신의가 있었던가. 내 몸에 익히지 못한 것을 남에게 가르쳤던가.
* 새가 바야흐로 죽음에 다다르면 그 울음소리가 애절하고, 사람이 바야흐로 죽음에 다다르면 그 말이 착하니라.

696. **지눌**(知訥, 1158~1210): 고려시대의 고승. 호는 목우자牧牛者. 조계종의 개조. 시호는 불일보조국사佛日普照國師.

* 누구든지 잠시 동안 고요히 앉으면 칠보탑을 세우는 것보다 뛰어나다. 보탑은 언젠가 티끌로 돌아가겠지만 한 생각 맑은 마음은 정각을 이룬다.
* 땅에서 넘어진 자 땅을 짚고 일어나라.
* 마음을 닦은 사람은 스스로 비굴하지도 않고 또 스스로 뽐내지도 않는다.
* 손가락으로 달을 가리키지만 달은 손가락에 있지 않고, 말로써 법(진리)을 설하지만 법은 말에 있지 않다.

697. **짐멜**(G, 1858~1918): 독일의 철학자, 사회학자.

* 일반적으로 청년의 주장은 옳지 않다. 그렇다고 청년의 주장을 무작정 억제해서는 안 된다.
* 지상의 처세술은 타협이 아니라 적응이다.

698. **채닝**(W.E. Channing, 1780~1842): 미국의 목사, 신학자, 저술가.
* 문학은 '국민의 생각을 글로 나타낸 것'이다.
* 악은 결코 덕망이라는 열매를 낳지 않는다.
* 잘못은 그것을 통하여 우리가 발전할 수 있는 훈련이다.

699. **채프먼**(G. Chapman, 1559?~1634): 영국의 시인, 극작가.
* 눈은 말을 할 수도 있고 이해할 수도 있다.
* 늑대가 개처럼 보이듯이 아첨하는 자는 친구처럼 보인다.
* 자신, 그것은 유일한 값진 친구요, 모든 선한 정신의 후원자이다.
* 자존심을 앞세우면 치욕이 뒤따를 것이다.
* 진실로 선한 자만이 진실로 위대하다.

700. **채플린**(C.S. Chaplin, 1889~1977): 영국의 영화배우, 감독, 제작자.
* 가난하다는 것은 매력적인 것도 교훈적인 것도 아니다. 나의 경우에 있어서 가난은 부자나 상류계급의 우아함을 과대평가하는 것밖에 가

르쳐주지 않았다.
* 내게 있어 영화는 곧 인생이다. 나는 온 세계 사람들에게 웃음으로 희망을 되찾아줬으면 한다.
* 인생은 가까이서 보면 비극이지만 멀리서 보면 희극이다.
* 한 사람의 살해는 암살을 낳고, 백만의 살해는 영웅을 낳는다.

701. 처칠(Churchill, Charles, 1731~1764): 영국의 시인.
* 천재는 조국이 없다.
* 행운의 여신은 바보를 특별히 돌본다.

702. 처칠(Churchill, Sir Winston Leonard Spencer, 1874~1965): 영국의 정치가, 수상, 작가. 『제2차 세계대전 회상록』으로 1953년 노벨문학상 수상.
* 무엇보다도 정치가는 내일, 내주, 내월, 내년에 무슨 일이 일어날지를 예언할 재능이 있고, 후일 왜 그런 일이 일어나지 않았는가를 설명할 수 있는 능력을 가진 사람이 유능한 정치인이다.
* 민주주의란 최악의 정치 형태다. 인류가 그동안 실험해 본 다른 모든 정치 형태를 제외하고 말이다.
* 사회주의자는 자본을 공격하고 자유주의자는 독점을 공격한다.
* 어떤 대가를 치르더라도 승리요, 어떤 공포에서도 승리요, 그 길이 아무리 멀고 험해도 승리해야 한다. 승리 없이는 생존이 없기 때문이다.
* 인류의 역사는 전쟁이다. 불안정하고 전쟁이 없었던 짧은 시간을 제외하고는 세계에 평화가 있어 본 일이 없다.
* 전쟁에는 결단, 승리에는 관용, 패배에는 투지, 평화에는 선의, 이것이 전쟁과 평화에 대한 나의 철학이다.
* 정치는 거의 전쟁과 같이 흥분시키며 그만큼 위험하다. 전쟁에서는

한 번 죽을 뿐이지만 정치에서는 여러 번 죽을 수 있다.
* 참다운 정치가는 국민에게 희망을 안겨줄 수 있어야 한다.
* 힘을 수반하지 않는 문화는 내일이라도 사멸하는 문화가 될 것이다.

703. **청담**(靑潭, 1902~1974): 한국의 승려.
* 숲속을 거닐 때 마음의 폭이 한없이 넓어지고 또 한층 더 아름다워진다.
* 남을 용서하는 것을 배우라. 그러면 그대의 인생은 밝아지리라.

704. **체 게바라**(Che Guevara, 1928~1967): 아르헨티나 출신의 혁명가. 쿠바와 볼리비아의 혁명을 지도함.
* 모든 아버지들은 장차 자식이 더 나은 세상에서 살 수 있도록 만들고자 하는 의지를 가져야 한다.
* 우리 모두 리얼리스트가 되자. 그러나 우리 가슴 속에는 불가능한 꿈을 갖자.
* 침묵은 다른 방식으로 펼친 주장이다.
* 혁명은 다 익어 저절로 떨어지는 사과가 아니다. 떨어뜨려야 하는 것이다.

705. **체스터튼**(G.K, 1874~1936): 영국의 작가, 시인.
* 모든 인간생활의 참다운 목적은 놀이이다. 지상은 일의 정원이고, 천국은 놀이터이다.
* 문학과 소설은 전혀 다른 것이다. 문학은 사치요, 소설은 필요이다.
* 미리 막지 않으면 안 될 사상이 있다. 즉 그것은 사상을 막는 사상이다.
* 민주주의를 성취하기 위해서 혁명을 해서는 안 된다. 혁명을 하기 위

해서 민주주의가 필요한 것이다.
* 사람들은 우주는 이해할 수 있겠지만 자아는 결코 이해하지 못한다. 자기 자신은 어떤 별보다도 더 멀리 있다.

706. **체스터필드**(1694~1773): 영국의 정치가, 서간문 작가.
* 가장 훌륭한 친구는 가장 좋은 책이다.
* 공손함과 훌륭한 예의범절은 어떤, 혹은 모든 훌륭한 성품과 재능을 빛나게 하는 데 절대적으로 필요하다. 훌륭한 예의범절이 없는 학자는 썩은 선비요, 철학자는 냉소가요, 군인은 야수요, 모든 사람은 불쾌해진다.
* 미워하는 자를 타도하는 것이 정당화 될 수 없으면 그 자를 껴안아야 한다.
* 재치를 지녔다면, 즐겁게 하기 위하여 쓰고, 상처를 입히도록 쓰지 말라.
* 청년이 청년을 인도하는 것은 맹인이 맹인을 인도하는 것과 같다. 그들은 둘 다 도랑에 빠질 것이다.
* 충고는 좀처럼 환영을 받지 못한다. 더구나 그것은 가장 필요로 하는 사람이 그것을 가장 싫어한다.

707. **체호프**(1860~1904): 러시아의 작가, 극작가.
* 결혼 생활에서 가장 중요한 일은 인내와 관용이다.
* 고독이 무서우면 결혼하지 말라.
* 사람은 평탄한 길을 걷다가도 쓰러질 때가 있다. 인간의 운명도 그런 것이다. 그래서 인간은 노력을 다한 후에 천명을 기다려야 한다는 것이다.

* 일을 하지 않으면 안 된다. 삶에 있어서 행복의 뜻도 모두 그 안에 포함돼 있다.
* 자연은 오직 사랑만을 위해 우리들을 이 세상에 낳은 것이다.

708. **초서**(G, 1340?~1400): 영국의 시인, 작가. 근대 영시의 창시자. 작품으로 『캔터베리의 이야기』, 『명예의 전당』 등.
* 당신이 가난하게 되면 형제는 당신을 증오하고, 당신의 모든 친구들은 당신에게서 도망간다.
* 복수는 또 하나의 복수로, 잘못은 또 하나의 잘못으로 고쳐지지 않는다. 이들은 거듭될수록 서로 더 치열해질 뿐이다.
* 성실은 인간이 가질 수 있는 가장 고상한 것이다.
* 정말 현명한 사람은 자기 자신을 알 수 있는 사람이다.

709. **초우트**(R, 1799~1858): 미국의 법률가, 웅변가.
* 국가의 완전한 이성으로 밝힌 국가의 절대적 정의, 그것이 법률이다.
* 정부의 최종적 목표는 금지 조치를 취하는 것이 아니라 선을 행하는 것이다.

710. **최영**(崔瑩, 1316~1388): 고려의 장군, 충신. 시호는 무민武愍.
* 너는 황금 보기를 마치 저 길가에 뒹굴고 있는 돌덩어리처럼 하라.

711. **최원**(崔瑗, 1795~1881): 중국 후한의 문장가.
* 남에게 베푼 것은 결코 생각하지 말고, 남에게서 은혜를 입은 것은 결코 잊지 마라.

712. **최현배**(崔鉉培, 1894~1970): 한국의 국어학자. 호는 외솔.
  * 민족의 정신 활동은 그 특유의 언어를 낳고, 그 언어는 또 그 민족의 정신을 도야하며 민족감을 굳게 통합한다.

713. **충자**(忠子, 연대 미상)
  * 관직을 다스림에는 공평 이상의 것이 없고, 재물에 임할 때는 청렴 이상의 것이 없다.

714. **츠바이크**(A, 1887~1968): 독일의 작가. 『클라우디아를 둘러싼 이야기』로 명성을 얻음.
  * 역사는 언제나 패자에게 등을 돌리고 승자를 정의롭다고 기술하는 것임을 잊어서는 안 된다.
  * 자존심은 언제나 다른 사람의 감탄에 의해서 강화된다.

715. **카네기**(Carnegie, Andrew, 1835~1919): 미국의 실업가, 사회사업가. 카네기재단을 설립하여 학문, 교육, 사회사업에 큰 공헌을 함.

* 보다 많이 구하면 많이 얻을 것이며, 보다 많이 노력하면 많은 결과를 얻을 것이다.
* 자기는 유용한 재목이라는 자신만큼 사람에게 있어서 유익한 것은 없다.
* 자기의 담당 분야에 대해서는 회사의 손해라고 생각되면 기회를 포착해서 용감하게 발언하라. 이런 행동이야말로 회사도 발전시키고 자신도 발전한다.
* 진실한 한 마디의 말은 백만 마디의 헛된 찬사보다 낫다.
* 좋은 기회를 만나지 못한 사람은 하나도 없다. 다만 그것을 잡지 못했을 뿐이다.
* 최상의 자리란 가장 많이 노력하는 자에게 주어지는 것이다.

716. **카네기**(D. Carnegie, 1888~1955): 미국의 교육자, 저술가.
* 남자는 안달을 부리던가, 불행을 늘어놓던가, 중얼중얼 잔소리를 하는 여자와 더불어 훌륭한 진수성찬을 먹기보다는, 통조림 콩밖에 없더라도 화기애애한 즐거운 분위기에 젖는 편을 더욱 좋아한다.
* 사람을 비난하는 것은 위험한 불꽃과 같은 것이다. 그 불꽃은 자존심이라는 화약고의 폭발을 유발하기 쉽다. 이 폭발은 왕왕 사람의 목숨마저 앗아간다.

717. **카로사**(H, 1868~1956): 독일의 시인, 작가, 결핵전문 의사.
* 영혼이 깃들어 있는 청춘은 그렇게 쉽사리 사라지지 않는다.
* 인생이란 만남이다. 그러나 그 초대는 두 번 다시 되풀이 되지 않는다.
* 우리들은 인생이라는 커다란 연극에서 함께 열심히 공연하는 사람이다.

718. **카뮈**(A, 1913~1960): 프랑스의 실존주의 작가, 평론가. 작품으로『이방인』,『시지프의 신화』,『페스트』등.
* 삶에 대한 절망 없이는 삶에 대한 희망도 없다.
* 세상에 존재하는 악은 태반이 거의 무지에서 유래되는 것으로 양식良識이 없으면 착한 의지도 악의와 마찬가지로 많은 피해를 줄 수가 있다.
* 여행은 무엇보다도 위대하고 엄격한 학문과도 같은 것이다.
* 영원한 존재가 아닌 인간에게는 완전히 모순된 가면 속에서의 엄청난 모방이 있을 뿐이다. 창조, 이것이야말로 위대한 모방이다.
* 우주가 얼마나 큰 것인가를 가르쳐 주는 것은 거대한 고독뿐이다.
* 인간에게는 제각기 다른 운명이 있다고 할지라도 인간을 초월한 운명은 없다.

* 인간은 그가 말하는 것에 의해서보다는 침묵하는 것에 의해서 더욱 인간답다.
* 정치와 인류의 운명은 이상이 없고 위대성이 없는 사람들에 의해서 모양지어진다.
* 진실은 빛과 같이 눈을 어둡게 한다. 반대로 거짓은 아름다운 저녁노을과 같이 모든 것을 아름답게 보이게 한다.
* 창조한다는 것, 그것은 두 번 사는 것이다.

719. **카사노바**(S, 1725~1798): 이탈리아의 문학가.
* 모든 여성이 같은 얼굴, 같은 성질, 같은 마음씨를 가지고 있다면 남자는 결코 바람둥이도 되지 않을 뿐만 아니라 연애를 하는 일도 없게 될 것이다.

720. **카스트로**(F, 1926~): 쿠바의 대통령. 정치가.
* 사회주의가 아니면 죽음을!
* 사회주의 완성과 혁명 과업 유지도 중요하지만 우리는 생존을 위해서 변하지 않으면 안 된다.

721. **카울리**(A, 1618~1667): 영국의 시인, 수필가.
* 인생은 치료할 수 없는 질병이다.
* 정다운 내 집이 없으면 온 세상일지라도 커다란 감방에 지나지 않는다.

722. **카이사르**(GJ, BC100~ BC44): 로마의 장군, 정치가.
* 인간은 의식적으로 자기가 원하는 것을 믿는다.
* 주사위는 던져졌다.

723. **카테리네 2세**(A, 1759~1796): 러시아의 여왕.
   * 나는 큰소리로 칭찬하고 부드럽게 나무란다.

724. **카토**(Cato, Dionysius, 3세기경): 로마의 모랄리스트.
   * 죄를 짓지 않고 사는 사람은 아무도 없다.

725. **카토**(Cato, Marcus Porcius, B.C.234~149): 로마의 정치가. 저서로『고대사』,『농경서』등.
   * 현명한 사람은 어리석은 자가 현명한 사람으로부터 배우는 것보다도 많은 것을 어리석은 자로부터 배운다.

726. **카툴루스**(G.V.C, B.C.84?~B.C.54?): 로마의 시인.
   * 지각 없는 웃음보다 더 바보스러운 것은 없다.

727. **카펜터**(1844~1929): 영국의 시인, 사상가.
   * 인간은 고귀한 인생, 천한 인생을 보낼 수 있다. 이와 마찬가지로 죽음에도 고귀한 죽음, 천한 죽음이 있다.

728. **카프카**(F, 1883~1924): 유태계 오스트리아 작가. 실존주의 문학의 선구자.
   * 모든 여타의 죄악들이 생기는 두 가지 기본적인 죄악이 있다. 즉 조바심과 게으름이다.

729. **칸트**(I, 1724~1804): 독일의 철학자. 저서『순수이성비판』,『실천이성비판』등.
   * 국민의 자유를 보장하는 공화국 헌법에 기초한 나라들이 연합체를 구성할 때 비로소 항구적 평화가 가능하다.

* 그대들은 나에게서 철학을 배우려고 하지 말고 철학하는 것을 배워야 한다.
* 나는 고독하다, 나는 자유이다. 나는 나 자신의 왕이다.
* 내용이 없는 사상은 공허하고 개념이 없는 직관은 맹목이다.
* 머리가 좋은 사람은 상상력이 풍부한 사람이다.
* 명령된 것, 그것이 신앙이라고 한다면, 그것은 아무것도 아니다. 신앙은 명령할 수 없는 것이다.
* 모든 종교는 도덕률을 그 전제로 한다.
* 모든 지식은 경험에 바탕을 두고 있다.
* 법적으로는 타인의 권리를 침해했을 때 죄가 된다. 도의적으로는 침해할 생각을 가진 것만으로도 죄가 된다.
* 서로의 자유를 침범하지 않는 범위 내에서 자기의 자유를 넓히는 것이 자유의 법칙이다.
* 선행이란 타인에게 베푸는 것이 아니라 자기 자신의 의무를 다하는 것이다.
* 술은 마음의 솔직함을 운반하는 물질이다.
* 우정에는 세 가지 종류가 있다. 필요의 우정, 취미의 우정, 마음의 우정이다.
* 인간은 교육에 의해서 사람이 될 수 있다. 사람에게서 교육을 빼면 남는 것이 없다. 인간은 교육의 산물이다.
* 인간은 이런 스승을 원한다. 제자에게 처음에는 판단을 가르치고 그 다음에는 지혜를 가르치고 마지막으로 학문을 가르치는 스승을.
* 자유란 모든 특권을 유효하게 발휘시키는 특권이다.
* 청년들이여, 그대 머리로 사색하고, 그대 손으로 탐구하고, 그대 발로 서라.

* 행복을 추구하는 것도 중요하지만 행복을 누릴 자격을 갖추는 것이 더욱 중요하다.

730. **칼라일**(T, 1795~1881): 스코틀랜드 태생의 영국 평론가, 역사가. 『영웅 숭배론』, 『프리드리히 대왕』 등을 저술.

* 건강한 사람은 자기의 건강을 모른다. 병자만이 건강을 안다는 것이 의사의 격언이다.
* 결점 중에서 가장 큰 결점은 그것을 하나도 깨닫지 못하는 것이다.
* 노동은 항상 인류를 괴롭히고 있는 온갖 질병과 비참에 대한 최대의 치료법이다.
* 노동이 있으므로 비로소 안락도 있고 휴식도 있다.
* 명성은 그가 어떤 인물인가를 보여 주는 등불에 불과하고, 결코 그를 보다 더 훌륭한 인물이나 특별한 인물이 되게 하는 것은 아니다.
* 변화는 고통이다. 그러나 그것은 항상 필요한 것이다.
* 사람은 일을 하기 위해서 이 세상에 태어난 것이다. 사색에 잠기고 꿈을 꾸고 감상하기 위해서 존재하는 것은 아니다. 모든 사람은 자기의 능력에 따라 하고 싶었던 일을 할 때가 가장 빛나는 것이다. 자기가 하고 있는 일에 사랑과 신념을 가지지 못하는 것은 불행한 사람이다.
* 수치심은 모든 덕의 원천이다.
* 우주의 신비는 바로 생명 현상에서 그 극치를 이룬다.
* 이상은 우리들 자신 속에 있다. 동시에 이상의 달성을 가로막는 여러 가지 장해 요소도 우리들 자신 속에 있다.
* 자기보다도 훌륭한 사람을 칭찬하는 감정은 인간의 가슴에 지닌 가장 고상한 감정이다.
* 자기의 마음을 감추지 못하는 사람은 무슨 일이든 대성할 수 없으며

성공할 수 없다.
* 천재라는 것은 무엇보다도 고통을 참아내는 뛰어난 능력을 말한다.
* 침묵은 자기 자신을 위대한 일에 적응시키는 요소이다.
* 평화를 유지하는 최선책은 전쟁 당사자가 자기를 교수형에 합당한 자라고 느끼는 일이다.

731. **칼 포퍼**(1902~1994): 영국의 과학철학자, 사상가.
* 만병통치약이란 없다. 모든 병에 좋은 약은 어떤 병에도 좋지 않다.
* 역사는 스스로 진보하지 않는다. 인간만이 진보시킬 수 있을 뿐이다.

732. **캐더**(W.S, 1875~1947): 미국의 여류작가.
* 무엇인가 완전하고 위대한 것으로 녹아들어 가는 것, 그것이 행복이다.

733. **커밍스**(E.E, 1894~1962): 미국의 시인, 화가.
* 만들어진 세계는 본래의 세계가 아니다.

734. **컬버트슨**(E, 1891~1955): 루마니아 출신. 미국의 편집자.
* 권력 정치는 정글의 법칙에 대한 외교적 명칭이다.

735. **케네**(1694~1774): 프랑스의 경제학자, 의사.
* 성공을 뽐내는 것은 위험하다. 그러나 실패에 함구하는 것은 더 위험하다.

736. 케네디(J.F, 1917~1963): 미국의 제35대 대통령.
* 교육의 목표는 지식의 증진과 진리의 씨뿌리기이다.
* 국가는 시민의 하인이지 주인이 아니다.
* 모든 나라가 우리와 동일한 제도를 채용할 것을 기대할 수는 없다. 획일성은 자유를 가두는 형무관이며 성장의 적이기 때문이다.
* 민주주의는 무엇보다 우수한 통치 형태이다. 그것은 인간을 이성적 존재로서 존경하는데 기초하기 때문이다.
* 민주주의 제도에서 유권자 한 사람의 무지는 모든 사람의 불행을 가져온다.
* 베를린 벽이 아무리 높아도 인간의 자유에 대한 동경은 막아내지 못한다.
* 우리는 말이 아닌 행위를 지켜보아야 한다. 그리고 또 우리도 말이 아닌 행위로 보여 주어야 한다.
* 우리들이 어떤 경우에 처하더라도 아무리 큰 장애나 위험이나 압력이 있더라도 사람은 의무를 다할 줄 알아야 한다. 이것이야말로 진실한 인간 도의의 근본이다.
* 인간은 아직까지도 모든 컴퓨터 중에서 가장 훌륭한 컴퓨터이다.
* 인류가 전쟁의 종말을 이룩해야 한다. 그렇지 않으면 전쟁이 인류의 종말을 가져다 줄 것이다.
* 친애하는 국민 여러분! 여러분의 나라가 여러분을 위해 무엇을 해줄 수 있는가를 묻지 말고 여러분이 여러분의 나라를 위해서 무엇을 할 수 있을 것인가를 물으시오.
* 효과적인 정부의 기초는 대중의 신뢰이다.

737. 케네디(Kennedy, Robert Francis, 1925~1968): 미국의 정치가. 케네디 대통령의 동생.
* 지연된 정의는 부인된 민주주의이다.

738. 케인(J.M, 1883~1946): 영국의 경제학자. 저서로『평화의 경제적 귀결』,『화폐론』등.
* 습관은 성격을 형성하며 성격은 운명이다.

739. 켈로그(F.B, 1856~1937): 미국의 정치가.
* 하루하루 규칙적인 운동을 하는 것은 하루하루 규칙적인 식사를 하는 것과 마찬가지로 필요하다.

740. 켈젠(H, 1881~1973): 독일의 법학자.
* 법은 인간 행위에 관한 일종의 질서이다. 그 질서라는 것은 다수 규범에 의하여 이루어지는 하나의 체계를 말한다.

741. 코르네이유(P, 1606~1684): 프랑스의 극작가.
* 사람이 거짓말을 한 뒤에는 훌륭한 기억력이 뒤따라야 한다.
* 삶의 어느 순간도 죽음에의 일보이다.

742. 코민(P.D, 1445경~1509): 프랑스의 역사가, 정치가.
* 사람은 말을 너무 적게 한 것에 대해 뉘우치는 일은 없으나 말을 너무 많이 했다고 뉘우치는 일은 흔히 있다.

743. 코체브(A.V, 1761~1788): 독일의 극작가.
- "가난은 수치가 아니다"라는 말은 모든 사람이 입에 담으면서도 아무도 믿지 않는 말이다.
- 노동으로 양념한 만족 속에서만 인생의 즐거움이 깃든다.
- 진리는 쓴 약이다. 사람들은 그것을 마시려 하지 않고 오히려 병을 그대로 가지고 있다.
- 희망은 인생의 유모이다.

744. 코튼(N, 1705~1788): 영국의 의사, 시인.
- 도박을 일삼는 자는 그의 재산과 시간과 자유와 건강에 대한 중죄인이다.

745. 코페르니쿠스(N, 1473~1543): 폴란드의 천문학자, 교회법 박사.
- 마침내 우리들은 태양을 우주의 중심으로 간주하게 될 것이다. 흔히 말하듯이 '두 눈을 크게 뜨고' 사실에 직면한다면 우주 전체의 체계적인 진행 과정과 조화는 우리들에게 위와 같은 모든 사실을 알려 줄 것이다.

746. 코핀(H.S, 1877~1954): 미국의 교육자, 성직자.
- 생각건대 신이란 힘으로써, 생명으로써, 질서로써, 미로써, 사상으로써, 양심으로써, 사랑으로써, 스스로를 표명하는 우주의 배후와 내부에 있는 창조력이다.

747. 콕스(A.C, 1818~1896): 미국의 성직자, 시인, 문필가.
- 꽃은 갓난아기까지도 이해할 수 있는 언어이다.

748. **콕토**(J, 1880~1963): 프랑스의 시인, 극작가.
* 자만심은 항상 책임 속에서 마지막 피난처를 찾는다.
* 청년은 안전한 주식을 사면 안 된다.

749. **콜럼버스**(C, 1441~1506): 이탈리아의 항해가. 미대륙 발견자.
* 황금은 훌륭한 물건이다. 황금을 수중에 가진 사람은 무엇이든지 하고 싶은 것을 다 할 수가 있다. 황금만 있으면 천당에도 들어갈 수 있다.

750. **콜리지**(D.H, 1796~1849): 영국의 시인, 문학가.
* 인간의 영혼은 하늘보다 더 넓고 바다보다 더 깊으며, 혹은 그 깊이를 알 수 없는 심연의 어두움이다.
* 자유란 무엇인가? 옳게 이해하면, 선하게 되라는 세계적인 면허장이다.

751. **콜리지**(S.T, 1772~1834): 영국의 시인, 비평가.
* 결혼은 그대가 말하듯 사랑과 자연적인 관계가 없다. 결혼은 사회에 속한다. 그것은 사회적인 계약이다.
* 시인인 동시에 심오한 철학자가 아니면서 위대한 시인이었던 사람은 아직까지 아무도 없다.
* 양심은 진정 이성의 맥박에 불과하다.
* 현명한 자만이 사상을 지배하고 인류의 대다수는 그들 사상의 지배를 받는다.

752. **콜린스**(J.C, 1848~1908): 영국의 교육자, 수필가.
* 남자는 자기가 느끼는 것만큼 늙지만 여자는 남에게 보이는 얼굴만큼 나이를 먹는다.

* 순경 중에는 친구가 우리를 알고 역경 중에는 우리가 친구를 안다.
* 인생에 있어서 성공의 비결은 성공하지 못한 사람만이 알고 있다.
* 자살은 살인의 최악의 형태이다. 자살은 참회의 기회를 남겨 놓지 않기 때문이다.

753. 콜린스(W. Collins, 1721~1759): 영국의 시인. 「석양에 부치는 노래」, 「페르시아의 만가」 등의 작품.

* 이성이 정신을 지배하는 곳에서는 평화가 그 시대를 지배한다.

754. 콜튼(A.W, 1868~1943): 미국의 시인, 문필가.

* 단지 도착하기 위한 여행이라면 불쌍한 여행이며, 그 책이 어떻게 끝을 맺을 것인가만을 알기 위한 독서라면 가련한 독서이다.

755. 콜튼(C.C, 1780~1832): 영국의 성직자, 작가.

* 도박은 탐욕의 자식이지만 낭비의 부모이다.
* 우리들은 흔히 충고를 요구하지만 그것은 동의를 얻은 것을 의미한다.
* 인간의 눈은 두 개를 갖고 있지만 혀는 하나이다. 그것은 말하는 것보다 두 배를 더 관찰하기 위해서이다.
* 진실의 가장 큰 벗은 세월이고 가장 큰 적은 편견이며 변함없는 친구는 겸손이다.

756. 콩도르세(M.A, 1743~1794): 프랑스의 수학자, 철학자, 정치가.

* 잘못된 것은 모두 파괴해야 한다. 그러나 건물을 파괴할 때 그 건물의 각 부분이 어떻게 결합되었는가를 알아 위태롭게 주저앉지 않도록 철거하는 건축가의 조심스러움을 배워야 한다.

* 타인의 생활과 비교하지 말고 그대 자신의 생활을 즐겨라.

757. **쿠베르탱**(P.B, 1863~1937): 프랑스의 교육가. 국제 올림픽경기의 창시자.
* 한 인간의 성공 여부를 결정짓는 척도는 그 사람이 승리자이냐 아니냐에 달려 있는 것이 아니라 그 사람이 어느 정도 노력했는가에 달려 있다.

758. **쿠인투스 쿠르티우스 루프스**(2세기): 로마의 역사가.
* 겁쟁이 개는 물지 않고 세차게 짖는다.

759. **쿠인틸리아누스**(M.F, 35?~99?): 로마의 수사학자.
* 대부분의 경우 경험은 교훈보다 더 가치가 있다.

760. **쿠쟁**(V, 1792~1867): 프랑스의 철학자, 개혁가.
* 남에게 봉사함으로써만 남을 통치할 수 있다. 이 법칙에는 예외가 없다.

761. **쿠크**(E, 1818~1889): 영국의 시인.
* 말 한마디가 세계를 지배한다.

762. **쿠퍼**(J.F, 1789~1851): 미국의 작가.
* 영혼, 그것은 인간을 지상의 다른 모든 것과 구별하는 영구불멸의 불꽃이다.

763. 쿡(J, 1728~1779): 영국의 항해가.
* 마음의 아름다움보다 더 나은 미는 없다.

764. 퀼즈(F, 1592~1644): 영국의 시인.
* 모든 사람 가운데 의사가 가장 행복하다. 그들이 성공한 것은 세상이 널리 선전하고 그들이 저지르는 잘못은 어떻든 땅이 덮어주니 말이다.
* 속되게 현명하지 말고 현명하게 세속에 따르라.
* 인간은 신의 걸작품이다.
* 인간의 생애에 있어서 신성한 학원은 행복한 아내와의 성스런 결혼생활이다.

765. 크니드(1752~1796): 독일의 문장가.
* 한 쪽에서 너무 무거운 압력이 작용하면 우정은 깨진다.

766. 크랜치(C.P, 1813~1892): 미국의 성직자, 화가, 시인.
* 사색은 모든 언어보다 심원하며 감정은 모든 사색보다 심원하다.

767. 크레비용(1707~1777): 프랑스의 작가.
* 인생의 순간 순간은 무덤으로 향하는 한 걸음 한 걸음이다.

768. 크레이크(1826~1887): 영국의 소설가.
* 인생의 비결은 자기가 좋아하는 일을 하는 것이 아니라 해야만 하는 일을 좋아하도록 노력해야 하는 것이다.

769. 크레인(F, 1861~1928): 미국의 성직자, 저널리스트.
* 친구란 무엇인가? 친구는 바로 이런 사람이다. 즉 솔직하게 당신 자신을 드러내 보일 수 있는 사람이다.

770. 크리스티아(B.C.466~403): 그리스의 정치가.
* 생명을 가진 모든 것은 반드시 한 번은 죽어야 한다. 살고 있는 한 불행으로부터 벗어날 수 없다는 것만큼 인간에게 있어 확실한 것은 없다.

771. 크리시포스(B.C.281~208): 그리스의 스토아파 철학자.
* 현재는 그 일부가 미래요, 다른 일부가 과거이다.

772. 크세노파네스(B.C.560경~478경): 그리스의 철학자, 종교시인.
* 만물은 흙에서 태어나서 흙으로 돌아간다.
* 현인과 우자愚者를 판별할 수 있는 지혜를 가진 사람이 바로 현인이다.

773. 클라우디우스(C.A, 4세기): 로마의 감찰관, 시인.
* 중상, 모략, 그것은 개의 웅변이다.

774. 클라우제비츠(K.V, 1780~1831): 독일의 장군, 군사평론가.
* 국가 정책상 전쟁은 어떤 식으로든 계속되어야 한다.
* 용기 중에서도 도덕적 용기는 최고의 미덕이다.
* 전쟁은 다른 수단에 의한 정책의 계속이다. 그것은 정치적 행위일 뿐만 아니라 진정한 정치적 도구이다.
* 전쟁이란 원래 위험한 것이다. 그러므로 용기야말로 군인에게는 제일

가는 미덕이다.

775. **클라이스트**(H.V, 1771~1811): 독일의 극작가, 소설가.
* 어떤 악이 우리에게 선을 인식시키듯이 고통은 우리에게 기쁨을 느끼게 한다.

776. **클레**(P, 1879~1940): 스위스 출신의 독일 화가, 판화가.
* 예술은 눈에 보이는 것을 묘사하는 것이 아니라 눈에 보이지 않는 것을 보이도록 하는 데 있다.

777. **클레망소**(G.B.E, 1841~1929): 프랑스의 정치가.
* 민주주의의 모든 노력이란 모든 인간의 힘을 일부 특정인을 위해서가 아닌 모든 인간을 위해서 유용하게 쓰는 데 있다.
* 행운은 눈먼 장님이 아니다. 대개 부지런한 사람만을 찾아다닌다. 앉아서 기다리는 자에게는 영원히 찾아오지 않는다.

778. **클리블런드**(S.G, 1837~1908): 미국의 제22대, 제24대 대통령.
* 공무원은 국민이 만든 법률을 집행하는 국민의 노복이며 대리인이다.
* 명예는 정직한 수고에 있다.

779. **클린턴**(1946~): 미국의 제42대 대통령.
* 자기보다도 남을 먼저 생각하는 자세가 민주주의를 꽃피우는 기본 정신이다.

780. 키노(P, 1635~1688): 프랑스의 시인, 극작가.
* 필요 이상으로 현명한 것은 현명한 것이 아니다.

781. 키신저(1923~): 미국의 역사가, 외교관. 국무장관 역임.
* 정치가 가운데 못된 90% 때문에 좋은 정치가 10%가 손해를 본다.
* 조치를 취해야 할 범위는 극히 넓지만 조치를 취할 여지가 없을 때 정책입안자들은 혼란스러운 역설에 직면한다.

782. 키에르케고르(S, 1813~1855): 덴마크의 철학자. 저서로 『해적』, 『이것이냐 저것이냐』, 『반복』 등.
* 나는 두 개의 얼굴을 가진 야누스이다. 한 얼굴은 웃고 다른 얼굴은 울고 있는 것이다.
* 내가 고독을 느낄 때 나는 가장 고독하지 않다.
* 논리의 체계는 있을 수 있다. 그러나 인생의 체계는 있을 수 없다.
* 사랑은 모든 것을 믿되 속임을 당하지 않는다. 사랑은 모든 것을 바라되 결코 멸망하지 않는다. 사랑은 자기의 이익을 구하지 않는다.
* 여성의 본질은 헌신이며, 그 형식은 저항이다.
* 절망은 죽음에 이르는 병이다.
* 청년은 희망의 그림자를 가지고 있고 노인은 회상의 그림자를 가지고 있다.

783. 키케로(M.T, B.C.106~B.C.43): 로마의 정치가, 철학자.
* 같은 돌에 두 번 넘어지면 세상의 웃음거리가 된다.
* 검약은 다른 모든 미덕을 포용한다.
* 그릇된 일은 말하지 말고 진실한 일은 침묵하지 말라.

* 눈썹과 눈, 그리고 안색은 자주 우리를 속인다. 그러나 가장 많이 우리를 속이는 것은 말이다.
* 다른 사람들의 과오는 알아채면서도 자신의 과오는 잊어버리는 것이 어리석은 자의 특질이다.
* 돈이 공략할 수 없을 만큼 강한 요새는 없다.
* 명예가 덕을 따르는 것은 그림자가 물체를 따르는 것과 같다.
* 모략과 중상만큼 빠르고 쉽게 발설되는 것도 없고 빨리 받아들여지는 것도 없으며 널리 퍼지는 것도 없다.
* 사회의 첫 굴레는 결혼이다.
* 얼굴은 마음의 초상이요, 눈은 마음의 밀고자이다.
* 역사는 참으로 시대의 증인이며 진실의 등불이다.
* 음식은 육체에서 빠뜨릴 수 없는 것이다. 이와 마찬가지로 교양도 또한 정신에서 빠뜨릴 수 없는 것이다.
* 이성과 판단이 발견되는 것은 노년기에서다. 노인들이 없었더라면 그 어떤 나라도 존재하지 못했을 것이다.
* 인생에서 우정을 없앤다는 것은 이 세상에서 태양을 없애는 것과 같다.
* 절제는 정열과 그외의 부당한 마음의 충동에 대한 확고하고 온당한 이성의 지배이다.
* 정의는 그 자체의 빛으로 빛난다.
* 지나가 버린 때는 돌아오지 않는다.
* 짧은 인생도 아름다운 생활을 하는 데는 충분할 정도로 길다.
* 참다운 우정을 자기의 직장에서 찾는 것은 상식적으로 불가능하다. 그것은 동료의 승진을 자기의 승진같이 기뻐해 줄 우정이 드물기 때문이다.
* 책 없는 방은 영혼 없는 육체와 같다.

* 행복한 생활은 마음의 평화에서 이루어진다.
* 현명한 사고보다도 신중한 행동이 중요하다.

784. 키플링(J.R. Kipling, 1865~1936): 영국의 소설가, 시인.
* 모든 나라의 국민은 종국엔 그들의 과거의 그림자를 닮아간다.
* 사회를 비난하는 자는 사회에 의해서 비난받는다.
* 여자의 짐작은 남자의 확실성보다 더 정확하다.

785. 킬론(B.C. 6세기): 그리스의 7현 중 한 사람. 철학자.
* 황금은 시금석으로 시험되고 인간은 황금으로 시험된다.

786. 킹슬리(C, 1819~1875): 영국의 시인, 소설가.
* 제 갈 길을 아는 사람에게 세상은 길을 비켜준다.
* 우리는 안락과 사치를 삶의 가장 중요한 요건으로 생각한다. 그러나 정말로 행복해지기 위해 필요한 것은 열정을 바칠 수 있는 일이다.

787. **타고르**(R. Tagore, 1861~1941): 인도의 시인, 극작가. 『기탄잘리』, 『초승달』 등. 1913년 노벨문학상 수상.

* 버리는 것이 얻는 것이다.
* 사람이 자기의 인생으로부터 배울 수 있는 가장 큰 교훈은, 이 세상에는 고통만 있는 것이 아니라 그 고통을 극복하여 승리를 거두는 것이 자기 자신에게 달려 있다는 사실과 더 나아가 그 고통을 참 기쁨으로 승화시킬 수 있는 능력 또한 자신 속에 있다는 것이다.
* 시와 예술은 그 가운데 인간의 모든 존재와의 결합에 대한 인간의 깊은 신앙을 지니고 있다. 그 궁극의 진리는 인격의 진리이다.
* 어린이는 신이 인간에 대하여 절망하지 않고 있다는 것을 알려주기 위해 이 땅에 보낸 사자이다.
* 예술가는 대자연의 연인이다. 따라서 그는 자연의 하인이며 자연의 주인이다.
* 정치적 자유는 우리들의 마음이 자유롭지 않을 때는 우리에게 자유를 주지 않는다.

* 창문이 닫힌 사원 한 구석에서 그대는 누구를 찾고 있는가. 두 눈을 크게 뜨고 그곳에 신이 없는 것을 잘 보라. 신은 농부가 땅을 일구고 인부가 길을 닦는 곳에 있다.

788. **타키투스**(C, 55?~117): 로마의 역사가.
* 명예로운 죽음은 불명예스러운 삶보다 낫다.
* 용기가 있는 곳에 희망이 있다.
* 자유는 말 못하는 동물도 지니고 있다.
* 죄를 짓고 얻는 권력이 선한 목적으로 사용된 적은 없다.
* 책망을 듣고 화를 내면 상대방의 말이 옳다고 인정하는 것이 된다.
* 최악의 적은 떠받들고 찬양하는 자이다.
* 신은 보다 강한 자의 편이다.

789. **타펠**(R, 1866~1934): 독일의 극작가.
* 인생은 근본적으로 신앙과 인내로써 형성되어 있다. 이 두 가지를 가진 자는 훌륭한 목표에 도달할 수 있다.

790. **탈레스**(Thales, B.C.624~546): 그리스의 철학자, 7현인의 한 사람.
* 너 자신을 알라.
* 물은 만물의 근원이다.

791. **터퍼**(M.F. Tupper, 1810~1889): 영국의 모랄리스트, 작가.
* 종교는 이정표가 없다.

792. 테니슨(A, 1809~1892): 영국의 시인. 빅토리아시대의 계관시인.
* 남자들끼리의 차이는 기껏해야 하늘과 땅 정도지만 극악한 여자와 최선의 여자와의 차이는 천국과 지옥의 거리가 있다.
* 면전 아첨배와 배후 험담꾼은 똑같다.
* 사랑을 하고 사랑을 잃는 것은 사랑을 전혀 하지 않는 것보다 낫다.
* 의무의 길은 영광으로 통하는 길이다.
* 이제까지 한 번도 적을 만든 일이 없는 사람은 결코 친구를 갖지 못한다.
* 자연 속에 있는 것 중에서 아름답지 않은 것이란 없다.

793. 테렌티우스(B.C.185?~159): 로마의 극작가.
* 노력해서 해결될 수 없을 만큼 어려운 일은 아무것도 없다.
* 누구나 자녀가 있기를 바라듯이 자녀 또한 부모가 있기를 바란다.
* 유순하면 벗을 얻지만 직언하면 미움을 산다.
* 행운의 여신은 용감한 사람에게 호의를 보인다.

794. 테미스토클레스(B.C.528~462): 그리스 아테네의 정치가, 군인.
* 돈은 있으나 불성실한 자보다 돈은 없으나 성실한 자를 나는 택한다.
* 바다를 지배하는 자가 모든 것을 지배한다.

795. 테스타(A, 1784~1860): 이탈리아의 철학자.
* 사랑의 비극이란 없다. 사랑이 없는 곳에만 비극이 있다.

796. 테오그니스(B.C. 6세기 후반): 에레게이아 시인.
   * 눈앞에선 당신을 칭찬하고 돌아서서 욕하는 사람은 친구가 아니다. 내가 친구로 삼고 싶은 사람은 화를 낼 줄 알면서 직언하는 사람이다.
   * 당신과 한 마음으로 행과 불행을 한결같이 나누고자 하는 참다운 친구는 적다.
   * 친구라면 신중하게 교제하라. 혀는 혀, 마음은 마음이라고 하는 사람이야말로 무서운 사람이다. 그런 사람은 친구로 삼을 것이 아니라 적으로 삼으라.

797. 테오프라스토스(B.C.372~288): 그리스의 철학자, 식물학자.
   * 미는 말없는 기만이다.
   * 지혜가 아니라 운명이 사람의 일생을 지배한다.

798. 테일러(B, 1825~1878): 미국의 시인. 저널리스트, 소설가.
   * 명성은 얻는 것이요, 인격은 주는 것이다. 이 진리에 눈이 뜰 때 당신은 비로소 살기 시작한다.
   * 인생은 성공 속에서만 산다.

799. 텐징(N, 1914~1964): 티베트의 등산가. 최초의 에베레스트 정복자.
   * 산에는 우정이 있다.

800. 템플(W, 1628~1699): 영국의 외교관, 정치가, 수필가.
   * 좋아하든 싫어하든 그것에 관계없이 인간은 무엇인가를 생각하는 존재이다.

801. 토마스 만(1875~1955): 독일의 작가. 『부덴브로크가의 사람들』 등의 작품. 1929년 노벨문학상 수상.
- 말은 그 자체가 문명이다. 말은 아무리 반박하는 말이라 하더라도 접촉을 유지해 준다. 고립시키는 것은 침묵이다.
- 죽음보다 강한 것은 이성이 아니라 사상이다.

802. 토마스 모어(1478~1535): 영국의 정치가, 사상가.
- 돈이 권력을 크게 흔들 수 있는 곳에서는 국가의 올바른 정치나 번영을 바랄 수 없다.
- 전쟁은 짐승이 하기에 적합한 일이다.
- 하늘이 치료할 수 없는 슬픔은 땅에 없다.

803. 토마스 아 켐피스(1380~1471): 독일의 성직자, 작가.
- 고통 없는 사랑은 생명이 없다.
- 노동 없이 휴식 없고 전투 없이 승리 없다.
- 보다 많은 것을 가지려는 것보다 적게 희망하는 것을 선택하라.

804. 토마스 아퀴나스(1225~1274): 이탈리아의 신학자.
- 개개인의 선은 전체적인 선의 목적에 종속되어 있다. 왜냐하면 부분의 존재 이유는 전체를 위한 것에 있는 까닭이다. 따라서 한 민족의 선은 개개인의 선보다 우월하다.
- 문명은 대화이다.

805. 토머스(Thomas, Edward, 1877~1917): 영국의 시인. 작품으로『영국의 마음』등.
* 시가 인생을 사는 사람들에 의한 인생의 비평이듯이 경구는 인생을 살지 않는 사람들에 의한 인생의 비평이다.

806. 토머스 그레이(1716~1771): 영국의 시인.
* 모르는 것이 복이 되는 경우에는, 아는 것은 어리석다.

807. 토머스 데커(1572?~1632): 영국의 극작가.
* 여자가 없다면 남자들은 신들처럼 살 수 있으련만.
* 정직한 노동은 사랑스러운 얼굴을 탄생시킨다.

808. 토머스 드락스(?~1618): 영국의 성직자, 작곡가.
* 흘러간 물은 방아를 돌게 할 수 없다.

809. 토머스 모페트(1553~1604): 영국의 의사, 과학물 작가.
* 과식이 병을 일으킨다.

810. 토머스 베이컨(1700?~1768): 아일랜드 출신. 영국의 성직자.
* 나태는 모든 악의 원천이요, 근본이다.

811. 토머스 스코트(1747~1821): 미국의 신학자.
* 좋은 교육은 자녀에게 남기는 최고의 유산이다.

812. **토머스 윌슨**(1663~1755): 영국의 성직자.
- 신앙은 모든 일의 뿌리이다. 아무것도 맺지 못하는 뿌리는 죽은 뿌리이다.
- 욕망이 적을수록 평화는 많아진다.
- 칭찬을 좋아하는 자는 유혹도 좋아한다.

813. **토머스 제퍼슨**(1743~1826): 미국의 제3대 대통령.
- 건강한 신체에 건강한 정신이 깃든다.
- 대지는 생자의 것이지 사자의 것이 아니다.
- 무지가 과오보다는 낫다. 그릇된 것을 믿는 자보다는 아무것도 믿지 않는 자가 진리에 가깝다.
- 법률의 집행은 법률의 제정보다 중요하다.
- 신문을 절대 보지 않는 사람이 보는 사람보다 오히려 정보에 더 잘 접하고 있다. 아무것도 모르는 것이 잘못 아는 것보다 진실에 가깝다.
- 여행은 사람들을 더 현명하게 만들어 주지만 행복은 더 감소시킨다.
- 역사는 사람들에게 과거에 대해 알려줌으로써 그들로 하여금 미래에 대한 판단을 할 수 있게 해 줄 것이다.
- 인간은 모방적인 동물이다. 이 특질은 인간의 모든 교육의 근원이다. 인간은 요람에서 무덤까지 남이 하는 것을 보고 그대로 하기를 배운다.
- 폭력은 권리가 될 수 없다.
- 폭정에 대한 반역은 신에 대한 복종이다.

814. **토머스 켐벨**(1777~1844): 영국의 시인.
- 애국자의 피는 자유의 나무의 씨앗이다.

815. **토머스 페인**(1787~1809): 미국의 정치 사상가. 영국 출생.
* 귀족과 거지는 종종 같은 가족일 때가 있다.
* 내 조국은 세계요, 내 종교는 선을 행하는 것이다.
* 인간에게 선하라고 가르치는 모든 종교는 훌륭하다.

816. **토머스 풀러**(T. Fuller, 1608~1661): 영국의 성직자, 신학자, 작가.
* 결혼 전에는 두 눈을 크게 뜨고 보아라. 결혼 후에는 한쪽 눈을 감아라.
* 나의 친구는 나를 동정하는 자가 아니라 나를 돕는 자이다.
* 눈은 다른 모든 것은 보아도 자기 자신은 보지 못한다.
* 늑대는 이빨을 잃어도 그 천성은 잃지 않는다.
* 돈은 전쟁뿐만 아니라 사랑의 원동력이다.
* 명성은 모두 위험하다. 좋은 명성은 시샘을 가져오고, 나쁜 명성은 치욕을 가져온다.
* 바다에 빠져 죽은 사람보다 술에 빠져 죽은 사람이 더 많다.
* 번영했을 때의 거만은 역경에 처했을 때의 비탄이다.
* 부자의 향락은 가난한 자의 눈물로 얻어진다.
* 분노는 영혼의 원동력 가운데 하나이다. 그러므로 분노가 없는 사람의 마음은 불구이다.
* 비방은 자신에게 돌을 던지는 격이다.
* 새로운 요리는 새로운 식욕을 낳는다.
* 수치심이 없는 사람은 양심이 없다.
* 슬픔이 잠자고 있을 때는 깨우지 말라.
* 시장에 있는 친구가 금고 속의 돈보다 낫다.
* 아내가 없는 것 다음으로는 착한 아내가 최고다.

* 아들은 장가들 때까지 자식이다. 그러나 딸은 어머니에게 있어서 일평생 딸이다.
* 악은 선생 없이도 익힌다.
* 여자의 눈물보다 더 빨리 마르는 것은 없다.
* 오만과 우아함은 같은 장소에 살지 않는다.
* 우리들은 친구 없이는 살 수 있지만 이웃 없이는 살아갈 수 없다.
* 위대한 포부가 위대한 인간을 만든다.
* 일이 불가능하다고 믿는 것은 일을 불가능하게 하는 길이다.
* 자존심은 다 떨어진 외투 밑에도 숨어 있을 수가 있다.
* 절망은 겁쟁이에게 용기를 준다.
* 정직한 사람과 악한은 같은 옷을 입을 수도 있다.
* 좋은 것도 더 좋은 것을 바라는 곳에서는 좋은 것이 아니다.
* 최초의 호흡이 죽음의 시작이다.
* 충고를 받으려 하지 않는 자는 도움을 받을 수 없다.
* 칭찬은 선량한 사람들을 더 착하게 하고 나쁜 사람들을 더 나쁘게 만든다.
* 학식은 착한 자를 더 착하게, 악한 자를 더 악하게 만든다.
* 행운의 여신이 미소지을 때 그녀를 껴안으라!

817. **토머스 홉스**(1588~1679): 영국의 철학자.
* 자유는 작은 조각으로 나누어진 정치권력이다.

818. **토머스 후드**(1799~1845): 영국의 시인.
* 악은 사랑의 결핍에서 생길 뿐만 아니라 사상의 결핍에서도 생긴다.

819. **토인비**(AJ, 1889~1975): 영국의 역사가.
- 민주정치를 하려면 개인으로서의 투표자가 지적으로 현명해야 할 뿐만 아니라 도덕적으로도 사심이 없어야 한다.
- 사랑은 죽음과 악 대신 삶과 선을 선택하게 하는 긍정적인 힘이다.
- 어떤 시대의 역사를 다루는 경우에도, 감정을 섞지 않고 편견을 가지지 않는다는 것은 역사가에게는 항상 불가능한 것이라고 생각한다.
- 역사 발전의 원동력은 도전과 응전에 있다.
- 윤리와 도덕 의식을 갖지 못한 민족은 멸망한다.
- 한국이 인류사회에 기여할 것이 있다면 부모를 공경하는 효자 상일 것이다.
- 현대문명의 위기는 기술문명이 토끼처럼 달려가는 데 비해서 정신문명이 거북이같이 뒤를 쫓는 데 있다.

820. **토크 빌**(1805~1859): 프랑스의 정치가, 역사가, 정치학자.
- 무한 권력은 그 자체가 죄악이다.
- 인생의 목적은 고뇌도 아니고 향락도 아니다. 우리들에겐 각자 해야 할 의무가 주어져 있다. 정직하게 끝까지 할 수 있는 한, 그 의무를 다 해야 할 것이다.
- 자유란 신을 제외한 다른 모든 것으로부터 구속을 받지 않는 자연스러운 상태이다.

821. **톨스토이**(A.K, 1817~1875): 러시아의 작가, 시인, 백작.
- 만일 그대에게 샘이 있다면 그것을 닫으라. 샘이라 할지라도 휴식하게 하라.

822. **톨스토이**(L.N, 1828~1910): 러시아의 문호, 사상가. 『전쟁과 평화』, 『안나 카레니나』 등의 걸작이 있다.

* 가정의 상태를 좋게 하지 못하는 여자는 집에서 행복하지 못하다. 그리고 집에서 행복하지 못한 여자는 어디에 가거나 행복할 수 없다.
* 겸손은 사랑을 불러일으킨다. 진심에서 우러나오는 겸손은 이 세상에서 가장 사람의 마음을 이끈다.
* 교회의 신앙은 일종의 노예 제도이다.
* 누구나 직접 손을 써서 일하는 참된 노동을 배우지 않으면 안 된다. 우리는 노동을 함으로써만 최상의 순수한 기쁨 한 가지를 알게 된다.
* 만약 누구를 비난해야 하겠다고 생각되면 그의 뒤에서가 아니라 그 사람 앞에서 하라. 그리고 그가 나쁜 감정을 갖지 않도록 하라.
* 말수가 적고 친절한 것은 여성의 가장 좋은 장식이다.
* 모른다는 것은 수치스럽거나 해로운 것이 아니다. 모든 것을 다 안다는 것은 있을 수 없는 일이다. 모르는 것을 아는 척하는 것이야말로 수치스럽고 해로운 일이다.
* 믿음에 의해서, 또는 남의 용서를 받음으로써 죄를 벗을 수 있다고 생각한다면, 그것은 큰 잘못이다. 죄는 무엇으로도 벗을 수 없다. 다만 자기의 죄를 알고 그 죄를 되풀이하지 않도록 노력하는 것만 있는 것이다.
* 비방을 비방으로 응수하는 것은 불 속에 장작을 집어넣는 것과 같다. 그러나 자기를 비방하는 자에게 평화로운 태도로 대하는 자는 이미 비방을 이겨낸 사람이다.
* 사랑은 인간에게 몰아沒我를 가르친다. 따라서 사랑은 인간을 괴로움에서 구해 준다.
* 선을 행하기 위해서는 노력이 필요하다. 그러나 악을 억제하기 위해

서는 더 한층 큰 노력이 필요하다.
* 선한 사람이란 자기의 죄는 언제까지나 잊지 않고, 자기의 선행은 곧바로 잊는 자이다. 악한 사람이란 그 반대로 자기의 선행은 언제까지나 잊지 않고 자기의 죄는 곧 잊는 자이다.
* 시간은 흘러가 버리지만 한번 입 밖에 낸 말은 그대로 남는다.
* 시간이란 없는 것이다. 다만 있는 것은 일순간뿐이다. 그 일순간에 우리의 전 생활이 달려 있다. 그러므로 이 순간에 있어서 우리의 모든 힘을 발휘하지 않으면 안 된다.
* 신이라 하는 것은 이성으로 이해할 수 있는 것이 아니다.
* 여자란 아무리 연구를 계속해도 항상 완전히 새로운 존재이다.
* 예술은 기예가 아니라 예술가가 체험한 감정의 전달이다.
* 욕망이 작으면 작을수록 인생은 행복하다. 이 말은 낡은 말 같지만 결코 모든 사람이 다 안다고 할 수 없는 진리이다.
* 우리들은 과거의 일 때문에 고민하는 수가 있다. 그리고 미래에 닥칠 일 때문에 자신을 손상시키기도 한다. 이것은 우리들이 현재를 경시하고 있기 때문이다. 그러나 과거도 미래도 환상이다. 현재만이 사실이다.
* 인간의 행복은 생활에 있고 생활은 노동에 있다.
* 일한 뒤에 갖는 기쁨은 일이 고될수록 크다.
* 자선은 희생적일 경우에만 자선이다.
* 진정한 신앙은 교회도 장식도 찬송가도 많은 사람의 모임도 필요치 않다. 진정한 신앙은 오히려 고요하고 고독한 곳에서만 마음속으로 스며드는 것이다.
* 학문과 예술은 우리 몸의 간과 심장과 같이 서로 상부상조하고 있다. 양자 중 하나를 손상시키면 다른 것 또한 안정을 잃는다.

* 학문이 있는 사람이란, 책을 읽어서 많은 것을 아는 사람이다. 교양이 있는 사람이란, 그 시대에 맞는 지식이나 양식을 몸소 행하는 사람이다. 그리고 덕이 있는 사람이란, 자기 인생의 의의를 알고 있는 사람이다.
* 행복한 가정은 모두 거의 비슷한데, 불행한 가정은 모두 각각 다른 불행을 짊어지고 있다.

823. 톰슨(J, 1700~1748): 스코틀랜드 출신. 영국의 시인.
* 건강은 행복의 사활 원리이며 운동은 건강의 사활 원리이다.

824. 투르게네프(I.S, 1818~1883): 러시아의 작가.
* 사람이 무엇을 기도드리는 것은, 기적을 위하여 기도한다. 모든 기도는 이렇게 요약된다. "위대하신 신이여, 2곱하기 2는 4가 안 되도록 허락해 주소서."
* 사랑은 죽음의 공포보다 강하다. 인생은 사랑에 의해서만 주어지며 계속해서 진보하게 된다.
* 자연은 사원이 아니고 한낱 큰 공장이다. 그리고 인간은 그곳에서 일하는 노동자이다.
* 자유에는 의무라는 보증인이 필요하다. 그것이 없으면 단순한 방종에 불과하다.
* 정열가보다 냉담한 남자가 쉽게 여자에게 홀린다.

825. 트라이치케(H, 1834~1896): 독일의 역사학자.
* 국가란 최고의 도덕적인 존재이다.

826. **트렌치**(R.C, 1807~1886): 영국의 성직자, 언어학자, 시인.
* 언어는 수많은 귀중하고 치밀한 사상이 안전하게 파묻혀 보존되어 온 호박이다.

827. **트루먼**(H.S, 1883~1972): 미국의 제33대 대통령.
* 강대국의 소임은 세계를 지배하는 것이 아니라 세계에 봉사하는 것이다.
* 효율적인 정부가 있는 곳에 항상 독재가 있다.

828. **틱낫한**(Thich Nhat Hanh, 1926~): 베트남 출신의 승려. 프랑스 플럼 빌리지 설립자. 저서로 『화』, 『기도』 등.
* 누군가를 이해하고자 한다면 그 사람이 되어야 한다.
* 마음의 평화를 통해 세상에 평화를 가져오는 것은 어려운 일이지만 그것이 유일한 길이다. 평화는 먼저 한 개인 속에서 이루어져야 한다. 세상 전체가 평화로운 한 사람에 의해 달라질 수 있다.
* 진정한 힘은 내면의 평화에서 나온다.

829. **파도**(J. Pardoe, 1806~1862): 영국의 작가.
* 마음은 자유롭고 구속이 없는 것, 즉 대양의 파도요, 날아가는 새이다.

830. **파머**(G.H, 1842~1933): 미국의 교육자.
* 행복이란 타인을 행복하게 해주려는 노력의 부산물이다.

831. **파브르**(J.H, 1823~1915): 프랑스의 박물학자, 곤충학자.
* 단 일 분간도 쉴 수 없는 때처럼 행복스러운 일이 없다. 일하는 것, 이것만이 살고 있는 증거이다.

832. **파스칼**(B, 1623~1662): 프랑스의 철학자, 수학자, 물리학자.
* 고뇌하면서 길을 찾는 사람, 그것이 참된 인간상이다.
* 기적은 교리의 진위를 분별하고 교리는 기적의 진위를 분별한다.
* 모든 내기를 하는 자는, 불확실한 것을 얻기 위하여 확실하다고 여기는 것에 건다.

* 무지를 두려워하지 말고, 엉터리 지식을 두려워하라.
* 불행의 원인은 늘 나 자신이다. 몸이 굽으니 그림자도 굽었다. 어찌 그림자 굽은 것을 한탄할 것인가! 나 이외에는 아무도 나의 불행을 치료해 줄 사람이 없다.
* 생활이란 생각하는 것이 그 본질이다. 인간의 존엄성은 오로지 사고에 있다. 인간의 내부에 있는 모순되는 두 요소, 즉 천사의 일면과 금수의 일면 중에 어느 쪽이 나를 지배하는가는 나의 사고에 달려 있다.
* 우주란, 중심은 어디에나 있으나 그 원둘레는 아무 데도 없는 무한한 천체이다.
* 인간은 하나의 갈대에 지나지 않는다. 자연 가운데서 가장 연약한 것이다. 그러나 그것은 생각하는 갈대이다.
* 자기는 이 세상의 전부이다. 왜냐하면 죽고 나면 그에게 있어서 이 세상 모든 것이 무로 돌아가기 때문이다.
* 지나치게 많은 자유를 갖는 것은 좋지 않다. 원하는 것을 모두 가지는 것도 좋지 않다.
* 클레오파트라의 코가 조금만 낮았더라면 세계의 역사가 변했을 것이다.
* 피레네 산맥 이쪽에서는 정의라고 여겨지고 있는 것이 산 하나 너머 저쪽에서는 악이 된다.
* 힘없는 정의는 무력하며, 정의 없는 힘은 폭군이다. 우리는 정의로운 것을 강하게 만들 수가 없어서 강한 것을 정의로운 것으로 만들었다.

833. **파스퇴르**(1822~1895): 프랑스의 과학자.
* 과학자는 비판 정신을 존중하지 않으면 안 된다.
* 우연은 준비 없는 사람을 돕지 않는다.

834. 파에드루스(1세기경): 로마의 우화작가.
* 관대함은 잔인성의 치료약이다.
* 복수는 인내 앞에서는 속수무책이다.
* 탐욕은 부유하고 겸손은 굶주린다는 말은 진실이다.

835. 파운드(E. Pound, 1885~1972): 미국의 시인, 비평가.
* 문학은 의미로 채워진 언어이다.

836. 파운드(R. Pound, 1870~1964): 미국의 법철학자.
* 법은 안정되어야 하지만 멈춰 서 있어서는 안 된다.

837. 파울 하이제(1830~1914): 독일의 작가. 1910년 노벨문학상 수상.
* 사람은 어디서나 약한 사상에 강한 말의 옷을 입히기 좋아한다.

838. 파이어트(D, 1819~1891): 미국의 저널리스트.
* 자유로운 국민 가운데에서 나오는 여론처럼 포악한 독재자는 없다.

839. 파즈(O, 1914~1998): 멕시코의 작가, 외교관. 노벨문학상 수상.
* 고독은 인간의 조건에서 가장 심오한 사실이다. 인간은 외로움을 아는 유일한 존재이다.

840. 파커(T, 1810~1860): 미국의 성직자, 노예 폐지론자.
* 당신에게 가장 도움이 되는 책은 당신을 가장 생각하게 하는 책이다.
* 민주주의란 국민 모두를, 국민 모두를 위하여, 국민 모두에 의해서 직

접 자치하는 것이다.

841. **파크허스트**(C.H, 1842~1933): 미국의 성직자, 사회개혁가.
   * 노동은 종교의 시녀이다.
   * 목적은 생활에 의미를 준다.

842. **팔라다스**(4세기): 그리스의 풍자시인.
   * 육체는 영혼의 고통거리이다. 그것은 지옥이요, 운명이요, 짐이요, 필연성이요, 강한 사슬이요, 고통스러운 벌이다.

843. **패니 펀**(1811~1872): 미국의 동화작가.
   * 지나친 관대함은 수많은 아이들을 망쳐놓지만, 지나친 사랑은 어느 아이도 망쳐놓지 않는다.

844. **패트릭 헨리**(1736~1799): 미국의 정치가, 웅변가.
   * 나는 다만 나의 발길을 인도하는 한 개의 등불을 가졌을 뿐이다. 그것은 경험이라는 등불이다. 나는 과거에 의하지 않고는 미래를 판단하는 방법을 모른다.
   * 나에게 자유를 달라, 아니면 죽음을 달라.
   * 아름답게 되기는 쉬워도 아름답게 보여지기는 어렵다.

845. **퍼클**(J, 1667?~1724): 영국의 작가.
   * 정직한 자는 세계의 시민이다.

846. 펄 벅(Pearl Buck, 1892~1973): 미국의 여류소설가.
- 남자는 자기가 알고 있는 오직 한 사람인 그 아내를 통해서 여자의 세계 전체를 멋대로 판단하고 있다.
- 희망 없이 빵을 먹는 것은 천천히 굶어서 죽는 것이다.
- 힘은 희망을 가지는 사람에게 있고 용기는 자신의 의지에서 일어나는 것이다.

847. 페기(C.P, 1873~1914): 프랑스의 시인, 사상가.
- 교육의 위기는 교육의 위기가 아니라 생명의 위기이다.
- 질서, 질서만이 진정 자유를 만들어낸다. 무질서는 예속을 만들 뿐이다.

848. 페늘롱(F.S.I, 1651~1715): 프랑스의 성직자, 사상가.
- 신념 없이 기도드리는 사람은 그의 기도가 허용되리라고 희망할 수 없다.

849. 페르디난트 1세(1503~1564): 신성 로마제국의 황제.
- 세상이 멸망하더라도 정의가 행해지게 하라.

850. 페르시우스(P.F, 34~62): 로마의 풍자시인.
- 너의 수확으로 생활하라.
- 질병은 초기에 고쳐라.

851. 페리안드로스(B.C.665?~585): 그리스 코린트의 참주. 문학가. 7현 중의 한 사람.
- 행운일 때는 겸손하고 불운할 때는 신중하라.

852. **페스탈로치**(J.H, 1746~1827): 스위스의 교육자.
   * 가정이여, 그대는 도덕의 학교이다.
   * 교육은 사회를 개혁하는 최고의 수단이다.
   * 사랑은 사랑에 의해서, 믿음은 믿음에 의해서, 학문은 연구에 의해서, 사고는 사고에 의해서 배양된다.
   * 아이들은 그들만의 경험으로 성장한다.
   * 어머니 자신이 총명하고 어질며 굳센 의지를 가지는 것이야말로 최고의 모성애이다.
   * 인간은 자기가 매일 종사하고 있는 노동 속에서 자기 나름대로 세계관의 기초를 구하지 않으면 안 된다.
   * 종교는 인간 도야의 근본이다.
   * 진정한 창조정신은 올바른 신앙으로부터 출발한다.

853. **페이지**(W.H, 1855~1915): 미국의 저널리스트, 작가, 서적 발행인.
   * 좋은 정부보다 더 좋은 것이 한 가지 있는데 그것은 국민 전체가 역할을 갖는 정부이다.

854. **페인**(J.H, 1791~1852): 미국의 배우, 극작가.
   * 죽음은 죽지 않는 유일한 것이다.
   * 쾌락과 궁전 속을 거닐지라도, 언제나 초라하지만 내집만한 곳은 없다.

855. **페트라르카**(1304~1374): 이탈리아의 시인.
   * 나이 지긋한 사람은 실제적인 것을 좋아하고 반면 충동적인 젊은이는 황홀한 것만 동경한다.
   * 얼마나 사랑하고 있는가를 말할 수 있는 사람은 극히 조금밖에 사랑

하고 있지 않다는 증거이다.

856. 포드(J, 1863~1947): 미국의 자동차 왕.
   * 이 세상에서 성공의 비결이 있다면 그것은 타인의 입장을 이해하고 자기의 입장과 동시에 타인의 입장에서 사물을 볼 수 있는 능력을 말한다.
   * 일의 성공을 위해 필요하다면 어떤 조직도 개혁하고, 어떤 방법도 폐기하고, 어떤 이론도 포기할 각오가 있어야 한다.
   * 일하는 것만 알고 휴식을 모르는 사람은 브레이크가 없는 자동차와 같이 매우 위험하다. 반면에 일할 줄 모르는 사람은 모터 없는 자동차와 같이 아무 소용이 없는 존재이다.
   * 진실은 시간의 자녀이다.

857. 포르치아(A, 1885~1968): 이탈리아 출신. 아르헨티나 작가.
   * 마음이 풍족한 사람은 모든 것에 여유가 있지만, 마음이 가난한 사람은 어떠한 것에도 여유가 없다.
   * 선은 이런 것이다. 즉 악을 용서하는 것이다. 다른 선은 없다.

858. 포스(J.H, 1751~1826): 독일의 시인.
   * 여자와 술과 노래를 사랑하지 않는 자는 평생 바보로 남는다.

859. 포스디크(H.E, 1878~1969): 미국의 성직자.
   * 민주주의란 평범한 사람에게 특출한 가능성이 있다는 신념에 기초를 두고 있다.

860. **포스터**(E.M, 1879~1970): 영국의 작가.
   * 민주주의에 두 가지의 갈채를 보낸다. 하나는 그것이 다양성을 용인하기 때문이요, 또 하나는 그것이 비판을 허용하기 때문이다. 두 가지 갈채면 충분하다. 세 가지를 줄 계기는 없다.
   * 소설가의 임무는 인간에게 숨겨진 생명의 원천을 발견하는 일이다.
   * 천재는 그 자신을 점화하는 힘이다.

861. **포시**(F, 1851~1929): 프랑스의 장군.
   * 승리는 의지의 산물이다.

862. **포우프**(A, 1688~1744): 영국의 시인, 영국 고전주의 대표자.
   * 희망은 영구히 인간의 가슴에 솟는다. 인간은 언제나 현재 행복한 것이 아니라 이제부터 행복해지는 것이다.

863. **포이에르바흐**(L.A, 1804~1872): 독일의 철학자.
   * 가장 위대한 정치가는 가장 인간적인 정치가이다.
   * 인간이 종교의 시초이며 인간이 종교의 중심이며 인간이 종교의 끝이다.
   * 종교에 있어서는 신성한 것만이 진실이다. 철학에 있어서는 진실한 것만이 신성하다.

864. **포프**(A, 1688~1744): 영국의 시인, 비평가.
   * 남자는 청혼하고 있는 동안은 꿈을 꾸고 있지만 일단 결혼하고 나면 깬다.
   * 술잔 속에는 뱀이 있다.

* 어느 시대나 애국자는 바보다.
* 이성은 나침반이요, 욕망은 폭풍이다.
* 잘못을 저지르는 것은 인간이요, 용서하는 것은 신이다.
* 정직한 인간이란 신이 창조한 가장 고상한 작품이다.
* 질서는 하늘의 으뜸가는 법률이다.
* 하나의 진리는 명백하다. 존재하는 것은 무엇이라도 정당한 것이다.
* 하늘은 모든 인간으로부터 운명의 장부를 감춘다.

865. 폰타네(T, 1819~1898): 독일의 작가.
* 의기가 남자를 만든다. 옷이 남자를 만드는 것이 아니다.

866. 폴 굿먼(1911~1972): 미국의 작가.
* 성공적인 혁명은 새로운 사회를 이룩한다. 실패한 혁명은 지속하는 사회를 벗어나게 만든다. 타협한 혁명은 적당한 대치물 없이 이전에 있었던 사회를 약화시키는 경향을 띤다.

867. 폴로크(C, 1880~1946): 미국의 극작가.
* 행복은 과소와 과다와의 중간역이다.

868. 폴 케네디(1945~): 영국 출신의 미국 역사학자.
* 역사는 지속과 변화를 동시에 품고 이어진다.
* 한 시대를 가름하는 것은 30년, 50년의 주기가 아니라 세대의 개념에서 보아야 한다.

869. 폴 틸리히(1886~1965): 미국의 철학자, 신학자. 독일 출신.
* 종교는 문화의 실체이며 문화는 종교의 형태이다.

870. 퐁트넬(B.B, 1657~1757): 프랑스의 과학사상가, 문학가.
* 노동 가운데 평화가 깃들고 노고 가운데 안식이 깃든다.
* 행복의 가장 큰 장해는 너무 지나친 행복을 기대하는 일이다.

871. 푸블릴리우스 시루스(B.C.1세기): 로마의 풍자시인.
* 남을 자주 용서하되 자신은 결코 용서하지 말라.
* 덕망 있는 아내는 남편에게 복종함으로써 남편을 지배한다.
* 마음이 다른 곳에 있으면 눈은 멀어진다.
* 많은 사람이 충고를 받지만 오직 현명한 사람만이 충고의 덕을 본다.
* 신용을 잃은 자는 더 이상 잃어버릴 것이 없다.
* 자찬하는 사람은 이내 자기를 비웃는 사람을 발견하게 될 것이다.
* 죄를 벌하지 않으면 당신 자신이 죄인이 된다.
* 충고자는 아무리 신랄해도 결코 해를 끼치지 않는다.
* 한 문제를 반 정도 아는 것보다는 모르는 것이 더 낫다.
* 현명한 자는 미래를 현재인 양 대비한다.

872. 푸셰(J, 1758~1820): 프랑스의 정치가.
* 죽음은 영원한 잠이다.

873. 푸시킨(A.S, 1799~1837): 러시아의 시인, 작가, 극작가.
* 결정을 서둘러서는 안 된다. 하룻밤 자고 나면 지혜가 생긴다.

* 비밀, 그것이 어떤 것이라도 여인에게는 무거운 짐이다. 누군가에게 털어놓지 않을 수 없다.
* 자유가 없는 곳에 인생의 가치는 없다. 자유를 희구하는 것이 인간의 의무이기도 하다.

874. 푸트(S, 1720~1777): 영국의 배우, 극작가.
* 죽음과 주사위는 모든 차별을 없앤다.

875. 풀러(R.B. Fuller, 1895~1983): 미국의 시인.
* 신은 명사가 아니고 동사이다.

876. 프라이(C, 1907~2005): 영국의 극작가.
* 시는 인간이 자기 자신의 경이를 탐구하는 언어이다.

877. 프라이어(M, 1664~1721): 영국의 시인, 외교관.
* 그대가 행복하기를 원하면 즐거워하기를 배워라.

878. 프라이타크(G, 1816~1895): 독일의 작가, 문화사가.
* 정치의 기본은 타협이다.

879. 프란시스 톰슨(1859~1907): 영국의 시인.
* 건강은 행복의 어머니이다.
* 우리는 타인의 고통 속에서 태어나 자신의 고통 속에서 죽어간다.
* 평화는 인간의 행복한 자연 상태이며 전쟁은 인간의 타락이며 치욕이다.

880. 프란치스코(Francisco, 1936~): 아르헨티나 출신의 로마 가톨릭 교회 교황.
* 가난한 자는 힘든 일을 하면서 박해를 받습니다. 그런데 부자는 정의를 실천하지도 않으면서 갈채를 받습니다.
* 사람은 노동을 위해 태어난 것이 아닙니다. 노동이 사람을 위해 있는 것입니다.
* 정치는 고귀한 활동입니다. 정치는 공동선을 위해 순교자와 같은 헌신을 요구합니다. 이와 같은 소명감으로 정치는 실천되어야 합니다.
* 통제 받지 않는 자본주의는 새로운 독재다.
* 진리는 항상 호전적입니다. 그래서 진리를 얻기 위해서는 역시 투쟁적이어야 합니다.
* 참된 권력은 섬김이다.
* 희망이 없는 젊은이는 청년이 아니라, 이미 노인인 것입니다. 희망은 젊음의 일부입니다.

881. 프랑수아 미테랑(1916~1996): 프랑스의 정치가, 대통령.
* 인권 탄압은 침묵을 먹고 자란다.

882. 프랑수아즈 비용(J, 1431~1484?): 프랑스의 시인.
* 나는 나 자신을 빼놓고는 모두 안다.

883. 프랑스(A, 1844~1924): 프랑스의 작가, 비평가. 1921년 노벨문학상 수상.
* 고통이 미덕이라고 가르치는 성직자의 말에 귀를 기울이지 말자. 왜냐하면 즐거움이야말로 선이기 때문이다.
* 내가 인생을 알게 된 것은 사람과 접촉한 결과가 아니라 책과 접촉한 결과이다.

* 만약 내가 신이었다면 나는 청춘을 인생의 끝에다 두었을 것이다.
* 악은 필요하다. 만약 악이 존재하지 않으면 선도 존재하지 않는다. 악이야말로 선의 유일한 존재 이유이다.
* 예술가는 인생을 사랑하고 그 아름다움을 우리에게 보여 주지 않으면 안 된다. 이 세상에 예술가가 없다면 우리는 인생의 아름다움을 도저히 알 수 없을 것이다.
* 정직, 도덕, 우정 등과 같은 보편적인 도덕을 굳게 지키는 사람이야말로 참으로 위대한 사람이다.

884. <u>프로스트</u>(R.L, 1874~1963): 미국의 시인.
* 교육은 자기 기질이나 자신감을 잃지 않고 거의 무엇이든지 들을 수 있는 능력이다.
* 사람들이 덜 다닌 길로 간 것이 모든 차이의 시작이었다.
* 칭찬받았을 때 우쭐대는 사람은 사실 칭찬받을 자격이 없는 사람이다.

885. <u>프로이트</u>(S, 1856~1939): 오스트리아의 정신의학자.
* 신은 객관적 존재가 아니라 심리적 필요에 따라 인간이 만들어낸 환상에 지나지 않으며, 종교란 어떤 객관적 진리를 보여주는 것이 아니라 심리적 만족을 위해 인류가 꾸며낸 환상적 이야기에 불과하다.
* 양심이란 우리의 내부에서 작용하고 있는 특정한 욕망에 대한 거부의 내적 지각이다.
* 인간은 본능적으로 쾌락욕구를 갖는 존재다.
* 종교는 인류 일반의 강박신경증이다.
* 집은 어머니의 몸을 대신하는 것이다. 어머니의 몸이야말로 언제까지나 사람들이 동경하는 최초의 집이다. 그 속에서 인간은 안전했으며

또 몹시 쾌적하기도 했다.

886. **프로타고라스**(B.C.485~415): 그리스의 철학자, 소피스트의 대표적 인물.
   * 교육은 천성과 훈련을 필요로 한다. 사람은 젊었을 때부터 공부를 시작해야 한다.
   * 인간은 만물의 척도이다.

887. **프로페르티우스**(S.A, B.C.1세기): 로마의 비가悲歌 시인.
   * 사랑에 미치면 누구나 장님이 된다.

888. **프롬**(E, 1900~1980): 독일 출신의 미국 정신분석학자.
   * 오직 자신을 믿는 사람만이 남에게 성실할 수 있다.
   * 인간은 창조하는 과정에서 세상을 자기와 일치시킨다.
   * 인간은 평등하게 태어나지만 또한 서로 다르게 태어난다.
   * 확실한 것은 과거에 관한 것이고 미래에 관해서는 죽음만이 확실하다.

889. **프뢰벨**(W.A, 1782~1852): 독일의 교육사업가.
   * 놀이는 내면적인 것의 자주적인 표출, 내면적인 것 그 자체의 표출 바로 그것이다.
   * 인간에게 내재하는 신성, 곧 인간의 본질은 교육을 통해 의지적으로 발달되고 완성되지 않으면 안 된다.

890. **프루동**(P.J, 1809~1865): 프랑스의 무정부주의 사상가.
   * 신문은 사상의 무덤이다.

891. 프루드(J.A, 1818~1894): 영국의 역사가, 문학가.
* 과오는 최선의 교사이다.

892. 프루스트(M, 1871~1922): 프랑스의 작가.
* 병자는 정상적인 사람보다도 자기 영혼에 한결 더 접근하는 법이다.
* 인간은 고뇌를 맨 밑바닥까지 경험함으로써 비로소 고뇌를 치유할 수 있다.

893. 프리덴버그(E.Z, 1921~2000): 미국의 사회학자.
* 모든 사람이 알아야 할 문제는 '우리가 얼마나 귀중한 존재인가'보다 '어떻게 하면 귀중한 존재가 될 것인가'이다.
* 젊음을 가장 사랑하는 사람이 젊음을 가장 오래 간직한다.

894. 프리드리히 2세(1712~1786): 프로이센 국왕.
* 미신은 공포와 허약과 무지의 산물이다.
* 왕은 국가의 제1의 공복이다.
* 장님의 나라에서는 애꾸가 복된 자이다.

895. 플라우투스(T.M, B.C.254~184): 로마의 극작가, 시인.
* 기쁨 뒤에 슬픔이 오는 것은 하늘의 뜻이다.
* 만사에서 중용이 으뜸이다. 모든 과도는 인류에게 고통을 가져온다.
* 법률은 관습에 복종한다.
* 선량한 사람들은 나를 가난하게 만들고 악한 사람들은 나를 부유하게 만든다.

* 속을 먹으려는 자는 껍질을 깨야 한다.
* 스스로 충분히 현명해지는 사람은 아무도 없다.
* 인내는 모든 고통에 대한 최선의 치료약이다.
* 자기 아들이 자기보다 더 나무랄 데가 없기를 바란다면 아버지 자신도 나무랄 데가 없어야 한다.
* 친척들로부터 경멸을 받는 자는 타인으로부터도 존경을 받지 못한다.

896. 플라톤(Platon, B.C.427~347): 그리스의 철학자. 『소크라테스의 변명』, 『국가론』, 『향연』 등의 저서.
* 남을 행복하게 할 수 있는 사람만이 행복을 얻는다.
* 모든 아름다움은 다 형제이지만 사상의 아름다움은 그중에서도 으뜸이다.
* 민주주의는 변화와 무질서로 가득 찬, 그리고 동등한 사람이나 동등하지 않은 사람에게나 똑같이 일종의 평등을 분배해 주는 매력적인 통치 형태이다.
* 소크라테스처럼 자기의 지혜는 가치가 없다고 생각하는 사람이야말로 가장 현명한 사람이다.
* 술은 서로를 시험해 보는 가장 좋은 방법이다.
* 시인들은 자신도 이해하지 못하는 위대하고 현명한 것들을 지껄인다.
* 인간은 자기 자신만을 위해서 태어난 것이 아니라 조국을 위해서 태어났다.
* 인간의 영혼은 불사불멸이며 우리들의 영혼은 내세에 존속한다.
* 자제는 최대의 승리이다.
* 잘 시작된 일은 반은 끝난 셈이다.
* 진리는 공평하고 항구적인 것이다.

* 철학자가 통치자이며 통치자가 철학자인 나라는 행복하다.
* 초목과 들판은 나에게 아무것도 말해 주지 않는다. 인간이 나의 스승이다.
* 한 나라의 통치자들은 국내에서나 국외에서나 거짓말을 할 특권을 가진 유일한 사람들이다. 그들은 국가의 이익을 위해서라면 거짓말을 해도 허용될 수 있다.

897. 플레처(1579~1625): 영국의 극작가.
* 당신이 가난하거든 덕행에 의하여 이름을 얻어라. 당신이 부유하거든 자선을 베풀어 이름을 얻어라.
* 위대한 행동은 위대한 정신을 말해 준다.
* 정직할 수 있는 사람만이 완전한 인간이다.
* 희망은 이를 추구하는 비참한 자를 결코 버리지 않는다.

898. 플렉스너(A, 1866~1946): 미국의 교육가.
* 이상, 노력, 학구열, 철학적 지속력, 어느 하나라도 없으면 교육과 같은 것은 존재하지 않는다.

899. 플로리오(J, 1553~1625): 영국의 번역가, 사전 편찬자.
* 고양이에게 잡힌 쥐는 후회하기에는 너무 늦다.
* 늑대와 같이 자라면 울음소리도 늑대를 닮는다.
* 시간을 갖는 사람이 인생을 갖는다.

900. 플로베르(G, 1821~1880): 프랑스의 소설가. 작품으로『보봐리 부인』.
* 성공은 결과이지 목적은 아니다.

* 여행은 인간을 겸허하게 만든다. 세상에서 인간이 차지하는 지위가 얼마나 보잘것없는 것인가를 절실히 깨닫게 되기 때문이다.
* 재능이란 오랜 노력의 산물이다.

901. **플루타르코스**(P, 46~120?): 그리스 말기 로마 제정시대의 시인, 전기작가. 저서로 『영웅전』 등.
* 가장 난폭한 망아지를 길들이면 명마가 된다.
* 덕은 세상에서 가장 기쁨을 주는 가치있는 재산이다.
* 정직과 덕의 샘과 뿌리는 훌륭한 교육에 있다.
* 촛불이 꺼졌을 때, 모든 여자는 아름답다.

902. **플리니우스**(C, 61?~114?): 로마의 서간문 작가.
* 많이 읽어라. 그러나 많은 책은 읽지 마라.
* 신기한 것을 탐내는 것이 인간의 본성이다.
* 허구는 시인의 특권이다.

903. **피셔**(H.A.L, 1865~1940): 영국의 역사가.
* 정치란 인간을 행복하게 하는 기술이다.

904. **피아제**(1896~1980): 아동심리학자.
* 여덟 살이 되지 않은 아이는 사람을 속인다는 것의 충분한 뜻을 모른다.

905. **피에르 퀴리**(M, 1859~1906): 프랑스의 물리학자, 화학자.
* 인간은 새로운 발견에서 악보다도 선을 끌어낸다.

906. 피츠제럴드(E, 1809~1883): 영국의 시인, 번역가.
* 어떤 길이든지 세계의 끝으로 통한다.

907. 피츠제럴드(F.S, 1896~1940): 미국의 소설가.
* 잊는다는 것은 용서한다는 것이다.

908. 피카소(P.R. Picasso, 1881~1973): 스페인 출신의 화가, 조각가.
* 고독 없이는 아무것도 달성할 수 없다. 나는 예전에 나를 위해서 하나의 고독을 만들었다.
* 나는 그림으로 모든 것을 말한다.
* 아무도 자연을 거역할 수 없다. 자연은 아주 강한 인간보다도 강하다.
* 예술은 사람의 마음으로부터 일상생활의 먼지를 털어준다.
* 위대한 예술은 언제나 고귀한 정신을 보여 준다.
* 회화에는 구상도 추상도 없다. 좋은 그림이냐 나쁜 그림이냐가 있을 뿐이다.

909. 피코크(T.L, 1785~1866): 영국의 소설가, 시인.
* 모든 동물은 오직 인간의 이용을 위해서 만들어졌다는 것보다 더 명백할 수 있는 것은 없다.
* 술을 마시는 두 가지 이유가 있다. 하나는 목이 마를 때 그 갈증을 풀기 위한 것이요, 다른 하나는 목이 마르지 않을 때 갈증을 예방하기 위한 것이다.

910. 피타고라스(B.C.582~500): 그리스의 철학자, 수학자.
* 만취는 일종의 발광이다.

* 분노는 무모에서 시작하여 후회로 끝난다.
* 숭배 받는 인물들 앞에서는 신을 존경하고, 병사들 앞에서는 영웅들을 존경하고, 사람들 중에서는 우선 부모를 존경하라. 그러나 무엇보다 너 자신을 존경하라.
* 인간은 하느님의 소우주이다.
* 자제할 줄 모르는 사람을 자유인이라고 부를 수는 없다.

911. **피히테**(J.G, 1762~1814): 독일의 철학자.
* 그대의 활동, 오직 그대의 활동만이 그대의 가치를 결정한다.
* 스스로 노력해서 뜻대로 안 되는 것은 하늘의 뜻이다. 자신이 게을러서 업을 이루지 못한 것은 나의 죄이다.
* 여러분은 여러분들 자신의 힘에 의하지 않고는 결코 구제되지 않는다.

912. **핀다로스**(B.C.522~442): 그리스의 서정시인.
* 관습은 모든 것의 지배자이다.
* 성공은 사람이 얻을 수 있는 최고의 상이다. 명성은 제2의 재산이다. 그리고 이 두 가지의 은혜를 모두 누리고 있는 사람은 지상의 왕관을 물려받는 사람이라 할 것이다.
* 인간은 멀고 높은 곳만 바라보는 버릇이 있기 때문에 발밑에 뒹굴고 있는 행복은 볼 줄도 모르고 손이 닿지 않는 것만 추구하고 있다.

913. **필**(N.V, 1898~1993): 미국의 성직자, 작가.
* 반성하고 사고하고 노력하는 삶이야말로 참된 인생이다.
* 현인들의 격언집에 "쾌활한 마음을 지닌 자의 인생은 끝없는 향연과 같다."라는 말이 있다. 다시 말하면 쾌활한 마음을 개척한다는 것은

행복한 습관을 기른다는 것이고, 인생은 끝없는 향연과 같이 된다는 것이다. 그리고 매일매일 인생을 향락할 수 있다는 것이다.

914. 필드(D.D, 1805~1894): 미국의 법학자.
- 애국심은 본능과 애정에 깊이 뿌리박고 있다. 조국의 사랑은 자식으로서의 사랑의 연장이다.
- 정의는 모든 것의 위에 있다. 성공은 좋은 것, 부도 역시 좋은 것, 명예는 더욱 좋은 것이지만 정의는 그들 모두를 능가한다.

915. 필립 리프(1922~2006): 미국의 작가.
- 학문이란 예의 바른 논증이다.

916. 필립스(W, 1811~1884): 미국의 사회개혁가, 노예 폐지론자.
- 사슬에 묶여 있건, 월계관을 쓰고 있건, 자유는 승리밖에 모른다.
- 실패는 하나의 교훈에 불과하며 성공의 첫걸음이다.
- 우리는 인간과 조간신문의 통치하에 살고 있다.
- 종교의 차이는 정치의 차이보다 더욱 많은 분쟁을 일으킨다.
- 혁명은 만들어지는 것이 아니라 찾아온다. 혁명은 참나무의 성장처럼 자연스러운 성장이다. 그것은 과거로부터 나온다. 그것의 기초는 멀리 후면에 놓여 있다.

917. **하디**(T. Hardy, 1840~1928): 영국의 소설가, 시인.
 * 인내란 육체적 소심과 도덕적 용기의 혼합물이다.

918. **하만**(J.G, 1730~1788): 독일의 철학자.
 * 시는 인류의 모국어이다.

919. **하비**(G, 1545?~1630): 영국의 시인, 수사학자.
 * 독수리는 파리를 잡지 않는다.
 * 양이 될 수 있는 사람은 늑대를 잘 가려낼 것이다.
 * 진실은 미움을 생기게 하고 미덕은 시기를 생기게 하고 친숙함은 경멸을 생기게 한다.

920. **하비**(M, 1820~1905): 미국의 문필가.
 * 자연은 신이 쓴 책이다.

921. 하우프트만(1862~1946): 독일의 극작가.
* 어떤 사람이든 하나의 동경은 가지고 있다.

922. 하웰(J, 1594?~1666): 영국의 수필가, 서간문 작가.
* 늙은 소가 가장 곧은 고랑을 만든다.
* 돈은 그것을 가지고 있는 사람의 것이 아니고 그것을 즐기는 사람의 것이다.
* 얼굴은 종종 마음의 참다운 지표가 된다.
* 열쇠가 상자를 열듯이 문학은 마음을 연다.
* 우정은 인간 사회의 위대한 사슬이고, 서신 왕래는 이 사슬의 가장 중요한 고리 중의 하나이다.
* 일만 하고 놀지 않는 아이는 바보가 된다.

923. 하이네(H, 1797~1856): 독일의 시인. 유태계 부모에게서 출생.
* 무신론은 유신론의 최후의 말이다.
* 사람이 위대하면 할수록 욕의 화살을 받기 쉽다. 애당초 소인에게는 욕의 화살도 좀처럼 오지 않는다.
* 사랑에 미친다는 것은 말이 중복되어 있다. 사랑이란 이미 미친 것이다.
* 쇠는 사람을 죽이지 않는다. 죽이는 것은 손이다. 그 손은 마음에 따른다.
* 언어, 이것은 죽은 자를 무덤에서 불러내고 산 자를 땅 속에 매장한다. 언어, 이것은 소인을 거인으로 만들 수도 있고 거인을 납작하게 만들 수도 있다.
* 여자란 어디까지가 천사이고, 어디부터가 악마인지 분명히 알 수 없

는 존재이다.
* 인간을 비추어 주는 유일한 등불은 이성이며, 삶의 어두운 길목을 인도하는 오직 한 개의 지팡이는 양심이다.
* 자유는 새로운 종교이며 우리 시대의 종교이다.
* 재능은 없어도 인격은 갖추어야 한다.
* 책은 갓난아이처럼 낳는 데 시간이 걸린다. 수주일 동안에 재빨리 쓴 책은 저자를 의심케 한다. 여성은 9개월이 되지 않고는 결코 온전한 아이를 낳지 못할 것이다.
* 행복은 변덕쟁이 창부이다. 같은 곳에 오래 머물러 있지를 않는다.
* 혁명은 하나의 불행이다. 더욱 큰 불행은 실패한 혁명이다.
* 현자는 새로운 사상을 생각해내고, 우인은 그것을 편다.

924. **하이데거**(M, 1889~1976): 독일의 철학자. 실존주의 사상가.
* 양심이란 '잃어버린 자기'가 '본래의 자기'로 돌아가는 것을 추구하고 결의하는 목소리이다.
* 크게 사색하는 자는 크게 번민할 것이다.

925. **하이든**(F.J, 1732~1809): 오스트리아의 음악가.
* 가장 어려운 일은 명성을 획득하는 것이고, 다음으로 어려운 일은 명성을 생존 중에 유지하는 것이고, 또 그 다음으로 어려운 일은 명성을 사후에도 유지하는 것이다.

926. **하인라인**(R.A, 1907~1988): 미국의 작가.
* 불분명은 무능력의 은신처이다.
* 사랑은 타인의 행복이 자신의 행복에 필수물이 되는 상태이다.

927. **한니발**(B.C.247~183): 카르타고의 영웅.
* 확실한 평화는 마침내 올 승리보다 낫다.

928. **한비자**(韓非子, B.C.298~233): 중국 전국시대 말기 법가法家의 개조. 이름은 비非. 순자荀子의 제자.
* 상벌의 공정을 잃은 지도자는 발톱과 이빨을 버린 호랑이와 같아서 부하를 뜻대로 움직일 수 없다.
* 국법을 받음이 강하면 나라도 강하고 국법을 받음이 약하면 나라도 약해진다.
* 늙은 말의 지혜는 쓸 만하다.
* 물은 그릇의 모양을 따르고 사람은 친구의 선악을 따른다.
* 바른 말은 귀에 거슬리는 법이다.
* 칭찬받기보다 칭찬하기를 즐겨하라.

929. **한용운**(韓龍雲, 1879~1944): 승려 시인, 독립운동가. 이름은 봉완奉玩, 호는 만해萬海.
* 어떠한 일을 시작할 때는 쉬운 일인가 어려운 일인가, 성공할 것인가 실패할 것인가를 먼저 살피지 말고 옳은 일인가 그른 일인가를 먼저 생각해야 한다. 아무리 쉽고 성공할 수 있는 일이라도 그 일이 근본적으로 옳지 못한 일이라면 한때 성공을 하였을지라도 결국에는 파탄이 생기는 법이다. 그러므로 하늘과 땅에 비추어 보아 조금도 부끄럽지 않은 일이라면 용감하게 추진하여라.
* 유신이란 무엇인가? 파괴의 자손이다. 파괴란 무엇인가? 유신의 어머니다. 세상에서는 어머니 없는 자식이 없다는 것은 능히 말하지만 파괴 없는 유신이 없다는 점은 잘 알지 못한다.

* 자유는 만유萬有의 생명이요, 평화는 인생의 행복이다. 그러므로 자유가 없는 사람은 사해死骸와 같고, 평화가 없는 자는 가장 고통스런 자이다.

930. **한유**(韓愈, 768~824): 중국 당나라의 문장가. 한퇴지韓退之. 당송唐宋 8대가의 한 사람.
* 음악이라는 것은 마음이 속으로 막혀 있어서 그것이 밖으로 소리가 되어 나오는 것이다.
* 천리마는 항상 있어도, 백락伯樂은 항상 있지 않다.

931. **함마슐트**(D, 1905~1961): 스웨덴의 외교관, 유엔사무총장.
* 다음 발걸음을 딛기 전에는 결코 시험삼아 땅을 보지 말라. 먼 지평선에 눈을 고정시키는 자만이 그의 올바른 길을 찾을 것이다.
* 인생의 유일한 가치는 남을 위해서 산 삶의 내용에 있다. 남을 위해서 베풀 수 있는 어떤 가치를 삶에서 제외한다면 나의 삶은 죽음보다도 못한 것이다.
* 죽음을 찾지 말라. 죽음이 당신을 찾을 것이다. 그러나 죽음을 완성으로 만드는 길을 찾으라.

932. **함석헌**(咸錫憲, 1901~1989): 한국의 종교사상가.
* 깨어 있는 국민이어야 산다.
* 마음이 주인인 줄 아는 사람은 마음을 맑히기에 힘쓰고, 마음이 맑아져서 보면 참이 보인다.
* 만물을 짓고 뜻을 이루어가는 것은 힘이 아니라, 사랑입니다.
* 힘 있게 살려면 위대한 정신의 힘이 있어야 한다. 모든 문화는 정신의

힘에 나타난 것이다. 그러면 그 정신의 힘은 어떻게 하여서 길러지나? 사상과 행동에 의해서다.

933. **해든**(W, 1516~1572): 영국의 작가, 교육가.
* 음악은 마음의 상처를 고쳐 주는 약이다.

934. **해리스**(SJ, 1917~1986): 영국 출신의 미국 칼럼니스트.
* 호기심으로 캐낼 수 없는 많은 비밀도 무관심으로 끌어낼 수 있다.

935. **해링턴**(M, 1928~1989): 미국의 작가, 사회비평가.
* 인생은 공동으로 살아가는 것이지만 공동 사회에서 살아가는 것은 아니다.

936. **해밀턴**(A. Hamilton, 1757~1804): 미국의 정치가.
* 인간에게 있어서 정신 이외에 위대한 것은 존재하지 않는다.
* 천재란 근면의 결과일 뿐이다.

937. **해어 형제**(J.C. 해어⟨1792~1834⟩와 A.W. 해어⟨1795~1855⟩): 영국의 성직자, 편집자.
* 명예를 숭배하는 자에게는 치욕만이 죄악이다.
* 왕은 그의 영토 내에서 가장 독립성이 적은 사람이고, 거지는 가장 독립성이 많은 사람이다.
* 지식은 사랑의 어버이요, 지혜는 사랑 그 자체이다.

938. 핸더슨(1863~1933): 영국의 정치가.
 * 자기만을 구원하려는 자는 망하고, 남을 구하기 위해 끊임없이 노력하는 사람은 불멸한다.

939. 핼리버튼(T.C, 1796~1865): 캐나다의 법학자, 유머작가.
 * 가져본 적이 없는 사치품은 없는 대로 지낼 수 있지만, 일단 획득하면 자발적으로 이를 포기하는 일은 일어나지 않는다.

940. 핼리팩스(L, 1633~1695): 영국의 서간문 작가.
 * 사람이 시간을 낭비하는 것은 일종의 자살이다.
 * 희망은 인생길의 아주 훌륭한 길동무이기는 하지만 대체로 그릇된 안내자이다.

941. 허버드(E.G. Hubbard, 1856~1915): 미국의 작가, 화가.
 * 보수적인 사람이란 너무나 겁이 많아 싸우지 못하는 자요, 너무나 비대하여 뛰지 못하는 자이다.
 * 예술가는 자기 작품 이외의 종교가 필요하지 않다.
 * 인간의 얼굴은 신의 걸작이다. 눈은 영혼을 나타내며, 입은 육체를, 턱은 목적을, 코는 의지를 나타낸다. 그러나 이 모든 것들 뒤에는 우리가 표정이라고 부르는 그 무엇이 있다.
 * 천재란 선례 없이도 바르게 행동하는 능력이다. 최초로 올바른 행동을 하는 힘이다.
 * 친구란 당신에 대해서 모든 것을 알고 있으면서도 당신을 좋아하는 사람이다.
 * 행복이란 일종의 습관이다. 그 습관을 기르라.

942. **허버트**(G. Herbert, 1593~1633): 영국의 시인.
- 기죽지 말라. 하늘을 겨냥하는 자는, 나무를 맞추려고 하는 자보다 훨씬 더 높이 쏜다.
- 꿀은 달지만 꿀벌은 쏜다.
- 너의 행동을 낮게 하고 너의 희망을 높게 하라.
- 다른 사람이 생각하는 것을 생각하지 않는 자가 바보이다.
- 돈이 있으면 걱정되고 돈이 없으면 슬퍼진다.
- 버들가지는 약하나 다른 목재를 묶는다.
- 사람은 미덕에 있어서는 별다른 차이가 없으나 악덕에서만은 차이가 있다.
- 사랑과 기침은 감출 수 없다.
- 사자의 꼬리가 되기보다는 도마뱀의 머리가 되는 편이 낫다.
- 술이 들어가는 곳에는 지혜가 나가버린다.
- 신용을 잃은 자는 이 세상에서 죽은 것이다.
- 우리들이 인생은 무엇인가를 알기 전에 인생은 반이 지나가 버린다.
- 인내하는 사람은 정복되지 않는다.
- 잘못 보기보다는 장님인 편이 훨씬 낫다.
- 전쟁은 도둑을 만들고 평화는 그 도둑을 교수형에 처한다.
- 한 분의 아버지가 백 명의 스승보다 낫다.
- 희망은 가난한 사람의 빵이다.

943. **허버트 리드**(1893~1968): 영국의 비평가, 시인.
- 문화란 위에서 눌러대서 되는 것이 아니고 밑에서 이루어져 위로 올라오는 것이다.

944. **허버트 스펜서**(S. Herber, 1820~1903): 영국의 철학자, 사회학자. 『종합철학체계』 10권을 편찬.
- *교육은 인격의 형성을 목적으로 한다.
- *교육의 최대 목표는 지식이 아니라 행동이다.
- *사회는 그 구성원의 이익을 위하여 존재하는 것이지 그 구성원들이 사회의 이익을 위하여 존재하는 것이 아니다.
- *어린이는 부모의 행동의 거울이다.
- *인간의 자유에 대한 관심이 가장 적은 곳에서는 영웅 숭배가 가장 강하다.
- *진보는 우연이 아니고 필연이다. 그것은 자연의 일부이다.

945. **허비**(R, 1864~1900): 미국의 시인.
- *사랑은 보상을 찾지만 우정은 대가를 요구하지 않는 하느님과 같다.

946. **허처슨**(F, 1694~1746): 영국의 철학자.
- *최대 다수에게 최대 행복을 얻게 하는 행동이 가장 좋다. 같은 식으로 불행을 가져다주는 행동이 가장 나쁘다.

947. **헉슬리**(A.L, 1894~1963): 영국의 소설가, 수필가, 풍자시인.
- *누구든 우선 마음속에 황량함을 경험하지 않고는 종교나 철학의 위안을 받을 수 없다.
- *이상주의는 정치적인 신사들이 그들의 의지를 권력화하기 위해 걸치는 고상한 작업복이다.

948. 헉슬리(T.H, 1825~1895): 영국의 생물학자, 교육자, 작가.
- *사실의 세계는 언어 세계의 외부 저편에 있다.
- *인생의 위대한 목표는 지식이 아니라 행동이다.
- *진실성은 도의의 핵심이다.
- *크기는 위대함이 아니며, 영토가 국가를 만들지 않는다.

949. 헌트(J.H.L, 1784~1859): 영국의 시인, 비평가, 수필가.
- *인내와 온화는 힘이다.

950. 헌팅턴(S, 1927~2008): 미국의 정치학자. 저서로 『문명의 충돌』, 『현실의 종말』 등.
- *문명 간의 공존은 어느 한 문명이 월등히 앞서 있어 두 문명 모두가 세계의 안정을 원할 때만 가능했다.
- *미래 인류의 주요 갈등원인은 문명이 될 것이다.
- *세계는 문화라는 토대 위에서 개편되고 조직된다.

951. 헝거포드(M.W, 1855~1897): 독일의 철학자.
- *미는 바라보는 사람의 눈 속에 있다.

952. 헤겔(G.F.W, 1770~1831): 독일의 철학자. 『철학입문』, 『논리학』, 『미학』 등을 저술.
- *미네르바의 부엉이는 황혼 무렵에야 비로소 날개를 펴기 시작한다.
- *보다 높은 이상이 없었더라면 인류는 쉬지 않고 일하는 개미떼와 무슨 차이가 있겠는가.
- *세계의 역사는 자유 의식의 진보 이외에는 아무것도 아니다.

- 우리는 이 세상의 어떤 위대한 것도 정열 없이 성취된 것은 없다는 사실을 절대적으로 믿어도 된다.
- 이성적인 것은 현실적인 것이요, 현실적인 것은 이성적인 것이다.
- 인간이 본래의 인간인 것은 정녕 교양에 의해서이다.
- 인생은 그 목적으로서 가치있는 것을 지녔을 때만 가치있다.

953. **헤라클레이토스**(B.C.540~480): 그리스의 철학자. 단편 『자연론』이 있다.
- 대립은 유익한 일이며 서로 다른 것으로부터 가장 아름다운 조화가 생긴다.
- 성격은 사람을 안내하는 운명의 지배자이다.
- 육체를 즐겁게 하는 데 행복이 있다고 한다면 소가 콩을 찾아먹는 것을 우리는 행복이라고 말했을 것이다.
- 태양은 나날이 새롭다. 그리고 강은 같아도 그 안에 들어가는 자에게는 계속 다른 물이 흘러온다.

954. **헤라클리우스 1세**(575~641): 동로마 황제(재위: 610~641).
- 만약 세상에 부정이라는 것이 없었다면 사람들은 정의를 몰랐을 것이다.

955. **헤로도투스**(B.C.484~425?): 그리스의 역사가.
- 사람은 자기 귀보다 눈을 믿는다.
- 여자가 옷을 벗으면 부끄러운 마음도 벗어버린다.
- 운이 사람을 다스리지, 사람이 운을 다스리지 않는다.

956. 헤르더(J.G, 1744~1803): 독일의 사상가, 문학가.
* 너의 운명은 네 품성의 여운이며 결과이다.
* 노동은 미덕의 샘이다.
* 사랑을 받는다는 행복은 이 세상에서 최고의 행복이다.

957. 헤르바르트(J.F, 1776~1841): 독일의 철학자, 교육학자, 심리학자.
* 한 사람의 훌륭한 어머니는 백 사람의 교사와 맞먹는다.

958. 헤리크(R, 1591~1674): 영국의 시인.
* 위대한 정신은 육체가 죽는다고 해서 죽는 것은 아니다.

959. 헤먼스(F.D, 1793~1835): 영국의 시인.
* 전사의 눈물을 보지 못하고 슬픔에 대해 논하지 말라.

960. 헤밍웨이(E.M, 1899~1961): 미국의 작가. 『노인과 바다』, 『무기여 잘 있거라』, 『누구를 위하여 종을 울리나』 등. 1954년 노벨문학상 수상.
* 문학을 교과서에서 배운 사람은 한 사람도 없다.
* 선이란 무엇이냐? 뒷맛이 좋은 것이다. 악이란 무엇이냐? 뒷맛이 나쁜 것이다.
* 이곳저곳 돌아다녀도 자기 자신으로부터 도망칠 수는 없다.
* 이상을 지니고 산다는 것은 성공적인 생활이다. 이상이란 누구나가 지금 하고 있는 일이 아니라 해보려고 애쓰는 일이며, 그것으로써 인간은 강해지는 것이다.
* 인간 최고의 의무는 성실하게, 그리고 진지하게 진리를 탐구하는 데 있다.

961. **헤벨**(F, 1813~1863): 독일의 극작가, 시인.
- *기도란 그것을 통해 우리가 어둠에서 하느님을 보는 거울이다.
- *여자들이 인류 최초의 교사이다.
- *인생이란 깊은 고독 속에서 살아가는 것이다.

962. **헤세**(H, 1877~1962): 독일의 작가. 『데미안』『싯다르타』 등의 작품이 있으며, 1946년 노벨문학상과 괴테상을 수상.
- *가장 아름다운 것은 언제나 사람이 그것을 보면 기쁨 이외에도 비애감이나 불안감을 품게 되는 것이다.
- *목적이 없는 생활은 따분하고 목적이 있는 생활은 번거롭다.
- *신은 있다. 오직 하나뿐이다. 그 신은 당신의 마음속에 살고 있다. 당신은 그곳에서 신을 구하고 그곳에서 그 신과 대화를 교환하지 않으면 안 된다.
- *예술가들 거의 모두가 자신들의 작품에 나타나 있는 고귀하고 훌륭하고 이상적인 것을 자기 자신들의 생활에서 전혀 실현시키지 않고 있는 것은 얼마나 기묘한, 그리고 실은 두려운 일인가?
- *요구하지 않는 사랑, 이것이 우리 영혼의 가장 고귀하고 가장 바람직스러운 경지이다.
- *운명은 어딘가 다른 데서 찾아오는 것이 아니라 자기 마음속에서 성장하는 것이다.
- *인생은 살 만한 가치가 있다는 것이 곧 모든 예술의 궁극의 내용이며, 그것은 또한 예술가에게 더없는 위안이 된다.
- *인생은 한 마리의 말이다. 경쾌하고 우람한 말이다. 우리들은 그것을 기수처럼 대담하게, 그리고 세심하게 취급하지 않으면 안 된다.
- *자기의 운명을 짊어질 수 있는 용기를 가진 자만이 영웅이다.

* 지식은 행위이다. 지식은 경험이다. 지식은 영속하지 않는다. 지식은 순간적인 것이다.
* 최대의 고통과 최대의 쾌락은 꼭 닮은 표정을 가지고 있다.
* 평화는 이상이다. 평화는 말할 수 없이 복잡한 것, 불안한 것, 위협받고 있는 것이다.

963. 헤시오도스(B.C.8세기): 그리스의 전원시인.
* 나태는 치욕이다.
* 남자의 손에 들어오는 수확물 중에서 양처 이상 가는 것이 없고, 반대로 악처만큼 못마땅한 것은 없다.
* 당신과 가까이 사는 여자와의 결혼을 주의하라.

964. 헤이(J.M, 1838~1905): 미국의 시인, 외교관, 정치가.
* 노름판에서의 진짜 좋은 운은 가장 좋은 카드를 손에 쥐는 데 있는 것이 아니다. 가장 운이 좋은 자란 자리에서 일어나 집으로 가는 때를 아는 자이다.

965. 헤이우드(J, 1497?~1580?): 영국의 풍자시인, 극작가.
* 굴러가는 돌에는 이끼가 끼지 않는다.
* 배우지 않으려면 태어나지 않는 편이 낫다.
* 자존심은 멸망을 가져올 것이다. 오만이 앞서고 수치심이 뒤따르기 때문이다.
* 하려는 마음에는 불가능이 없다.

966. **헤이즈먼**(S.M, 1848~1905): 미국의 성직자, 시인.
   * 대지는 신의 들리지 않는 목소리의 얼어붙은 메아리일 뿐이다.

967. **헬렌 켈러**(Helen Keller, 1880~1968): 미국의 여류교육가, 저술가, 사회사업가.
   * 나는 마음속에 눈과 귀와 입이 있어 마음으로 보고 듣고 말할 수 있다.
   * 말을 고귀하게 만드는 것은 사상이다.
   * 문화를 역행시키는 것은 불가능하다. 이 세계에는 청년이 있기 때문이다.
   * 얼굴을 태양쪽으로 돌리고 있으면 그림자를 볼 수가 없다.
   * 우리는 선과 악을 모두 알지 못하고는 스스로를 위한 바른 길을 자유롭고 현명하게 선택할 수 없다.
   * 조상 중에 노예 아닌 자가 없었으며 노예의 조상 중에 왕 아닌 자도 없었다.
   * 행복의 한 쪽 문이 닫히면 다른 쪽 문이 열린다. 그러나 흔히 우리는 닫혀진 문을 오랫동안 보기 때문에 우리를 위해 열려 있었던 문을 보지 못한다.
   * 희망은 사람을 성공으로 이끄는 신앙이다. 희망이 없으면 아무것도 성취할 수 없다.

968. **헨리**(O, 1862~1910): 미국의 작가. 『마지막 잎새』 등의 작품이 있다.
   * 정직하다고 스스로 말하는 사람은 결코 정직하지 못하다. 아무것도 모른다고 말하는 사람은 모두를 잘 알고 있으며, 무엇이나 다 안다고 말하는 사람은 허풍선이다. 그리고 아무 말도 하지 않는 사람은 현명한 사람이 아니면 이기주의자다.

969. **헨리 브래드쇼**(1450?~1513): 영국의 베네딕트회 수도사.
* 바른 예절과 지식이 인간을 만든다.

970. **헨리 오스틴**(17세기): 영국의 시인.
* 천재는 우리의 눈을 황홀하게 하는 능력이지만 인내의 위장에 불과한 경우가 많다.

971. **헨리 조지**(1839~1896): 미국의 경제학자.
* 무모한 변경에도 위험이 따르지만 맹목적인 보수주의에는 더 큰 위험이 있다.
* 부정은 진실로 누구에게나 이익이 되지 못하며 정의는 진실로 누구에게나 해(害)되는 일이 없다.
* 사람이 재물을 모으는 방법은 세 가지밖에 없다. 즉 일하거나 걸식을 하거나 도둑질을 하는 것이다.

972. **헨리 필딩**(1707~1754): 영국의 작가.
* 어느 부부나 적어도 한쪽은 바보이다.
* 우리는 살기 위해서 먹고 먹기 위해서 살아야 한다.

973. **혜초**(慧超, 704~780): 신라 승려. 인도 여행기인 『왕오천축국전』을 지음.
* 밝은 밤에 고향길을 바라보니
  달밤에 고향 가는 길 어디일까 보는데 / 뜬구름은 두둥실 흘러가네.
  그 편에 편지 한 장 부쳐 보지만 / 바람이 거세어 듣지 않고 가버리네.
  내 나라는 하늘 끝 북쪽에 있고 / 나는 남의 나라 서쪽 끝에 있네.
  일남(베트남)에는 기러기마저 없으니

누가 소식 전하러 계림으로 날아가리.

974. **호라티우스**(B.C.65~B.C.8): 로마의 서정·풍자시인.
   * 가장 무서운 사람은 침묵을 지키는 사람이다.
   * 매일을 그대를 위한 최후의 날이라고 생각하라. 이렇게 하면 생각지도 않았던 오늘을 얻어 기쁨을 맛볼 것이다.
   * 문화에 참을성 있게 귀를 기울이고서도 개화되지 않을 만큼 야만적인 사람은 없다.
   * 분노는 한때의 광증이다. 당신이 분노를 누르지 않으면 분노가 당신을 누를 것이다.
   * 시는 아름다운 것만으로는 부족하며, 사람의 마음을 움직이고 듣는 사람의 혼을 시가 나아가는 곳으로 인도하지 않으면 안 된다.
   * 어떤 충고도 간단히 하라.

975. **호레이스만**(1796~1849): 미국의 정치가, 교육가.
   * 법의 목적은 악의 방지이다. 그러나 결코 선에의 박차가 될 수는 없다.

976. **호메로스**(B.C.10세기): 그리스의 서사시인. 『일리아스』, 『오디세이아』의 작자.
   * 건강이란 건전한 육체에 깃드는 건전한 정신을 말한다.
   * 너그러운 마음씨는 사나운 혀를 고쳐준다.
   * 땅 위에서 숨 쉬고 또 기어다니는 것 가운데서 인간보다 더 약한 것을 땅은 기르지 않는다.
   * 비록 정의의 움직임은 완만할지라도 반드시 사악한 자를 타파한다.
   * 인간은 행복보다도 불행한 편이 두 배나 많다.
   * 자기의 생각을 발표하는 것은 평화시나 전시나 협상시나 전투시나 모

든 자유인의 권리이다.
* 젊은이들의 마음은 변하기 쉽다. 그러나 노인은 어떤 문제에 관계되면 앞뒤를 모두 살핀다.
* 집은 가구로 장식하는 것이 아니다. 언제나 방문해 온 친구들로써 장식해야 한다.

977. 호손(N, 1804~1864): 미국의 작가. 『큰 바위 얼굴』, 『주홍글씨』 등.
* 관대는 주의主義의 꽃이다.
* 행복은 나비와 같아서 잡으려 하면 우리의 손을 벗어나 버린다. 하지만, 만약 당신이 조용히 앉아 있으면 당신에게 내려앉을지도 모른다.

978. 호일(E, 1672~1769): 영국의 작가.
* 의심스러울 때는 계략으로 승리하라.

979. 호적(胡適, 1891~1962): 중국의 사상가. 교육가.
* 사상이 문학에 들어 있는 것은 두뇌가 사람의 몸에 있는 것과 같다.

980. 호퍼(E. Hoffer, 1902~1983): 미국의 사회철학자. 저서로 『영혼의 연금술』, 『인간의 조건』, 『길 위의 철학자』 등.
* 사람은 자신에 대한 거짓말을 할 때 가장 큰 소리를 낸다.
* 완전한 개미, 완전한 꿀벌은 있지만 인간은 영원히 미완성이다. 인간이 다른 생명체와 구별되는 점도 이런 치유할 수 없는 불완전함이다. 실은, 인간이 창조를 하게 된 것도 자신을 완성하려는 시도에서 비롯되었다.
* 지금 가지고 있는 것만으로 충분히 행복해질 수 있다.

* 지금의 나와 다른 내가 되고 싶다면, 지금의 나에 대해서 알아야 한다.
* 행복의 추구야말로 불행의 주요 원인 중 하나다.

981. **호후트**(R, 1931~): 독일의 극작가.
* 사람은 우정으로 연결될 수 있다. 그러나 국가는 이익으로써만 연결된다.

982. **홀랜드**(J.G, 1819~1881): 미국의 작가, 저널리스트.
* 가정이란 어떠한 형태의 것이든 인생의 커다란 목표이다.
* 나태는 살아 있는 사람의 무덤이다.
* 법률의 속박을 느끼는 자는 악한뿐이다.

983. **홈스**(O.W. Holmes, 1809~1894): 미국의 수필가, 소설가, 시인, 의학자.
* 70의 젊음은 40의 늙음보다 때때로 더 생기있고 희망적이다.
* 명성은 화려한 금관을 쓰고 있지만 향기 없는 해바라기이다. 그러나 우정은 꽃잎 하나 하나마다 향기를 풍기고 있는 장미꽃이다.
* 어디 있느냐보다 어디로 가느냐가 중요하다.
* 웃음과 눈물은 똑같은 감각의 수레바퀴를 돌린다는 것을 의미한다. 전자는 바람의 힘이요, 후자는 물의 힘이다.
* 인생은 계산하는 것이 아니라 그림을 그리는 것이다.
* 자연은 신이 세계를 지배하는 기술이다.
* 청춘은 사라지고 사랑은 시들며 우정의 잎사귀는 떨어지지만, 어머니의 남모르는 깊은 사랑은 그 모든 것보다 오래 산다.

984. **홍대용**(洪大容, 1731~1783): 조선시대의 북학파 학자.
* 사람의 미혹에 세 가지가 있으니, 식색食色에 혹하면 집안을 망치고, 이권에 혹하면 나라를 망치고, 도술에 혹하면 천하를 망친다.

985. **홍자성**(洪自成, 16세기경): 중국 청나라 때의 학자. 『채근담』의 저자.
* 책을 읽어도 성현의 덕을 배우지 못하면 글을 가져다 쓰는 심부름꾼에 지나지 않는다.
* 관직에 있으면서 백성을 사랑하지 않는다면 의관을 입은 도둑에 지나지 않는다.
* 내가 귀하여 사람들이 받드는 것은 내 높은 관직의 관복을 받드는 것이요, 내가 천하여 사람들이 모욕하는 것은 이 베옷과 짚신을 모욕하는 것이다.

986. **화이트**(H.K, 1785~1806): 영국의 시인.
* 미가 죽어야 덕이 산다.

987. **화이트**(W.A, 1868~1944): 미국의 정치가, 저널리스트.
* 이성이 인간을 배반한 일은 없다. 오로지 힘과 압박이 이 세상에 파괴를 초래했을 뿐이다.

988. **화이트헤드**(A.N, 1861~1947): 영국의 철학자, 수학자.
* 문명의 일반적 정의는 문명사회가 진리, 미, 모험, 예술, 평화의 다섯 가지 특질을 나타내는 것을 말한다.
* 위대한 사회란 중소기업을 하는 사업가들이 자기 자신을 자랑스럽게 여기고 있는 사회이다.

- * 종교는 신을 찾으려는 인간성의 반응이다.
- * 지능은 사물을 빨리 이해하는 능력이다. 이해될 사안을 현명하게 행동에 옮기는 능력이 두뇌력이다.

989. **후루시초프**(N.S, 1894~1971): 소련의 정치가, 수상.
- * 어느 나라 정치가나 모두 같다. 그들은 강도 없는데 다리를 놔 준다고 약속한다.

990. **후버**(H.C, 1874~1964): 미국의 제31대 대통령.
- * 늙은이들이 전쟁을 선포한다. 그러나 싸워야 하고 죽어야 하는 것은 젊은이들이다.

991. **훔볼트**(W, 1767~1835): 독일의 철학자, 정치가.
- * 어린이는 자기 나라 말에서 세계를 발견한다.
- * 일하는 것이 먹는 것이나 잠자는 것보다 더 인간에게 필요한 것이다.

992. **휘트먼**(W, 1819~1892): 미국의 시인, 자유시의 선구자.
- * 성스러운 것이 있다면 바로 인간의 육체가 성스럽다.
- * 우리들이 오늘밤 거짓이라고 배척하는 것도 먼 옛날에는 진리였다.
- * 추위에 떠는 사람일수록 햇볕을 따뜻하게 느낀다. 인생의 고통을 겪은 사람일수록 생명의 존귀함을 안다.
- * 평화는 언제나 아름답다.

993. 흄(D, 1711~1776): 영국의 철학자, 역사가.
* 관습은 인간 생활의 위대한 안내자이다.
* 인간은 관습의 묶음이다.

994. 히치콕(R.D, 1817~1887): 미국의 교육자.
* 종교는 교리도 아니고 정서도 아니고 봉사이다.

995. 히틀러(A, 1889~1945): 독일의 정치가, 나치스 당수, 수상.
* 국민을 다스리는 데는 빵과 서커스면 된다.
* 대중은 여자와 같다. 자기를 지배해 주는 것이 출현하기를 기다릴 뿐, 자유를 주어도 어리둥절할 뿐이다.
* 선전에 의해 사람들이 천국을 지옥으로, 또는 지옥을 천국으로 여기도록 할 수 있다.
* 이성을 제압하여 승리를 거두는 가장 손쉬운 방법은 공포와 힘이다.

996. 히포낙스(B.C.6세기 후반): 그리스의 시인.
* 결혼한 남자의 일생 중 가장 좋은 날은 이틀이다. 결혼하는 날과 자기의 아내를 매장하는 날.

997. 히포크라테스(B.C.460~375경): 그리스의 의학자. 의학의 시조. 『히포크라테스 선집』 87권과 『금언집』 등이 있다.
* 병을 낫게 하는 것은 자연이다.
* 식생활로 고칠 수 없는 병은 어떠한 요법으로도 고칠 수 없다.
* 여자의 일생은 기나긴 병이다.
* 인생은 짧고, 예술은 길며, 세월은 정확하고, 경험은 간사스럽고, 판단

은 어렵다.

998. 힐라드(G.S, 1808~1879): 미국의 법률가, 법학자.
* 정치가는 기회를 만들지만 기회는 정객을 만든다.

999. 힐티(C, 1833~1909): 스위스의 철학자, 법학자.
* 기쁨이란 무엇인가? 그것은 원래 많은 괴로움을 참고 견딘 사람만이 알 수 있는 것이다. 그밖의 다른 사람들은 참된 기쁨과는 전혀 닮지도 않은 단순한 쾌락을 알고 있는 데 지나지 않는다.
* 나쁜 독서는 나쁜 교제보다도 더 위험하다.
* 남자는 환성적歡聲的인 여성을 원하지만 여자는 실존적인 남성을 원한다. 남녀간의 비극은 항상 여기에서 비롯된다.
* 사랑은 무엇보다도 사람을 현명하게 만든다.
* 우리의 인생에서 가장 행복한 때는 일에 몰두하고 있을 때이다.
* 위대한 사상은 반드시 커다란 고통이라는 밭을 갈아서 이루어진다. 갈지 않고 둔 밭에서는 잡초만 무성할 뿐이다.
* 행복의 원천은 감성 속에 있는 것이 아니라 활동 속에 있다.

분야별 색인

철학자

공자 27
기대승 37
노박 45
노자 46
니체 48
데리다 56
데모낙스 56
데모크리토스 56
데카르트 57
들뢰즈 61
디드로 62
디오게네스 62
딜타이 65
라므네 68
라이프니츠 70
라캉 70
러셀 73
러스킨 73
레싱 75
레우키포스 76
로크 82
루소 84
루이스 87
마르크스 97
마리탱 98

매켄지 104
맹자 107
몽테뉴 114
몽테스키외 115
무니에 116
묵자 117
바움가르텐 123
발레리 126
베르그송 133
베이컨 134
벤담 137
볼테르 142
브루너 147
비트겐슈타인 150
빈더 150
빈델반트 150
빌 150
사르트르 151
산타야나 153
샤롱 156
샹포르 156
서경덕 156
세네카 159
셸링 166
소크라테스 167
쇼펜하우어 171
순자 172

슐레겔 174
스테픈스 177
스피노자 180
시자 182
시티르너 182
아리스토텔레스 185
아리스티푸스 186
아미엘 187
아베로에스 187
안연 191
알랭 192
양웅 196
에릭 호퍼 200
에머슨 200
에피쿠로스 203
에픽테토스 204
엘베티우스 206
엥겔스 206
여곤 206
여본중 206
열자 207
예양 208
오르테가 이 가세트 208
오이켄 211
왕양명 212
왕촉 212
왕충 212

왕혁 212	토머스 페인 279	개릭 22
우나무노 이 후고 212	토머스 홉스 280	게레르트 22
움베르토 에코 213	파스칼 286	게오르규 23
윌리엄 해밀턴 219	포이에르바흐 293	겔레루프 23
이이 223	폴 틸리히 295	겔리우스 23
이익 224	퐁트넬 295	고골리 23
이제신 224	프로타고라스 299	고리키 24
이황 225	프루동 299	고스 25
임성주 225	플라톤 301	골드스미스 26
자사 228	피히테 305	골즈워디 26
장자 229	하만 307	괴테 32
장조 230	하이데거 309	구르몽 35
정약용 232	한비자 310	구츠코 36
정자 233	함석헌 311	그라베 36
정제두 233	허버트 스펜서 315	그라시안 36
정호 233	허처슨 315	그랜빌 36
제논 234	헝거포드 316	그레빌 36
조셉 루 236	헤겔 316	기싱 38
존 듀이 240	헤라클레이토스 317	길더 39
주자 245	헤르더 318	나보코프 42
증자 246	헤르바르트 318	네이던 44
짐멜 246	호적 324	노발리스 45
카토(D.) 256	호퍼 324	노신 46
칸트 256	홍대용 326	다니엘 52
칼 포퍼 259	홍자성 326	단테 53
쿠쟁 265	화이트헤드 326	대커리 55
크리시포스 267	훔볼트 327	댈버그 56
크세노파네스 267	흄 328	도스토예프스키 57
키에르케고르 269	힐티 329	돕슨 59
킬론 271		뒤마 59
탈레스 273	**문학가**	뒤 바르타스 59
테스타 274		뒤아멜 59
테오프라스토스 275	가이벨 19	드라이든 60

디 보토 62
디오게네스 라에르티우스 62
디킨스 64
디포 65
라 로시푸코 66
라마르틴 68
라 브뤼에르 68
라 쇼세 70
라신 70
라이스 70
라 퐁텐 71
람페두사 71
랜더 72
램 72
레니에 74
레오파르디 76
레크 78
로가우 78
로렌스(D.H) 79
로맹 롤랑 80
로버츠 80
로버트슨 81
로슈포르 81
로우 81
로웰 81
로저스 82
롤리 83
롤링 83
롱펠로 84
루카누스 87
루크레티우스 87
뤼케르트 88

르나르 89
르브룅 89
르사주 89
리드(C.) 90
리스 91
리처드 91
리튼 91
린드세이 92
릴리 92
릴케 93
마가렛 미첼 95
마닐리우스 95
마다리아가 이 로호 95
마르티알리스 97
마미언 98
마컴 99
마크 트웨인 99
마테를링크 101
마티아스 크라우디우스 101
만졸리 103
말로(A.G) 103
말로(C.) 103
매든 104
매스트르 104
매신저 104
매튜 아놀드 104
맥도널드 105
맨리 105
맬로크 106
머클리시 108
머튼 109
멈포드 109

메난드로스 109
멜방크 110
모라비아 110
모라틴 110
모루아 110
모르강 111
모리스(Sir Lewis) 111
모리아크 112
모파상 112
몬탈레 113
몬탈보 113
몰리(C.D) 113
몰리에르 113
몽고메리 114
몽테를랑 115
무어 116
뮈세 118
밀란 쿤데라 120
밀러(A.D) 120
밀러(H) 120
밀레이 121
밀턴 121
바볼드 123
바이런 123
바이코프 124
바턴 124
반스 126
발레리우스 막시무스 127
발자크 127
방정환 127
백거이 127
밴 도렌 128

버나드 쇼 128
버지니아 울프 129
버틀러 130
번즈 130
베게티우스 132
베네트(E.A) 133
베네트(J.L) 132
베더 133
베르나노스 133
베르질리우스 133
베스톤 134
베이츠 134
베일리 136
베티 136
보들레르 139
보마르셰 139
보봐르 140
보브나르그 140
보언 140
보카치오 141
볼드윈 141
뵈르네 143
부르제 144
브라우닝(E.B) 144
브라우닝(R.) 144
브라운 145
브라이언트 145
브레히트 146
브론티 146
브롬 147
브왈로 데프레오 147
블레이크 147
비니 148

비온 149
빌리어스 150
사강 151
사디 151
사뮈엘 베케트 153
사키 153
상드 154
샌드버그 154
생텍쥐페리 155
생트뵈브 155
생피에르 155
샤르돈 156
서머싯 몸 157
세르반테스 161
셰리던 162
셰익스피어 163
셸리(M.W) 165
셸리(P.B) 165
소로우 166
소포클레스 168
솔제니친 171
쉴러 173
스마일즈 174
스몰레트 175
스미스(L.P) 175
스윈번 176
스코트 176
스타인벡 176
스탈 부인 177
스탕달 177
스토우 178
스트린드베리 178
스티븐스(W.) 179

스티븐슨(R.L) 179
스틸 179
스펜서 180
시드니(P.) 181
시모니데스 181
시버 182
실러 182
싱 183
아가톤 184
아놀드 184
아누이 184
아른트 185
아리스토파네스 186
아우소니우스 188
아우어바흐 188
아이소포스 188
아이스킬로스 189
아이작 윌튼 189
안데르센 190
안스파허 190
안티파네스 192
알렉산더 193
알렉산더 스미스 193
알퐁스 도데 193
앗다에우스 194
앙드레 지드 194
어빙 197
에드거 앨런 포 197
에드워드 영 198
에디슨(M.B) 198
에센바하 202
에센바흐 202
에우리피데스 203

에이튼 203
엘리아데 205
엘리엇(G.) 205
엘리엇(T.S) 205
오비디우스 209
오스카 와일드 209
오웬 펠덤 210
오펜하임 211
와일더 211
울먼 213
워너 213
워즈워스 214
월폴 215
웰즈(C.J) 215
웰즈(H.G) 215
위고 216
위칠리 217
윌리엄 랭런드 217
윌리엄 샤프 217
윌리엄스 217
윌리엄 콘그리브 218
윌리엄 쿠퍼 218
윌리엄 헤즐리트 219
윌리엄 화이트헤드 220
유리피데스 221
유베날리스 221
육기 222
이규보 222
이비코스 222
이솝 223
이제현 224
임어당 225
입센 226

장 파울 230
쟁월 231
제럴드 234
제롬 234
제임스 코딘 235
제프리스 235
조나단 스위프트 236
조셉 애디슨 237
조안나 베일리 238
조이메 238
조지 개스코인 238
조지 버로 238
조지 오웰 238
조지 위더 239
조지 윌킨스 239
조지훈 239
존 게이 239
존 데넘 240
존 리드게이트 240
존 샌드포드 241
존 스켈튼 241
존슨(B.) 241
존슨(S.) 242
존 아버스넛 243
존 윌슨 243
존 키츠 244
졸라 244
주베르 244
채프먼 247
처칠(C.) 248
체스터튼 249
체호프 250
초서 251

최원 251
츠바이크 252
카로사 254
카뮈 254
카사노바 255
카울리 255
카툴루스 256
카펜터 256
카프카 256
칼라일 258
캐더 259
커밍스 259
코르네이유 261
코체브 262
코튼 262
콕토 263
콜리지(D.H) 263
콜리지(S.T) 263
콜린스(W.) 264
콜튼(A.W) 264
쿠크 265
쿠퍼 265
퀄즈 266
크니드 266
크레비용 266
크레이크 266
클라이스트 268
키노 269
키플링 271
킹슬리 271
타고르 272
타펠 273
터퍼 273

테니슨 274
테렌티우스 274
테오그니스 275
테일러 275
토마스 만 276
토머스 277
토머스 그레이 277
토머스 데커 277
토머스 켐벨 278
토머스 후드 280
톨스토이(A.K) 281
톨스토이(L.N) 282
톰슨 284
투르게네프 284
파도 286
파에드루스 288
파운드(E.) 288
파울 하이제 288
파즈 288
팔라다스 289
패니 펀 289
퍼클 289
펄 벅 290
페기 290
페르시우스 290
페인 291
페트라르카 291
포르치아 292
포스 292
포스터 293
포우프 293
포프 293
폰타네 294

폴 굿먼 294
폴로크 294
푸블릴리우스 시루스 295
푸시킨 295
푸트 296
풀러 296
프라이 296
프라이어 296
프라이타크 296
프란시스 톰슨 296
프랑수아즈 비용 297
프랑스 297
프로스트 298
프로페르티우스 299
프루스트 300
플라우투스 300
플레처 302
플로베르 302
플루타르코스 303
플리니우스 303
피츠제럴드(E.) 304
피츠제럴드(F.S) 304
피코크 304
핀다로스 305
필립 리프 306
하디 307
하비(G.) 307
하비(M.) 307
하우프트만 308
하웰 308
하이네 308
하인라인 309

한유 311
해든 312
해링턴 312
핼리팩스 313
허버드 313
허버트 314
허버트 리드 314
허비 315
헉슬리(A.L) 315
헌트 316
헤리크 318
헤먼스 318
헤밍웨이 318
헤벨 319
헤세 319
헤시오도스 320
헤이 320
헤이우드 320
헨리 321
헨리 오스틴 322
헨리 필딩 322
호라티우스 323
호메로스 323
호손 324
호일 324
호후트 325
홀랜드 325
홈스 325
화이트(H.K) 326
휘트먼 327
히포낙스 328

정치가

간디 19
강태공 21
고르바초프 24
골드워터 26
관자 31
글래드스턴 37
김구 39
김대중 40
김인후 40
김집 41
나폴레옹 42
네루 44
넬슨 45
노무현 45
다나카 가쿠에이 52
당태종 54
당통 55
데모스테네스 56
도쿠가와 이에야스 58
드골 59
등소평 61
디즈레일리 63
레닌 75
로베스피에르 81
로이드 조지 82
로즈 82
루스벨트(F.D) 86
루스벨트(T.) 86
루이 14세 87
리(R.E.) 90
리드(T.B) 90

링컨 93
마루쿠스 아우렐리우스 96
마윈 98
마치니 98
만델라 103
말콤 엑스 103
맥아더 105
맨스필드 105
먼로 109
모택동 112
몰리(J.) 113
밀로 121
바루크 122
바르나브 123
박영효 124
박정희 125
반초 126
벌워 리튼 130
범수 131
벤자민 프랭클린 137
보에티우스 141
볼링브루크 142
부르크 144
브란트 146
브래들리 146
비스마르크 148
서재필 157
세종대왕 162
셔먼 162
소식 166
손문 169
솔로몬 170

솔론 170
스미스(A.E) 175
스탈린 176
스티븐슨(A.E) 179
스팀슨 180
시드니(A.) 181
신채호 182
아우구스투스 187
아이젠하워 189
안중근 191
안창호 191
알렉산더 대왕 193
애그뉴 194
양사언 196
에드먼드 버크 197
연산군 206
웰링턴 215
웹스터 216
윌리엄 피트 219
윌슨 220
윌키 220
유비 221
유성룡 221
이순신 223
이승만 223
이준경 225
잉거솔 227
정도전 231
정몽주 232
정여창 232
정철 233
제갈공명 234
조광조 235

조셉 후커 237
조지 워싱턴 239
조지 캐닝 239
존 랜돌프 240
존 러셀 240
존슨(L.B) 241
처칠(Sir Winston) 248
체 게바라 249
체스터필드 250
최영 251
카스트로 255
카이사르 255
카테리네 2세 256
카토(M.P) 256
케네디(J.F) 261
케네디(R.F) 260
켈로그 261
크리스티아 267
클라우디우스 267
클라우제비츠 267
클레망소 268
클리블런드 268
클린턴 268
키신저 269
키케로 269
테미스토클레스 274
템플 275
토마스 모어 276
토머스 제퍼슨 278
토크 빌 281
트루먼 285
패트릭 헨리 289
페르디난트 1세 290

페리안드로스 290
포시 293
푸셰 295
프랑수아 미테랑 297
프리드리히 2세 300
필립스 306
한니발 310
함마슐트 311
해밀턴 312
핸더슨 313
헤라클리우스 1세 317
호레이스만 323
화이트(W.A) 326
후루시초프 327
후버 327
히틀러 328

과학자

갈릴레오 21
뉴턴 48
다윈 53
러보크 73
로알드 호프만 81
리히텐베르크 92
린나에우스(린네) 92
마리 퀴리 98
샤르도네 156
스베덴보리 175
아르키메데스 185
아인슈타인 189
엠페도클레스 206
코페르니쿠스 262

파브르 286
파스퇴르 287
피에르 퀴리 303

교육자

개러드 22
닐 51
듀란트 59
린트너 92
슈프랑거 173
엘리엇(C.W) 205
오버스트리트 208
올커트 211
요시다 쇼잉 212
우신스키 213
카네기(D.) 254
콜린스(J.C) 263
쿠베르탱 265
파머 286
페스탈로치 291
플렉스너 302
헬렌 켈러 321
히치콕 328

법률가

대로우 55
데이 57
라트브루흐 71
셀든 162
초우트 251

언론인

개리슨 22
레스턴 75
리프만 91
머로우 108
멘켄 110
베넘 132
보가트 138
보비 140
본 141
비어스 149
설즈버거 158
스토더드 177
알렉산더 체이스 193
애덤스(F.P) 194
앨런 196
윌리엄 혼 220
존 클라크 243
컬버트슨 259
파이어트 288
페이지 291
해리스 312

예술가

고갱 23
고흐 25
글린카 37
드라크르와 61
레오나르도 다 빈치 76
로댕 78
르누아르 89

메뉴인 109
모리스(W.) 111
미켈란젤로 119
밀레 120
바그너 122
바움 123
바흐 124
벌린 130
베토벤 136
보나르 139
부르델 143
브라크 146
블라맹크 147
샤갈 155
세잔 162
스트라빈스키 178
에브 퀴리 202
이날치 222
채플린 247
클레 268
피카소 304
하이든 309

종교인

구마라습 35
기화 39
김수환 40
나가르주나 42
뉴먼 48
달라이 라마 54
레이튼 77
루터 88

리(G.S) 90
마틴 루터 킹 101
마호메트 101
문선명 118
뮤츠 118
바인스 124
바톨 124
발로 127
백운화상 128
버턴 129
법정 131
베리 134
볼스 142
비처 149
석가모니 157
성철 159
소태산 168
스미스(S.) 175
스퍼전 180
안셀무스 190
암브로시우스 194
예수 207
와이스 211
원효 214
윌리엄 펜 218
유들 220
유정 222
잉 226
조셉 글랜빌 236
조셉 홀 237
존 노드브루크 240
존 주얼 243
지눌 246

분야별 색인 **339**

채닝 247
청담 249
코핀 262
콕스 262
콜튼(C.C) 264
크랜치 266
크레인 267
토마스 아 켐피스 276
토머스 드락스 277
토머스 베이컨 277
토머스 윌슨 278
토머스 풀러 279
트렌치 285
틱낫한 285
파커 288
파크허스트 289
페늘롱 290
포스디크 292
프란치스코 297
필 305
한용운 310
해어 형제 312
헤이즈먼 321
헨리 브래드쇼 322
혜초 322

기번 38
기번스 38
기정진 38
길재 39
김굉필 39
네포스 44
다니엘 벨 52
다렌도르프 53
드러커 61
디오니시우스 63
랑케 71
래스키 72
로렌스(T.E) 79
리비우스 90
리스트 91
마키아벨리 100
막스 베버 102
맬더스 106
머콜리 108
머킨토시 108
메닝어 110
무디 116
미드 119
밀 119
박인로 125
박제가 125
박지원 125
반고 125
백스터 128
범엽 131
베네딕트 132
브라이스 145
비네 148

사마양저 152
사마천 152
살 154
살루스티우스 154
새퍼스틴 154
소옹 167
손자 169
순열 172
실리 183
아라이 하쿠세키 185
아리에스 187
아우구스티누스 188
애덤스(H.B) 195
애덤 스미스 195
애스컴 195
액튼 195
앨빈 토플러 196
앨퀸 196
양진 197
에드가 모랭 197
에드워드 쿠크 198
에라스무스 199
엘리스 204
예링 207
오스틴 210
오자 211
월터 배저트 215
윌리엄 존스 217
윌리엄 캠든 217
제임스 235
제임스 슐러 235
조나단 에드워드 236
조셉 스토리 237

학자

갈홍 21
갤브레이드 22
고프만 25
그레셤 37
그로티우스 37

조지 238
조지 밴크로프트 238
존 위클리프 243
주시경 245
쥐스랑 245
최현배 252
케네 259
케인 261
켈젠 261
코민 261
콩도르세 264
쿠인투스 쿠르티우스 루프스 265
쿠인틸리아누스 265
타키투스 273
토마스 아퀴나스 276
토머스 스코트 277
토인비 281
트라이치케 284
파운드(R.) 288
폴 케네디 294
프롬 299
프루드 300
프리덴버그 300
피셔 303
피아제 303
피타고라스 304
필드 306
핼리버튼 313
헉슬리(T.H) 316
헌팅턴 316
헤로도투스 317
헨리 조지 322

힐라드 329

기타(사업가, 탐험가 등)

가가린 19
난센 44
뇌봉 47
데팡 57
라블레 69
랑클로 71
레이 77
록펠러 2세 83
마로리 96
마르코 폴로 96
맹모 106
뷔퐁 144
빌 게이츠 150
슈바이처 173
스티브 잡스 178
에디슨(T.A) 199
워너메이커 213
자멘호프 228
충자 252
카네기(A.) 253
콜럼버스 263
쿡 266
텐징 275
토머스 모페트 277
포드 292
프로이트 298
프뢰벨 299
플로리오 302
히포크라테스 328

유태전

1958년 전주고등학교 졸업

1965년 고려대학교 의과대학 졸업

1977년 영등포성모병원 원장

1981년 영등포병원 이사장

1985년 고려대학교 의과대학 외래교수

1996년 전국 중소병원협회 회장

1996년 대한신경외과학회 회장

2000년 고려병원 회장

2004년 대한병원협회 회장, 명예회장(현)

2007년 국제병원연맹 총회 및 학술대회 명예대회장

2007년 국민훈장 무궁화장 수훈

2009년 의료법인 인봉의료재단 뉴고려병원·영등포병원 회장

세계를 움직인 999인의 명언

초판 1쇄 인쇄 2014년 10월 28일 | **초판 1쇄 발행** 2014년 11월 5일
엮은이 유태전 | **펴낸이** 김시열
펴낸곳 도서출판 자유문고
       (02832) 서울시 성북구 동소문로 67-1 성심빌딩 3층
   전화 (02) 2637-8988 | **팩스** (02) 2676-9759
ISBN 978-89-7030-082-5　03190　값 15,000원
http://cafe.daum.net/jayumungo